深圳地铁四期工程建设技术创新与实践系列丛书

New Metro Line with New Crafts

Construction Technology Innovation in Shenzhen Metro Line 14

深圳地铁14号线施工技术创新

黄力平　刘继强　贾科　主　编

孙　彰　刘　恒　副主编

徐世达　潘晓明　柯铁峰　主　审

人民交通出版社

北京

内 容 提 要

深圳地铁 14 号线是深圳市域的一条"东部快线"。经过广大建设者四年多建设，深圳地铁 14 号线于 2022 年 10 月 28 日建成通车，是国内一次开通试运营规模最大的地铁线路。深圳地铁 14 号线严格遵循"依法合规，绿色环保，人文关怀，科技兴安，智能建造，品质至上"的建设理念，推动盾构渣土资源化再利用、板式无砟轨道、装配式冷水机房等一整套轨道交通工程快速施工关键技术的研究应用，取得了 20 多项技术创新成果，荣获国际隧道协会颁发的两项大奖。本书通过翔实的工程技术创新实践，深入剖析了深圳地铁 14 号线从站前到站后一体化建设的关键技术。

本书可为轨道交通工程技术及管理人员提供参考和借鉴，也可作为相关技术院校师生的学习资源。

图书在版编目（CIP）数据

新地铁　创新造：深圳地铁 14 号线施工技术创新 / 黄力平，刘继强，贾科主编. — 北京：人民交通出版社股份有限公司, 2025.2. — ISBN 978-7-114-19807-6

Ⅰ. U231

中国国家版本馆 CIP 数据核字第 2024BL5248 号

Xin Ditie Chuangxin Zao —— Shenzhen Ditie 14 Hao Xian Shigong Jishu Chuangxin

书　　名：	新地铁　创新造——深圳地铁 14 号线施工技术创新
著 作 者：	黄力平　刘继强　贾　科
责任编辑：	高鸿剑
责任校对：	赵媛媛　刘　璇
责任印制：	张　凯
出版发行：	人民交通出版社
地　　址：	（100011）北京市朝阳区安定门外外馆斜街 3 号
网　　址：	http://www.ccpcl.com.cn
销售电话：	（010）85285857
总 经 销：	人民交通出版社发行部
经　　销：	各地新华书店
印　　刷：	北京印匠彩色印刷有限公司
开　　本：	787×1092　1/16
印　　张：	20
字　　数：	416 千
版　　次：	2025 年 2 月　第 1 版
印　　次：	2025 年 2 月　第 1 次印刷
书　　号：	ISBN 978-7-114-19807-6
定　　价：	168.00 元

（有印刷、装订质量问题的图书，由本社负责调换）

组织编审委员会

组织委员会

主任委员：辛 杰　赵 勇　王 伟

副主任委员：雷江松　张国亮

委　　员：龙宏德　洪　源　于德涌　王平豪　刘学勤
　　　　　黄鑫琢　何　刚　罗　曼　朱斌顺　贺　锐
　　　　　赵智强　黄荣继　刘锦辉　胡东范　廖先江
　　　　　刘永祥　文仁学　李　旭　杨志刚　周学彬
　　　　　彭旭红　钱路之　郑晓练　陈长胜　龚　龙
　　　　　郑志华　王　森　刘利锋　宋佳豪　梁　爽

编审委员会

主　　编：黄力平　刘继强　贾　科

副 主 编：孙　彰　刘　恒

主　　审：徐世达　潘晓明　柯铁峰

编写分工

章节	小节	编写人
第1章 工程概况	1.1 工程简介	刘 恒
	1.2 技术应用	周学彬
	1.3 建设历程	孙 彰
第2章 车站施工关键技术	2.1 紧邻既有地铁车站围护结构施工技术	王 森 蒋伟强 崔 圳 苏家勇
	2.2 V形结构柱车站施工技术	杨志刚 喻鲲鹏 王瑞宇
	2.3 复杂地质与工程环境下车站工程施工技术	王 森 厉彦军 柯 磊 曾 伟
	2.4 "先隧后站"车站施工技术	陈长胜 宋佳豪 李 洋 陈 潇
	2.5 钢结构集中加工配送中心建设技术	彭旭红 胡光华 李 飞
	2.6 车站钢结构雨棚张弦梁张拉施工技术	廖先江 黄欣昊 赵 阳
第3章 区间施工关键技术	3.1 中心螺旋输送机式双模盾构施工技术	周学彬 胡光华 李宇江
	3.2 盾构渣土筛分、压滤及水处理技术应用	刘 恒 刘继辉 方继安
	3.3 三维激光扫描技术	张 东 许俊伟 张 德
	3.4 水平皮带出渣技术	周学彬 崔 磊 易小芳
	3.5 长大区间盾构防溜、防撞技术	李 旭 龚 龙 方继安
	3.6 大盾构套小盾构施工关键技术	刘 恒 厉彦军 陈长胜
第4章 场、段施工关键技术	4.1 超大地下停车场施工关键技术	黄荣继 廖 杰 刘 鹏
	4.2 超大型车辆段盖体高效施工关键技术	郑志华 刘 栋 李子华 郑 圳
	4.3 超大规模综合性车辆段防水质量关键技术	李 旭 唐 凌 张国军 张 伟
	4.4 海绵城市和绿色建筑技术	贺 锐 梁 爽 胡东范
第5章 车站机电安装装修工程技术	5.1 基于全要素信息模型封模综合技术	闫琪珉 刘利锋 徐 健
	5.2 标准车站装修施工关键技术	杨 俊 杨才鑫 曾仕鸿 徐传刚
	5.3 特色车站装修施工关键技术	文小龙 张贺阳 徐永聪 彭昕旻
	5.4 机电安装装修新材料应用	唐广军 向中华 陈 明
第6章 轨道施工技术	6.1 预制轨道板流水机组法施工工艺	郑晓练 王海员 谷波涛
	6.2 装配式整体道床施工关键技术	刘锦辉 陈长胜
	6.3 轨行区管理安全调度系统应用	张宏波 刘志权
	6.4 道岔转辙机平台应用	柴剑平 陈 旭
	6.5 装配式轨道施工技术应用优势	尹志超 赵 鹏
第7章 系统施工新技术	7.1 模拟建造技术	刘利锋 崔 圳
	7.2 无轨测量技术	蔡树宝 谭凌凤
	7.3 智能设备	钱路之 高文伟
	7.4 安全防护技术	周 超 翟靖财
	7.5 信息化技术	胡光华 高文伟
	7.6 上盖场段架空刚性接触网施工技术	温 健 吴绍进
第8章 小结		刘 恒

新地铁　创新造
深圳地铁14号线

序
FOREWORD

城市轨道交通是现代化都市的血脉，承载着数亿人的出行需求，更肩负着优化城市空间、促进区域协同、推动低碳转型的时代使命。近年来，全球城市化进程加速，交通拥堵、能源消耗与环境污染等问题倒逼轨道交通技术向智能化、绿色化、集约化方向迭代升级。中国作为全球轨道交通建设规模最大的国家，正以技术创新为引擎，从"高速增长"转向"高质量发展"，从"规模扩张"迈向"品质引领"。

全球轨道交通行业正经历三大变革：其一，碳中和目标推动绿色施工技术普及，装配式建造、BIM技术应用成为主流；其二，智慧城市需求催生全自动运行、智能运维系统的快速发展；其三，超大城市的空间约束要求轨道交通与城市功能深度融合，"站城一体化"设计理念逐步落地。深圳地铁14号线恰是这一趋势的集大成者——它通过全自动无人驾驶、岩溶地层盾构穿越、装配式轨道板等技术创新，将行业前沿理念转化为可复制的工程实践，为中国乃至全球地铁建设提供了技术标杆。

深圳地铁14号线的建设，是一场技术与城市的双向奔赴。作为深圳市域"东部快线"，其50.32km的超长线路需穿越5.5km岩溶地层、11条既有线及百余处密集建（构）筑物，地质风险与施工难度极大；作为国内首条一次性建成的GoA4级全自动运行线路，其系统集成复杂度与调试标准刷新行业纪录；作为"站城融合"的典范，岗厦北"深圳之眼"、大运超级街区等枢纽，将交通功能与城市空间、商业生态无缝衔接，释放土地价值超百亿元。这一工程不仅是深圳打通东部交通脉络的"破局之钥"，更是中国轨道交通从"跟跑"到"领跑"的里程碑。

本书以"创新驱动、技术引领"为主线，系统梳理了深圳地铁14号线从规划到通车的全过程技术突破与实践经验，聚焦核心领域的技术攻坚与体系重构，每一项技术突破，均以详实数据与工程案例为支撑，为行业提供了可复制、可推广的解决方案。

深圳地铁14号线的成功，是无数建设者智慧与汗水的结晶，更是中国轨道交通从"跟跑"到"领跑"的生动缩影。本书的编纂既是对过往经验的凝练，亦是对未来挑战的回应。在全球碳中和目标与智慧城市建设的浪潮下，深圳地铁14号线的技术创新——如低碳施工、装配式工艺、站后一体化施工等，将为行业提供可复制、可推广的解决方案。

希望本书能为轨道交通领域的从业者、研究者及管理者提供有益参考，助力更多城市在地铁建设中实现技术突破与品质跃升。深圳地铁14号线的故事，不仅属于深圳，更属于每一位致力于推动中国轨道交通高质量发展的同行者。

广州地铁集团原常务副总经理

2024年10月

前　言
PREFACE

深圳地铁14号线是深圳市城市轨道交通第四期建设规划的最长线路，全长达50.32km，采用8A编组列车、设计运行速度120km/h。作为全自动化"东轴快线"，地铁14号线串联了岗厦北、黄木岗、大运三大枢纽，工程承包合同总价达371亿元，是国内迄今为止一次性开通试运营规模最大的地铁线路。

深圳地铁14号线始终秉持"以人为本"的建设理念，积极推动站城融合，致力于构建宜居宜业的"未来城市"典范。全线标准站点巧妙运用仿生设计，提取"树干"交织的造型元素，突出全线"阳光＋生长"的设计主题，打造了一个轻松活泼、简约舒适的"地下生态绿廊"；同时，线路以提供优质服务为核心，引入无人驾驶技术，列车内配置了同向座椅、手机无线充电设施及轮椅专用座位。此外，车站与车厢还集成了一体化无障碍服务系统、智能照明及室内温度控制系统，全方位满足乘客的多元化需求。

深圳地铁14号线严格遵循"依法合规，绿色环保，人文关怀，科技兴安，智能建造，品质至上"的建设理念，以科技引领提升建设品质，通过一系列技术创新与规范化管理，成功攻克了多项建设难题，推动盾构渣土资源化再利用、板式无砟轨道、装配式冷水机房等一整套轨道交通工程快速施工关键技术的研究应用，取得了20多项技术创新成果，荣获国际隧道协会颁发的两项大奖。2022年10月28日，深圳地铁14号线顺利建成通车，不仅实现了创建国内轨道交通建设示范线的目标，也为后续轨道交通项目树立了新的标杆。

本书通过翔实的工程技术创新实践，深入剖析了从站前到站后一体化的关键技术，包含车站、区间、场段施工关键技术，以及车站机电安装装修工程技术、轨道施工技术、系统施工新技术等，可为轨道交通工程技术及管理人员提供参考和借鉴，也可作为相关技术院校学生的学习资源。但由于水平和时间有限，疏漏与不足之处在所难免，恳请广大读者批评指正。

作　者

2024年9月

目 录
CONTENTS

第 1 章 工程概况

1.1 工程简介 ··· 1
1.2 技术应用 ··· 8
1.3 建设历程 ··· 10

第 2 章 车站施工关键技术

2.1 紧邻既有地铁车站围护结构施工技术 ··· 17
2.2 V 形结构柱车站施工技术 ··· 30
2.3 复杂地质与工程环境下车站工程施工技术 ··· 36
2.4 "先隧后站"车站施工技术 ·· 66
2.5 钢结构集中加工配送中心建设技术 ·· 83
2.6 车站钢结构雨棚张弦梁张拉施工技术 ··· 94

第 3 章 区间施工关键技术

3.1 中心螺旋输送机式双模盾构施工技术 ··· 99
3.2 盾构渣土筛分、压滤及水处理技术应用 ··· 107
3.3 三维激光扫描技术 ··· 114
3.4 水平皮带出渣技术 ··· 125
3.5 长大区间盾构防溜、防撞技术 ·· 132
3.6 大盾构套小盾构施工关键技术 ·· 137

第 4 章　场、段施工关键技术

  4.1 超大地下停车场施工关键技术 ························· 149
  4.2 超大型车辆段盖体高效施工关键技术 ··················· 164
  4.3 超大规模综合性车辆段防水质量关键技术 ··············· 173
  4.4 海绵城市和绿色建筑技术 ······························· 188

第 5 章　车站机电安装装修工程技术

  5.1 基于全要素信息模型封模综合技术 ····················· 199
  5.2 标准车站装修施工关键技术 ····························· 207
  5.3 特色车站装修施工关键技术 ····························· 216
  5.4 机电安装装修新材料应用 ······························· 223

第 6 章　轨道施工技术

  6.1 预制轨道板流水机组法施工工艺 ························· 237
  6.2 装配式整体道床施工关键技术 ··························· 241
  6.3 轨行区管理安全调度系统应用 ··························· 265
  6.4 道岔转辙机平台应用 ··································· 273
  6.5 装配式轨道施工技术应用优势 ··························· 274

第 7 章　系统施工新技术

  7.1 模拟建造技术 ··· 277
  7.2 无轨测量技术 ··· 286
  7.3 智能设备 ··· 289
  7.4 安全防护技术 ··· 297
  7.5 信息化技术 ··· 302
  7.6 上盖场段架空刚性接触网施工技术 ····················· 305

第 8 章　小结

第 1 章 工程概况

1.1 工程简介

1.1.1 线路概况

深圳地铁 14 号线（以下简称"14 号线"）工程起于福田中心区岗厦北枢纽，经罗湖区、龙岗区，止于坪山区沙田站，预留延伸至惠州的条件，如图 1-1 所示。线路全长 50.32km，全部采用地下敷设方式，列车为 8A 编组，设计运行速度为 120km/h，采用 GoA4 等级全自动运行系统。全线设置 18 座车站，设昂鹅车辆段 1 座、福新停车场 1 座，并设主变电所共 3 座（新建聚龙主所及福新主变电所，利用 3 号线银海主变电所）。

14 号线初、近、远期高峰小时最大断面客流分别为 2.62 万人次、4.44 万人次、5.37 万人次；初、近、远期高峰小时列车开行对数分别为 14 对、24 对、27 对；初、近、远期采用一贯制 8A 编组运营组织方案，全列 8A 编组定员 2480 人；系统设计列车最小行车间隔为 2min，线路通过能力 30 对/h。

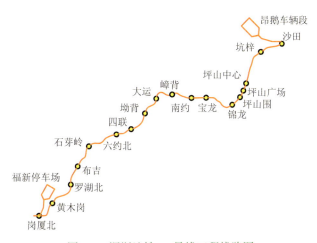

图 1-1 深圳地铁 14 号线工程线路图

1）车站

全线 18 座车站中，包括枢纽站 3 座、换乘站 10 座、一般站 5 座，分别为：岗厦北站（14 号线轨道交通部分）、黄木岗站（14 号线轨道交通部分）、罗湖北（除 17 号线轨行区、深汕高铁代建节点以外的 14 号线车站部分）、布吉站、石芽岭站（除 17 号线外的 14 号线车站部分）、六约北站、四联站（不含 18 号线代建节点部分）、坳背站（不含 21 号线轨行区部分）、大运站（不含 16 号线轨行区部分，不含既有 3 号线站厅、站台和设备层、新建侧站台部分）、嶂背站、南约站、宝龙站、锦龙站、坪山围站（除 16 号线车站以外的 14 号线车站部分）、坪山广场站、坪山中心站、坑梓站、沙田站。

2）区间

（1）区间正线：岗厦北站至沙田站，线路长 50.320km（右线 DK0+000～DK50+334，长 50.320km；左线 ZDK0+000～ZDK50+226，长 50.307km）。

（2）出入线：福新停车场出入场线由岗厦北枢纽引出，出场线长 0.817km，入场线长 0.730km；昂鹅车辆段出入段线由沙田站折返线末端引出，右线长 1.368km，左线长 1.308km。

14 号线地下区间主要采用盾构法、矿山法施工。罗湖北—布吉区间、六约北—四联区间、坳背—大运区间、锦龙—坪山围区间、坪山围—坪山广场区间、坪山广场—坪山中心区间采用内径 5500mm、外径 6200mm、厚度 350mm 的标准管片，其他区间采用内径 6000mm、外径 6700mm、厚度 350mm 的特殊管片，管片宽度均为 1500mm。管片混凝土强度等级为 C50，抗渗等级为 P12。每单环衬砌由 6 块管片组成（1 封顶块+2 邻接块+3 标准块），采用错缝拼装，螺栓连接。当隧道长度大于 600m 时，两条单线区间隧道之间设置联络通道，并在联络通道安装双扇甲级防火门。同时，岗厦北—黄木岗区间、黄木岗—罗湖北区间、布吉—石芽岭区间、石芽岭—六约北区间、大运—嶂背区间、嶂背—南约区间、宝龙—锦龙区间、坪山中心—坑梓区间、坑梓—沙田区间各设置中间风井 1 座，中间风井内均设置跟随变电所，为中间风井设备及区间设备提供电源。

全线区间设置疏散平台。疏散平台设置在正线行车方向的左侧。疏散平台采用活性粉末混凝土板和平台钢支架组合结构形式，每个平台钢梁用 2 个 M12 螺栓固定在盾构管片滑槽上；对于明挖隧道，平台支架固定在明挖底板上。疏散平台范围内的盾构管片上安装镀锌钢管扶手，扶手的安装高度为疏散平台之上。

3）轨道

14 号线全线采用地下敷设方式，正线、辅助线及出入线三部分铺轨长度 106.14km（其中预制板道床 105.445km，含预制板普通整体道床 50.172km，预制板中等减振道床 6.382km，预制板高等减振道床 27.074km，预制板特殊减振道床 21.817km）；铺 9 号单开道岔 27 组、9 号交叉渡线 1 组，铺 12 号单开道岔 13 组、12 号交叉渡线 6 组。

钢轨：正线、辅助线及出入线三部分均采用 60kg/m 的 U75V 热轧钢轨，标准轨距 1435mm；正线区间线路设计为温度应力式无缝线路，岔前后各设两对长 25m 的缓冲轨。

扣件：一般地段、高等减振地段、特殊减振地段均采用 WJ-14 型扣件，中等减振地段采用双层非线性减振扣件。

道床：全线采用装配式无砟轨道，除一般及中等减振、高等减振、特殊减振现浇道床外，一般及中等减振地段铺设预制板式无砟轨道，高等减振地段铺设预制板式隔离减振垫无砟轨道，特殊减振地段铺设预制板式钢弹簧浮置板无砟轨道。钢轨底中心处高出道床顶面 70mm，轨道结构高度 840mm。

减振降噪措施：根据环评要求，本线减振设计按中等、高等、特殊三种等级进行划分。

轨道附属及安全设备按照相关规范并结合运营单位意见设置线路及信号标志；正线、配线及试车线线路末端采用液压缓冲滑动式挡车器，允许撞击速度 15km/h，占用线路长度 15m；半径 $R \leqslant 600m$ 的曲线地段外股钢轨侧面安装自动涂油器，设置在各曲线前端（迎车方向）。

昂鹅车辆段库内线铺设 50kg/m 钢轨、无缝线路、整体道床，库外线铺设 50kg/m 钢轨、有缝线路、碎石道床。福新停车场库内、外线均铺设 50kg/m 钢轨、有缝线路、整体道床。车场线一般采用 50kg/m 钢轨、7 号道岔。

4）场段

（1）福新停车场

福新停车场（图 1-2）的功能定位为地铁 11 号线、14 号线共享停车场，为地下一层（局部二层）的明挖停车场，现浇框架混凝土结构，地下一层总用地面积 10.7 万 m²，总建筑面积 13.44 万 m²，主要由运用库、调机库、福新主变电所、消防泵房及水池、洗车库、废水处理站、牵引变电所等单体组成。

图 1-2　福新停车场

（2）昂鹅车辆段

昂鹅车辆段（图 1-3）的功能定位为线网大架修基地，车辆段预留上盖物业开发条件，总用地面积 37.24 万 m²。段内包含联合检修库及焊轨主厂房、运用库、物资总库、蓄电池间、易燃品库、洗车库、污水处理站、牵引变电所、工程车库、试车用线房、镟轮库、综合楼、空压机房、门卫等18个盖内外单体建筑,总建筑面积为32.78万 m^2。

图1-3　昂鹅车辆段

（3）控制中心

14号线控制中心与深云车辆段内既有深圳市轨道交通网络运营控制中心（NOCC）共用。NOCC主要负责已开通运营的地铁1号线、2号线、3号线、4号线、5号线、6号线、7号线、9号线、10号线、11号线、20号线,本期工程接入地铁6号线支线、12号线、13号线、14号线、16号线,并为远期规划线路预留条件,同时建设线网指挥中心（TCC）、网络运营管理中心（NCC）、线网自动售检票系统（AFC）的清分清算中心（ACC）、AFC多线路共用线路中心（CLC）及线网服务中心相关配套设施。控制中心实景如图1-4所示。

图1-4　控制中心实景

1.1.2　功能定位

（1）联系深圳中心城区与东部地区的轨道交通快线

14号线在深圳城市轨道交通线网中的定位为快线,覆盖东部地区的交通需求走廊,是福田—罗湖中心城区至东部地区最便捷的通道，承担着东部地区与中心城区之间快速交通联系的任务，需要充分发挥中心城区对外围组团的辐射作用。此外，14号线与直通中心城区至深圳宝安国际机场的11号线相衔接，构成了深圳东西向大能力快线通道，是城市轨道交通线网的重要组成部分，显著完善了线网的功能层次，进一步优化了线网的整体布局。

（2）串联沿线组团，支撑东部发展轴的骨干线

14号线覆盖东部发展轴，串联福田—罗湖中心城区和龙岗、坪山城市东部副中心，以及大运、布吉、横岗等城市组团中心，为沿线组团提供高质量的轨道交通运输服务，并与多条线路实现换乘，是深圳东部地区的骨干线。14号线的建设目标为支持深圳东部地区的发展，培育东部次中心经济增长极，促进东部次中心的发展，同时极大地支撑东部地区发展战略的实施，推动区域一体化发展。

（3）促进深惠同城化发展，提升深圳市区域地位及辐射力的跨市域快线

深莞惠都市圈是珠三角地区整体实力最强的区域，该区域在改革开放过程中形成的密切关系使区域经济和社会文化趋于一体，并通过更紧密的产业和交通联系，形成一体化发展格局。实现深莞惠城镇、产业、经济一体化发展的"1h都市圈"宏伟蓝图，需要构建高效协同的交通系统并强化交通服务的全面保障。14号线未来跨境延伸至惠州，能兼顾深圳与惠州同城化的交通需求，实现惠州与深圳的快速联系，有利于支撑深惠一体化发展，加强珠三角东部都市圈的区域融合。

（4）加强深圳东西部地区间联系的轨道交通快线

14号线和11号线的过轨运营，显著降低了岗厦北站换乘客流压力，有效预防拥挤踩踏风险；另外，两线的无缝对接显著增强了城市轨道交通网络的运营效率，为市民出行带来更加便捷与高效的体验。同时，两线共同形成贯通深圳东西的U形快速交通走廊，丰富和拓展了线路功能。实施过轨运营后，14号线不仅继续发挥东部快线功能，还强化了东部地区与前海中心及西部11号线沿线区域的互联互通；而11号线在承担西部快线职责的同时，也促进了西部地区与东部地区的紧密联系。值得一提的是，在高峰时段，14号线能够进一步吸引并服务于大量机场客流，展现了其广泛的覆盖范围。两线协同运作，共同编织起一张强化深圳东西部地区紧密联系的城市轨道交通快线网络。

1.1.3 设计理念

14号线秉承建设"科技地铁、美丽地铁、平安地铁、集约地铁"的设计理念，积极为市民提供安全高效、绿色温馨、智慧便捷、经济艺术的优质轨道交通服务。

在科技地铁方面，14号线采用了一系列的新技术、新产品、新工艺：采用GoA4等级的全自动无人驾驶技术，并深度整合深圳地铁"云平台"资源；全面推广全类型隧道断面采用创新的预埋滑槽设计；实现装配式轨道工业化建造、智慧化客服，以及全线接触网的

可视化接地系统应用；尤为引人注目的是，14号线在国内首次采用预应力混凝土轨道板，创新性地研发国内首个适用于城市轨道交通快线（120～200km/h）的扣件系统——WJ-14型扣件和GD-I型扣件。此外，14号线还开创性地采用大盾构扩挖小盾构成型的车站建设技术，进一步彰显了其在科技创新领域的领先地位。

在美丽地铁方面，14号线堪称深圳城市轨道交通史上车站内部装修样式最温馨线路；各枢纽和大型换乘站实施了别具一格的特殊设计；在艺术墙的设计方面，14号线也竭力为市民带来绿色、温馨、艺术的体验。

在平安地铁方面，14号线是深圳东西走向首条采用8A编组列车的线路，较好提升了乘客舒适度，在大客流时能够显著降低拥挤程度，保障乘客出行安全。此外，14号线在施工过程中采用多种新工法和新工艺，成功实现了9次近距离安全下穿既有城市轨道交通线路、6次下穿高速公路及5次下穿铁路的壮举。

在集约地铁方面，14号线继续秉承"站城一体化""轨道+物业"的规划设计理念，践行"经营地铁、服务城市"的建设理念，在充分发挥城市轨道交通巨大社会效益的同时，也为轨道交通建设的可持续发展注入了强劲动力。

1.1.4 项目环境

14号线沿线通过地貌单元类型为冲洪积平原、台地和丘陵，沿线所经地区的地层主要为第四系全新统人工堆积层（Q_{ml}^4）、冲洪积层（Q_{al+pl}^4）、第四系坡积层（Q_{dl}）、残积层（Q_{el}）、第三系白云坑组（E_b）含砾砂岩、侏罗系（J^2）角岩、石炭系测水组（C_c^1）变质粉砂岩、泥质粉砂岩、碎屑灰岩、灰岩、砂岩、含砾砂岩、石炭系石磴子组（C_s^1）灰岩及下古生界（P_z）混合岩、燕山期（γ^{53}）花岗岩、构造岩。线路穿越深厚杂填土、深厚软土、深厚砂层及岩溶区等不良地质，还有对盾构施工带来极大挑战的上软下硬、球状风化与孤石等。线路穿越的龙岗中心城地区为岩溶发育区域，总体岩溶遇洞率为28.1%，洞高最大为5.5m，溶洞埋深为15～30m，主要分布于四联—宝龙段、朱洋坑—沙田段，长约5.5km，下伏可溶岩，发育溶洞、土洞及溶蚀裂隙，岩溶发育等级为弱至强发育。

14号线地面环境复杂，涉及福田、罗湖、龙岗、坪山四个行政区域及9个街道办事处，沿线大部分站位及区间穿越繁华闹市区，周边多条地铁线路同步建设，地面交通流量大、周边商业区多、建筑物密集、环境非常敏感，减少扰民及降低对交通民生、商业的影响非常重要。全线多处下穿或侧穿既有建（构）筑物，这些建（构）筑物保护要求高，安全风险大，施工环境非常敏感，全线下穿既有地铁9处、铁路5处（广深铁路1处、平盐铁路1处、厦深铁路3处）、高速公路6处、河流2市6处、下穿或近距离侧穿立交桥25座、人行天桥15座、桩基托换及截桩4处、临近或下穿重要管线及箱涵有高压铁塔6处、供水隧道2处、次高压以上燃气管线9处、LNG（液化天然气）管线2处、成品油管线2处。

沿线地下水主要有第四系松散岩类孔隙水、基岩裂隙（构造裂隙）水、岩溶水等三种类型。地表水主要为河流、水库及少量沟渠水。线路经过深圳河水系、龙岗河水系及坪山河水系，依次经过福田河（箱涵 10.4m×4.5m）、笔架山河、布吉河、沙湾河（箱涵）、四联河等河流水体。

深圳市气候属亚热带季风气候，热量丰富，日照时间长，雨量充沛。气候和降雨量随冬、夏季风的转换而变化，冬季无严寒，夏季湿热多雨，一年内有冷暖和干湿季之分，具有雨热同季、干凉同期的特点，但降水和气温的年季变化较大，灾害性天气也较多。

1.1.5 工程特点与重难点

（1）14号线作为东部拓展线路，受制于线网"云平台"建设，控制中心不具备调试条件，前期在昂鹅车辆段设置临时控制中心开展动车调试，中期利用深圳地铁全自动运行试验中心搭建全自动运行系统调试平台，开展全自动运行系统调试工作，并按场景设计100%完成全自动运行系统的调试，是深圳地铁100%全功能开通的全自动运行线路。

（2）14号线是深圳市城市轨道交通东部快线项目，全线采用GoA4等级的全自动化无人驾驶技术，设计速度为120km/h，站后工程设计标准高、质量要求严，对站后各专业尤其是轨道、接触网以及区间安装工程提出了更高的施工技术要求。

（3）14号线信号系统以ATP/ATO（列车自动防护/列车自动驾驶）为核心的全自动运行信号系统，是基于无线通信的列车自动控制系统，该系统可以实现列车自动唤醒/休眠、库内自动发车、段场内运行、站台自动停站、站台自动发车、站台清客、自动折返、自动回库、无人洗车等正常作业，以及车辆火灾、站台火灾、障碍物脱轨等异常事件处理，实现列车GoA4全自动运行；同时，该系统向下兼容，满足用户由GoA2逐步过渡至GoA4运营的需求。该系统遵循IEEE 1474国际标准进行设计，并采纳国际安全苛求系统安全设计与评估标准，实施全过程风险控制，是精心研发的一款列车控制系统。

（4）14号线工程建设规模大，长大区间多且联络通道数量多，施工强度高，资源投入大。全线工点众多，且具有换乘功能的车站13座，平均站间距为2.9km，掘进超过2km的盾构区间多达11处，联络通道共计66座。全线共投入盾构机51台，车站及中间风井需按时提供始发条件，为盾构区间施工创造条件，且为联络通道施工预留足够的施工组织时间，全线洞通里程碑节点压力大。

（5）全线设多处枢纽，设计方案受外部规划影响大。14号线串联岗厦北枢纽、黄木岗枢纽、布吉枢纽、大运枢纽。其中，黄木岗枢纽、大运枢纽受片区规划及方案影响，对14号线整体工期影响较大。

（6）14号线沿线地质条件复杂，盾构掘进地层有花岗岩、角岩、灰岩、砂岩等，且大量存在上软下硬、软硬不均、基岩凸起及孤石等不良地层，盾构掘进困难。14号线总体岩溶遇洞率为28.1%，洞高最大为5.5m，溶洞埋深在15~30m之间，主要分布于四联—宝龙段、朱洋坑—沙田段，长约 5.5km；下伏可溶岩，发育溶洞、土洞及溶蚀裂隙，岩溶发育等级为弱～强发育，其中大运—嶂背—南约区间位于龙岗区岩溶强发育区，盾构掘进困难，施工风险高。

（7）14号线沿线地表环境复杂，施工管理要求高。14号线多次穿越既有运营轨道交通线路、重要市政道路、河道及管网，施工环境非常敏感。沿线拆迁建筑较多，全线征拆量约41.2万 m^2，绿化迁移面积约15万 m^2，对施工风险的控制、行政审批手续的办理均提出较高的要求。

（8）部分站点施工环境复杂，安全施工风险高。其中，坳背站为地下两层结构，是14号线与21号线换乘站，车站长500.2m，标准段宽45.8m，车站邻近厦深铁路，车站基岩凸起段岩溶强发育，周边建（构）筑物密集且离基坑距离近，由于受涉铁手续办理及基坑爆破手续办理的影响，整座车站的石方无法使用爆破开挖方式，只能采用圆锯盘切割，因此坳背站被称为"岩溶区切割出来的车站"。布吉站为地下三层站，夹在龙岗大道高架桥与3号线高架桥之间，紧邻3号线、5号线车站以及深圳东站，其中一侧围护结构距离龙岗大道高架桥桥桩 0.9～1.6m，另一侧围护结构外边缘距离地铁3号线高架桥承台最近约0.3m，围护桩需在龙岗大道高架桥、3号线高架桥桥底 9～11m 净空下近距离施工，且车站基岩面较高，岩石强度大，咬合桩成桩困难，对施工设备提出较高的要求。

1.2 技术应用

1.2.1 施工工法

车站主要采用明挖法施工，应用了双轮铣、槽壁机、旋挖钻机等大型设备，主体结构板推广采用盘扣式支架+铝合金模板施工，侧墙采用单侧悬臂液压模板台车施工。

区间主要采用盾构法施工，全线共配置51台盾构机，包括 ϕ6480mm 复合盾构机 12台、ϕ6980mm 复合盾构机 33台、ϕ6480mm 双模盾构机 2台、ϕ6980mm 双模盾构机 4台。少部分区间、联络通道、车站附属通道采用矿山法施工，部分对爆破振速要求高的地段采用数码电子雷管爆破、非爆破开挖法施工。对于下穿或邻近既有建筑物、道路、地下管线的区间，采用注浆预加固、跟踪注浆等措施，确保施工安全。

板式无砟轨道采用 CPIII（基桩控制网）测量、"调板法"施工，完成短轨铺设后采用"直铺法"进行长轨条焊接及无缝线路放散锁定；道床、道岔采用"支承架法"施工；场段有砟与无砟道床轨道分别采用"散铺法"与"架轨法"施工。

常规设备安装采用BIM综合管线技术、工厂化预制加工技术、有条件区域高空作业车安装方式以及综合、抗震支吊架技术等，以提高设备安装质量及工艺水平。装修工程采用新型墙体材料、环保节能等装修材料，以提高装修观感、质量及工艺水平。

居民住宅区或特别敏感建筑物的暗挖竖井场地采用厂棚封闭化施工，降低施工噪声对周边的影响与干扰；环境敏感区域施工时安装隔音屏或移动式隔音墙，可有效降噪；现场采用雾炮、自动喷雾、TSP（总悬浮颗粒物）在线监测装置，有效降低扬尘；暗挖隧道及盾构作业空间采用水冷循环空气处理装置等设备和技术，降低作业面温度，提高作业效率；地下连续墙、盾构区间投入泥沙分离设备，率先实现建筑废料循环综合利用；隧道采用三维扫描仪测量断面，并纳入竣工资料。

14号线工程关键工点全部采用自动化监测技术，大型机械设备配备自动化监控仪器，各工点建立工程管理信息化和高清视频监控系统，项目临建及工点临时设施采用标准化建设，推广应用成熟、先进、成套技术装备，以此提升机械化、自动化水平。

1.2.2 技术创新

14号线工程采用了BIM、大数据等先进技术贯彻于项目全生命周期，全面使用一体化信息管控平台完成建设管理，集成安全监测与风险管理子系统、施工监控子系统、BIM云平台、工程项目管理及移动APP平台等四个系统，实现施工全过程BIM建模、站前与站后工程建筑信息无缝对接；采用物联网和云技术，应用RMES管理软件生产系统，打造钢筋集中加工配送管理平台，用最新信息成果打造"智慧工地"。

在土建工程施工阶段，本工程建立钢筋集中加工配送中心提高半成品质量，强化安全管理，改善作业人员的作业环境；针对布吉站及大运站均紧邻既有运营地铁3号线高架车站的难题，施工围护结构采用低净空全回转的钻机进行施工；车站主体结构全面采用大型不锈钢面板钢模进行施工；车辆段大体积混凝土采用钢纤维混凝土施工，搅拌站配备混凝土降温系统，显著提高了主体结构施工质量；部分区间采用双模盾构机洞内转换和应用；本工程开展产、研、学合作，改造升级新型盾构渣土资源化利用、智能化装备系统，推动盾构渣土减量化、资源化的行业发展；嶂背站创造了"大盾构扩挖小盾构成型隧道，快速建造车站施工工法"，即采用小盾构先行，大盾构切削小盾构玻璃纤维筋管片施工工法；车站施工、盾构掘进过程中大量使用地质雷达探测技术，对地空洞及盾构管片壁后空洞进行探测，为避免地面坍塌起到非常重要的作用；本工程还大量使用SPMT（自走式模块化平板车）模块车拆架桥技术，创造了地铁施工的深圳速度。

在站后工程施工阶段，智能环控系统真正实现节能管控和高效运维的管理目的；昂鹅车辆段在景观装修中采用海绵城市设计建造理念，成为真正"会呼吸"的建筑；冷水机房施工运用装配式建造技术，使用工厂模块化预制、现场搭积木式安装的施工方案；本工程建成深圳地铁首个轨道板智能预制配送中心，配置了业内先进的自动化、智能化流水生产线；轨道施工引入国内地铁轨道工程领域先进的自变形轮胎式铺轨车、自变形轮胎式混凝土搅拌运输车、新能源轨道车、双向自适应断面轨道板运输车等绿色新工装，改变了传统施工模式，向智能化、科技化、标准化、绿色化转变；在新型绿色铺轨工装的基础上，结合装配式预制板道床特点，本工程利用全线车站、风井预留下料口，创新采用了"顺铺法+倒铺法"相结合的施工工艺，构建了安全连续、灵活可控、上下联动的施工组织模式。

轨行区安全及调度管理的建立基于 5G（第五代移动通信技术）专网与三维定位的轨行区行车调度系统，使轨行区管理更加可视化、智能化、高效化；本工程结合 CPIII 测量成果和调线调坡数据，通过计算将传统"两步"无轨测量技术改进为"一步"无轨测量技术，有效提高了无轨测量的效率和精度，在进场不足两个月就完成了最关键的打孔锚栓安装工作；本工程应用自主研发的"第三代地铁联调动态检测车"，对隧道接触网几何参数、动态参数及悬挂状态等进行全方面检测，以满足高标准且无遗留问题的接触网热滑试验要求；本工程采用隧道轨道冲洗车，对隧道全断面冲洗，提高隧道冲洗效率和质量；列车采用全自动运行系统，线路按 GoA4 等级运营，开通初期即实现无人驾驶。

1.3 建设历程

1.3.1 建设规划

14 号线工程串联福田中心区、清水河、布吉、横岗、龙岗大运新城、坪山中心区、坑梓、沙田等区域，覆盖深圳东部地区南北向交通需求走廊，是联系深圳中心城区与东部地区的轨道交通快线。

岗厦北站为 2 号线、10 号线、11 号线、14 号线换乘站，设置 14 号线、11 号线联络线；黄木岗站为 7 号线、14 号线、24 号线换乘站；罗湖北站为 14 号线、17 号线、25 号线及深汕城际铁路、深汕高铁换乘站，设置 14 号线、17 号线联络线；布吉站为 3 号线、5 号线、14 号线及国铁换乘站；石芽岭站为 14 号线、17 号线换乘站；四联站为 14 号线、18 号线、19 号线换乘站；坳背站为 14 号线、21 号线换乘站，设置 14 号线、21 号线联络线；大运站为 3 号线、14 号线、16 号线及深大城际换乘站；南约站为 14 号线、23 号线、31 号线换乘站；坪山围为 14 号线、16 号线换乘站，设置 14 号线、16 号线联络线；沙湖站为 14 号线、19 号线换乘站；坪山中心站为 14 号线、19 号线换乘站；沙田站为 14 号线、19 号线换乘站，设置 14 号线、19 号线联络线，并预留延伸惠州线条件。

1.3.2 建设节点

14 号线作为深圳市城市轨道交通第四期建设规划线路之一，于 2008 年 1 月开工建设，历时 4 年 8 个月完成全部建设任务，并于 2022 年 10 月 28 日开通初期运营，工程建设主要节点如图 1-5 所示。主要建设节点如下：

2018 年 01 月 10 日，14 号线开工建设。

2019 年 12 月 04 日，首座车站结构顺利封顶。

2020 年 04 月 30 日，岗厦北站主体结构封顶。

2020 年 10 月 06 日，福田—岗厦北区间"洞通"。

2021 年 04 月 22 日，黄木岗站主体结构封顶。

2021 年 06 月 01 日，大运站主体结构封顶。

2021 年 09 月 03 日，14 号线"洞通"。

2021 年 12 月 12 日，14 号线"双轨通"。

2022 年 01 月 14 日，14 号线"35kV 电通"。

2022 年 04 月 16 日，14 号线热滑完成。

2022 年 05 月 17 日，14 号线及同步开通工程第一批消防验收通过。

2022 年 06 月 20 日，14 号线及同步开通工程项目工程验收。

2022 年 06 月 21 日，14 号线开始试运行。

2022 年 09 月 20 日，14 号线及同步开通工程完工验收。

2022 年 09 月 25 日，14 号线及同步开通工程竣工验收。

2022 年 9 月 29 日—2022 年 9 月 30 日，14 号线初期运营前安全评估预检查。

2022 年 10 月 10 日—2022 年 10 月 16 日，14 号线初期运营前安全评估正式检查。

2022 年 10 月 22 日，14 号线初期运营前安全评估复查。

2022 年 10 月 20 日，14 号线及同步开通工程三权移交。

2022 年 10 月 28 日，14 号线及同步开通工程初期运营。

图 1-5

图 1-5　工程建设主要节点

1.3.3　政府专项验收

14 号线初期运营前，完成质量验收、特种设备验收、消防验收、安全评价、人防工程验收、卫生学评价、环保验收、防雷验收、档案验收、无障碍验收、初期运营前安全评估等 11 大项政府专项验收。

（1）质量验收

2022 年 6 月 6 日—2022 年 6 月 17 日，14 号线分 4 批次完成单位工程验收；2022 年 6 月 20 日，14 号线完成项目工程验收；2022 年 9 月 20 日，14 号线完成暂缓工程完工验收；2022 年 9 月 25 日，14 号线完成竣工验收。

（2）特种设备验收

14号线开通范围内包含459台扶梯、110台电梯、57台冷水机组及15台起重设备，均已取得深圳市质量安全检验检测研究院出具的检验合格报告和使用标志，可在初期运营时投入使用。

（3）消防验收

2022年9月9日，14号线完成全线消防验收工作，深圳市住房和城乡建设局（简称"市住建局"）全程参加。验收期间提出的整改问题，施工单位均已完成整改，并书面回复至签发单位。市住建局已于2022年9月23日出具消防验收意见书，同意本工程通过消防专项验收。

（4）安全评价

2022年9月1日，14号线组织行业专家进行现场检查；2022年9月13日，14号线完成现场热烟测试；2022年9月22日，14号线完成工程安全评价专家评审，相关单位提供了《深圳市城市轨道交通14号线工程试运营前安全评价报告》《深圳市城市轨道交通岗厦北枢纽工程试运营前安全评价报告》《深圳市城市轨道交通黄木岗枢纽工程试运营前安全评价报告》。

（5）人防工程验收

14号线包含1142樘人防门，2022年8月，由深圳市地铁集团有限公司（以下简称"深圳地铁集团"）组织，市住建局全程参加并监督，14号线完成全部人防门检测验收。2022年8月26日，深圳地铁集团组织召开竣工验收会，深圳市市政工程质量安全监督总站出具了人防工程单位工程监督检查意见书。2022年9月20日，14号线取得深圳市人民防空办公室出具的竣工验收备案意见，同意本工程人防工程竣工备案并投入初期运营。

（6）卫生学评价

2022年8月，14号线完成各站点的现场取样、检测、复检工作。2022年9月22日，深圳地铁集团组织召开卫生学评价专家会。2022年9月23日，14号线取得深圳市卫生健康委员会出具的工程竣工卫生学评价意见。

（7）环保验收

第三方验收调查单位于2021年8月29日—2021年9月4日完成现场踏勘，并形成环保报告初稿。深圳地铁集团于2022年9月23日组织召开了14号线及同步开通工程项目［地铁11号线福田站（不含）至岗厦北站、地铁10号线岗厦北站］环境保护验收会议，验收组一致同意本工程通过初期运营前环保验收。

（8）防雷验收

2022年8月，14号线完成防雷现场检查与现场测试验收工作，第三方检测单位出具了14号线工程各工点的广东省雷电防护装置检测报告，并在深圳市气象局登记。

（9）档案验收

2022年5月19日—2022年6月9日，深圳地铁集团分5批次组织完成14号线土建工程、安装装修工程、轨道工程及系统设备安装工程的档案专项验收工作。深圳市城市建设档案馆于2022年7月4日出具了档案专项验收备案回执（编号：B2022001），认为14号线及同步开通工程项目[11号线福田站（不含）至岗厦北站、10号线岗厦北站]档案完整，满足投入初期运营的要求，同意该项目通过档案专项验收。

（10）无障碍验收

2022年8月26日—2022年9月1日，深圳地铁集团组织无障碍验收现场检查，深圳市残疾人联合会（简称"深圳残联"）按照验收规范对无障碍设施进行了实测实量和应用体验，于2022年9月23日出具了本工程的《无障碍设施试用评测报告》。

（11）初期运营前安全评估

2022年9月29日—2022年9月30日，14号线完成初期运营前安全评估预检查。2022年10月10日—2022年10月16日，14号线完成初期运营前安全评估正式检查。2022年10月22日，14号线完成初期运营前安全评估复查。

1.3.4　建设及运营效果

14号线的开通完善了深圳市城市轨道交通线网，降低了线网资费标准，贯穿了福田、罗湖、龙岗、坪山等四大行政区，亦为坪山区首条地铁线路，打造了"坪山区与中心城区40min交通圈，惠深60min交通圈"，缩短了时空距离，让城市发展更加融合，交通出行更加便利，缓解深圳市的交通压力，为深圳市"东进西联"政策增添动力，并进一步强化了城市轨道交通主体功能，构建了多层次的城市轨道交通体系，支撑了深圳都市圈轨道交通一体化发展。

14号线被誉为深圳"科技含量最高、建设标准最好、线路最美"的地铁线路之一，一直是社会各界关注的"明星线路"。自2022年10月28日线路开通运营以来，截至2022年11月28日，全网日均客运量575.2万人次，较开通前一个月增长19.5%；14号线总客运量689.71万人次，工作日日均客运量21.85万人次，周末日均客运量20.91万人次；整月最大客运量出现在2022年11月11日，约为25.61万人次。14号线客流相对较为稳定，单日客流数据浮动较小。开通首月以来，14号线工作日通勤特征明显，高峰时段为每天的07:30—9:00和18:00—20:00，早高峰沙田—岗厦北为主要客流方向，在8:00—9:00时段形成罗湖北—黄木岗方向的最大客流区间，区间断面客流可达2.7万/h，晚高峰客流特征相反，进一步满足了坪山、龙岗来往罗湖、福田和南山通勤的出行需求。

与14号线同步开通的3座综合交通枢纽，地铁客流也在培育中快速增长，其中大运站日均客运量4.7万人次，黄木岗站日均客运量5.25万人次，岗厦北站日均客运量15.51万人次，岗厦北站与多条线路的"牵手"带来的客流效应也在换乘效果上有所体现，岗厦北站的多线换乘功能极大提升了工作日通勤出行效率。

14号线开通首月中，14号线与11号线的中转换乘效果最为明显，是全线客运量的重要来源，目前岗厦北站的工作日日均换乘客运量达到16.3万人次，占全日客运量的87%，换乘客流位列全网第三。

此外，为进一步满足出行人员从坪山、龙岗来往罗湖、福田和南山通勤需求，提升高峰时段出行舒适度，自2022年11月28日起，14号线实行工作日新版列车运行图，在工作日期间实行"准直达车"及"大站快车"行车组织模式，如图1-6所示。新版行车组织模式与正常列车的起终点相同，但不同的是，准直达车和大站快车仅在中间部分大客流站点停靠，后直达岗厦北站。全程运行时间最多节省16min，高峰期最小行车间隔压缩55s，旅客出行更舒适、更快捷。

14号线—准直达车		
运行方向	运行时间（工作日）	特别提醒
沙田—岗厦北方向	6点整，增开1列	列车停靠（锦龙、大运、布吉、黄木岗）4站，直达岗厦北 全程运行时间约39min
14号线—大站快车		
运行方向	运行时间（工作日）	特别提醒
沙田—岗厦北方向	6点30分，增开1列 7—22点每个整点，增开1列	列车不停（坑梓、坪山广场、宝龙、嶂背）4站 全程运行时间约50min
岗厦北—沙田方向	23点整、23点20分，增开2列	列车不停（罗湖北、坳背、嶂背、宝龙、坪山广场、坑梓）6站 全程运行时间约48min

图1-6　14号线"准直达车"及"大站快车"行车组织模式

不仅如此，14号线也于工作日高峰期间加开上线列车，用车数由22列增加至24列，使得全线早、晚高峰最小行车间隔由325s压缩至270s，运能最多提升18%。

开通至今，14号线已与沿线居民出行的生活融为一体，这条串联深圳四个区域的大动脉，为沿线居民创造了实实在在的出行便利。14号线建成运营情况如图1-7所示。

图　1-7

图 1-7　14 号线建成运营情况

第 2 章

车站施工关键技术

2.1 紧邻既有地铁车站围护结构施工技术

2.1.1 工程概况

14号线布吉站南北向设于龙岗大道与铁东路交叉路口西南侧，位于龙岗大道下方。

布吉站为地下三层岛式换乘车站，为3号线、5号线、14号线的换乘站。14号线布吉站基坑总长239m，标准段宽21.9m、深26.7m，支护工程安全等级为一级，主体围护结构采用钻孔咬合桩（硬咬合），钢筋混凝土桩（荤桩）直径为1.2m和1.4m，素混凝土桩（素桩）直径为1m。1.2m直径荤桩与1m直径素桩咬合量为300mm，1.4m直径荤桩与1m直径素桩咬合量为350mm。

当基坑底部位于块状强风化土层时，荤桩和素桩均进入基坑底部土层7.0m；当基坑底部位于中等风化岩面分界线以下且微风化岩面分界线以上时，荤桩进入基坑底部土层2.5m，素桩进入中风化岩层1.0m；当基坑底部位于微风化岩面分界线以下时，荤桩进入基坑底部土层1.5m，素桩进入中微风化岩层1.0m。

1) 工程地质及水文地质条件

基坑地层自上而下依次为素填土、砾砂、粉质黏土、全风化角岩、土状全风化角岩、块状全风化角岩、中等风化角岩、微风化角岩，地质剖面图如图2-1所示。中等风化角岩饱和单轴抗压强度值42.6~59.7MPa，标准值为49.3MPa，为较硬岩；微风化角岩饱和单轴抗压强度值75.80~149.90MPa，标准值为104.9MPa，为坚硬岩。

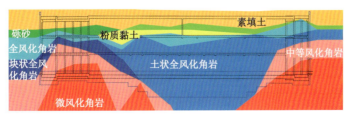

图 2-1 布吉站工程地质剖面图

2）周边环境

14号线车站西侧为3号线高架车站和区间,桥桩距离车站围护结构外轮廓水平净距为3.0～6.2m,桥梁边距离车站围护结构外轮廓水平净距为0～0.9m,部分围护结构位于3号线高架区间桥梁梁体下方;3号线高架车站距离车站主体围护结构外轮廓水平净距为1.4～3.5m,3号线A出入口已侵占北侧围护结构位置。

14号线车站东侧为龙岗大道布吉高架桥,为预应力混凝土连续箱梁结构,部分承台长边垂直于车站走向,已侵占车站围护结构位置,该处围护结构采用逆作法施工,剩余部分承台长边平行于车站走向,距车站围护结构外轮廓水平净距为0.5～2.4m。布吉站围护结构与周边环境平面位置如图2-2所示。

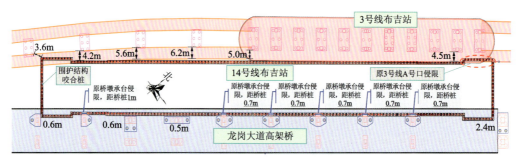

图2-2　布吉站围护结构与周边环境平面位置

14号线车站基坑与3号线车站、龙岗大道布吉高架桥位置关系剖面图如图2-3所示。施工具有以下要求：

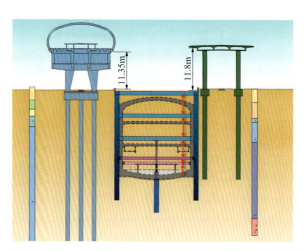

图2-3　车站基坑与3号线布吉站、龙岗大道布吉高架桥位置关系剖面图

（1）14号线车站东侧围护结构均位于龙岗大道布吉高架桥箱梁下方,垂直净空9.8～15m。

（2）14号线车站西侧为3号线高架区间,预制箱梁距离车站围护结构外轮廓水平净距约0～0.9m,为减少3号线运营的视觉压力,施工作业高度不得超过高架桥护栏,限制高度12.7～13.1m,部分西侧围护结构位于3号线高架桥梁体正下方,垂直净空10.2～10.8m,

如图 2-4 所示。

（3）14 号线车站西侧为 3 号线高架车站，其钢制弧形雨棚外架与围护结构重合，为防止碰撞既有结构，施工作业限高 11.35m。

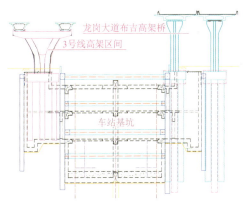

图 2-4　车站基坑与 3 号线高架区间、龙岗大道布吉高架桥位置关系剖面图

2.1.2　设备选型

（1）主要机具设备配置

14 号线车站围护结构咬合桩采用硬咬合工法施工，采用全套管全回旋钻机作为护壁，可保证邻近既有结构的安全。全套管全回旋钻机先放下钢护筒，然后使用旋挖钻机及冲抓斗取土成孔。岩层内钻进施工时需要将旋挖钻机吊开，利用低净空潜孔锤入岩施工，达到设计深度后浇筑混凝土再采用拔管机将套管拔出。

低净空全套管全回旋钻机硬咬合施工主要机具设备见表 2-1。

低净空全套管全回旋钻机硬咬合施工主要机具设备表　　　表 2-1

序号	名称	规格型号	单位	数量	用途
1	全套管全回旋钻机	DTR2016H	台	5	套管钻进
2	潜孔锤	—	台	1	岩层取土
3	旋挖钻机	KR285DH	台	2	土层取土
4	冲抓斗+快放机	—	台	4	
5	履带式起重机	三一 130t	台	1	吊装钢筋笼，钻机移位
6	挖掘机	PC200	台	1	装弃土
7	自卸卡车	东风 4.5t	台	2	运输弃土
8	混凝土导管	ϕ250mm，360m/套	套	1	灌注桩混凝土
9	插入式振动器	通用产品	台	3	灌注导墙混凝土
10	定型模板	含配套附件	m	100	导墙立模
11	电焊机		台	3	焊接
12	全站仪	Leica TS60	台	1	测量放样
13	精密水准仪	Trimble DiNi03	台	1	

续上表

序号	名称	规格型号	单位	数量	用途
14	钢筋切割机	GQ40-A（3kW）	台	1	加工钢筋笼
15	钢筋成型机	GC40-1（3kW）	台	1	

（2）主要设备低净空改造及工效

由于周边环境限制，需对全套管全回转钻机进行改造，以确保周边桥梁及既有线运营安全，全套管全回转钻机施工效率及改造情况见表2-2，现场施工如图2-5所示。

全套管全回转钻机施工效率及改造   表2-2

设备名称	全套管全回旋钻机	备注
厂家	徐州盾安重工机械制造有限公司	全套管全回旋钻机套管改造：场地内施工限高普遍约11m，常规6或8m的套管无法施工，更换使用4m一节的套管，同时定制3节2m和3m短套管，用于钻机入岩施工时的调节，方便钻机调离
型号	DTR2016H	
适用性	对周边土体低扰动的桩基施工	
场地要求	5.5m×3.3m×9m（长×宽×高）	
工效分析	土层：4～6m/h； 硬岩层：1～1.5m/h（≤50MPa）， 0.5～0.8m/h（>50MPa）	
噪声大小	70dB	
原值/采购价	480万元	

图2-5 全套管全回转钻机现场施工图

经改造后，旋挖钻机的施工效率见表2-3，现场施工如图2-6所示。

改造后旋挖钻机施工效率   表2-3

设备名称	低净空旋挖钻机
厂家	江苏泰信机械科技有限公司
型号	KP285C
适用性	低净空环境下桩基施工
场地要求	9.5m×5m×10.9m（长×宽×高）
工效分析	土层：10～15m/h； 硬岩层：3～5m/h（≤50MPa）

续上表

设备名称	低净空旋挖钻机
噪声大小	80dB（抖土）
原值/采购价	650万元

图 2-6 低净空旋挖钻机现场施工图

14号线车站部分围护桩入岩较深，且岩层强度达到80MPa，旋挖成孔困难，同样受到周边环境限制。本工程对潜孔锤进行改造，以确保周边桥梁及既有线运营安全，设备型号及改造施工效率见表2-4，现场施工如图2-7所示。

潜孔锤改造及施工效率　　　　　　　　表 2-4

设备名称	双动力头强力多功能钻机 低净空潜孔锤（改造）
厂家	山河智能装备股份有限公司
型号	SWSD2512＋98mm潜孔锤头
适用性	低净空环境下桩基施工
场地要求	9.5m×5m×10.9m（长×宽×高）
工效分析	硬岩层：2～3m/h（≤50MPa）， 硬岩层：0.9～1.5m/h（＞50MPa）
噪声大小	70dB（空压机）
原值/采购价	800万元（不含改造费）

图 2-7 低净空潜孔锤现场施工图

2.1.3 施工方案

本工法的施工步序为先利用全套管全回旋钻机施工素桩（A 序），待其终凝后再施工荤桩（B 序），具体施工步序见图 2-8，施工流程见图 2-9。

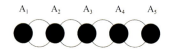

第一步：场地内施工素桩 $A_1 \sim A_n$，先后无限制。

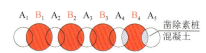

第二步：待两侧素桩终凝后施工荤桩 $B_1 \sim B_n$，成孔过程中需破除咬合部位素桩混凝土。

图 2-8 硬咬合咬合桩工法施工步序

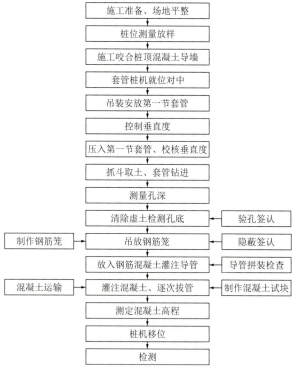

图 2-9 硬咬合咬合桩工法施工流程

2.1.4 施工控制要点

1）成孔施工

（1）底盘就位

提前在导墙中心测量放样出桩位中心，然后在定位底盘上利用十字交叉法对中，使得孔位中心与桩位中心重合，定位偏差不得大于 10mm。

（2）钻机就位

本工程可采用 130t + 90t 两台履带式起重机抬吊钻机，保证起重臂高度在 11.35m 以内，约束起重机位置及起重臂角度，保证既有线路安全，如图 2-10 所示。

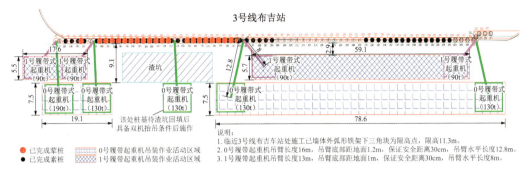

图 2-10　双起重机抬吊钻机平面位置示意图（尺寸单位：m）

吊装作业前，必须编制邻近既有线吊装作业前检查表（表 2-5）并逐条检查合格、签字确认后方可进行吊装作业，双起重机抬吊施工现场如图 2-11 所示。

图 2-11　双起重机抬吊现场施工

邻近既有线吊装作业前检查表　　　　　　　　　　　　　　表 2-5

序号	检查内容	检查情况	司机签认	管理人员签认	监理签认
1	吊钩及吊绳检查正常，设备运转情况满足吊装作业	□是　□否			
2	作业人员方案、交底到位	□是　□否			
3	红外限界装置正常使用	□是　□否			
4	吊车驾驶室内吊臂前端雷达视频清晰，限界警报正常	□是　□否			
5	现场信号工准备到位	□是　□否			
6	吊车大臂限位已锁定	□是　□否			
7	本次吊装情况未违反"十不吊"规定	□是　□否			
8	是否同意本次吊装作业	□是　□否	带班领导		

（3）钻进取土

钻机就位后，将第一节管（首节套管底部设有高强度刀头，如图2-12所示）吊装到钻机楔形块中，校正套管垂直度后，夹紧并旋转下压套管（4m、3m及2m一节），每次压入深度为2.5～3.5m，然后用旋挖钻机或冲抓斗从套管内取土，如图2-13所示，取土完成后再继续下压下一节套管，始终保持套管底口超前于开挖面深度2m以上。每一节套管开始压入土中时（地面以上要预留1.2～1.5m，以便于接管，前后套管采用承插口连接），需检测垂直度，若不合格则进行纠偏调整，合格则继续安装后一节套管并下压取土，如此反复，直至套管达到岩面或设计孔深。

图2-12　底管刀头和扩孔条　　　图2-13　冲抓斗取土过程

本工程主要在第二节或第三节套管进行成孔垂直度控制，采用全站仪、水平尺或线锤进行垂直度精准测量，然后利用四个垂直油缸进行调节，同时人为控制有线遥控钻机楔形块夹紧装置及液压垂直装置，可做到边压入边纠偏，从而进行全过程的垂直精度控制，控制过程如图2-14、图2-15所示。

图2-14　水平尺测量　　　　　图2-15　线锤观测

(4) 钻机吊移

全套管全回旋钻机作业时,需确保钢套管的倒数第二节管口被精确压至地面以上 0.2～0.6m 范围内,方可安全拆卸最后一节套管的连接螺栓,并将钻机吊移。受中风化岩面起伏影响,倒数第二节套管管顶在地面上 3m 时存在套管底已经到达中风化岩面线的情况,而钻机在岩层内钻进效率相对较慢,通常将 4m 套管拔出更换 2m 或 3m 长的套管进行调节。套管压入到位后依次拆除配重及反力架,将钻机吊移,进行下一根桩施工。

(5) 潜孔锤作业

①潜孔锤就位

低净空潜孔锤机身净高 9.6m,钻杆长度分为 3m 或 6m 一节,每节钻杆上均预留直径 10cm 的扁担穿孔。本工程利用 90t 及以上履带起重机将潜孔锤钻杆吊入钢套管之中,随后通过穿入直径 8cm 的圆钢作为扁担,实现钻杆分段连接,每节钻杆连接口采用插销固定,如此循环反复,直至钻杆接触到孔底岩面,然后将潜孔锤机身移动至孔边,动力头对接钻杆,同时高压风管与空压机连接,各组件连接到位后,将机身的四个支撑腿打开升高,以固定机身。钻杆连接如图 2-16、图 2-17 所示。

图 2-16 潜孔锤钻杆连接

图 2-17 钻杆接头抹油

②潜孔锤施工

潜孔锤现场施工前首先提升动力头将钻杆预先提起,由空压机为钻杆提供高压空气。随后,潜孔锤头紧密贴合岩面,以高频振动的方式实施碎岩掘进作业,并同步进行不间断旋转。通过钻杆底部的四个出风口,将破碎的岩石顺着钢套管内壁吹出。钻杆钻至与地面平行后,再接长钻杆继续施工,直至达到设计深度。施工完成后移开机身,逐节将钻杆从孔内吊出。在整个施工过程中,施工人员对近邻的桥墩进行振速监测,结果显示未触发任何安全警报,振速完全处于安全可控范围内。潜孔锤现场施工如图 2-18 所示。

图 2-18 潜孔锤现场施工图

（6）质量控制措施

在低净空咬合桩施工过程中，荤桩和素桩施工间隔较长，桩基成孔精度要求高。同时，受低净空施工条件限制，工序周期加长，这使得混凝土浇筑的过程控制尤为重要。若控制不到位容易出现较多的质量问题，对后期基坑的开挖埋下安全隐患。因此，在施工中需要采取以下质量控制措施：

①咬合桩成孔施工

a. 成孔垂直度控制。

a) 在全套管全回旋钻机 90°方向两侧设置垂直线锤，进行肉眼观测。

b) 利用垂直靠尺进行测量。

c) 每两节套管利用全站仪进行垂直度距离测量，垂直度偏差不得大于 1/300。测量原理如图 2-19 所示。

b. 施工过程中勤测量孔深，保证"套管先行，取土在后"，这样可以形成"土塞"，减少塌孔。

②钢筋笼加工安装施工

a. 直螺纹加工：钢筋笼需分段吊装连接，钢筋笼一端采用标准型接头，另一端采用加长型接头。其中标准型接头 ϕ28mm 钢筋牙数为 12 丝，ϕ32mm 钢筋牙数为 13 丝；加长型接头 ϕ28mm 钢筋牙数为 23 丝，ϕ32mm 钢筋牙数为 25 丝。

b. 钢筋笼安装：

a) 主筋焊接至加强环箍时，采用一块垂直钢板顶住主筋端部，确保端部对齐于同一平面，主筋之间的间距控制则利用固定尺寸 F 形卡扣来确定。

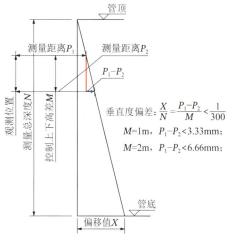

图 2-19　垂直度距离测量原理

b) 分段钢筋笼接口处 1m 范围内先不绑扎箍筋，以方便微调钢筋间距保证接头的顺利连接，在钢筋笼连接后再绑扎该处箍筋。

c) 相邻荤桩调整首尾两节的钢筋笼长度以错开接头。

c. 钢筋笼吊装：

受钻机高度影响，设置两根吊筋来控制钢筋笼顶部高程，吊筋采用 ϕ22mm 圆钢制作，每根吊筋设置两个吊孔，如图 2-20 所示。

③混凝土浇筑

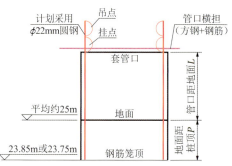

图 2-20　吊筋安装示意图（尺寸单位：m）

混凝土采取水下混凝土浇筑的方式，套管埋深太大会导致无法拔出，在浇筑过程中需要随浇随拔，该工序耗时较长，需严格控制混凝土的到场时间以保证混凝土浇筑的连续性。

2）限高限位及安全文明施工措施

（1）限高措施

①低净空冲抓斗及履带式起重机均自带限位功能，根据桥面高度（限高11m）设置好低净空冲抓斗及履带式起重机高度、角度后将其锁死，确保司机不会因个人误操作抬高起重臂高度，即可保证不会触碰到桥梁。

②起重臂端部安装类似倒车影像功能的探测雷达，并设置50cm警报距离，距离越近，警铃越急促，能够有效地提醒司机停止操作，防止碰触既有高架桥，详见图2-21、图2-22。

图2-21　起重臂端部摄像头　　　　图2-22　驾驶室距离显示屏

③既有高架桥设置红外线报警系统，如图2-23所示。如果有设备侵入界限，阻断了红外线发射和接收，将立即触发警报，有效提醒司机停止操作，防止触碰既有高架桥。

（2）防撞措施

①在既有高架桥底部向上3m的范围内布置橡胶轮胎结合挤塑板的防护措施，能够有效地保护既有桥墩，减缓设备误碰撞桥墩的冲击力，如图2-24、图2-25所示。

图2-23　红外线警报系统

图2-24　橡胶轮胎防护　　　　图2-25　橡胶轮胎结合挤塑板防护

②在既有高架桥箱梁底角部安装挤塑板防护,且在桥底粘贴醒目的提示标语,时刻提醒设备司机注意安全,详见图2-26、图2-27所示。

图2-26　挤塑板防护　　　　　　　图2-27　提示标语

③施工作业场地狭窄,施工设备交错布置,起重机作业半径内设置临时栏杆围蔽,并进行颜色分区管理,详见图2-28所示。

④施工过程中加强施工监测及自动化监测,严格控制既有建(构)筑物的沉降和偏移。

⑤钢筋笼吊装过程中严格控制支撑筋及吊筋的焊接质量,并对扁担梁进行受力验算,保证吊装连接过程中的安全。

(3)文明环保措施

图2-28　颜色分区管理

①场地内设置多处排水沟及三级沉淀池,施工过程中产生的污水经排水沟汇流至沉淀池后,经沉淀后排往市政管道。

②场地内设置TSP监测系统、自动洗车平台及围挡自动喷淋系统,车行场地路面硬化到位,施工围挡全封闭,裸露土体采用防尘网全覆盖,并在场地内设置雾炮,详见图2-29、图2-30所示。

图2-29　自动洗车平台　　　　　　　图2-30　TSP监测

③场地内所有泥头车均采用电动车,车辆上盖封闭。

④施工场地内所有油脂、油漆及二三项料(辅材、周转料)采用集装箱分别储存。

⑤在全套管全回旋钻机的液压动力站安装自制隔音罩,如图2-31所示,尽量减少噪声,

同时严格控制施工噪声，居民休息时间尽量避免作业。

图 2-31　液压动力站隔音罩

2.1.5　施工总结

1）各工序进度指标情况

从现场实施情况来看，低净空限高条件下围护桩施工效率明显下降，具体对比数据见表 2-6。

低净空限高条件下各桩施工进度指标　　　　表 2-6

工序	工程量（根）	计划指标（根/d）	实际指标（根/d）
素桩	336	1	0.5
荤桩	191	0.5	0.25

2）各工序计划与实际工期对比

从现场实施情况来看，低净空限高条件下施工工期延长约 10 个月，具体对比数据见表 2-7。

低净空限高条件下各桩施工工期对比　　　　表 2-7

工序	工程量（根）	开始时间	计划完成时间	实际完成时间
荤桩	336	2018年8月25日	2019年2月28日	2019年11月24日
素桩	336	2018年8月20日	2019年2月20日	2019年11月10日

3）影响进度的主要因素分析

（1）基坑两侧高架桥限制设备高度，无法采用大型旋挖钻机进行成孔，经改装后的设备效率明显降低；因高度限制，每段钢筋笼长度变短，钢筋笼分段段数变多。

（2）围护结构与多处既有地下结构冲突，施工期间处理既有地下构筑物耗费较长时间。

4）经济效益情况

（1）社会效益

该工法的应用及推广，成功解决了紧邻既有构建（构）筑物的全套管全回旋钻机硬咬合施工的关键问题，形成了采用全套管全回旋钻机在有限空间内进行咬合桩施工工法成套技术，该技术在成孔垂直度控制、限高限位控制及分段钢筋笼吊装等方面，为车站围护结构施工的安全、周边建（构）筑物的稳定及人流的安全提供技术支持及安全保障，同时也给相关城市轨道交通建设提供借鉴,在之后类似工程的推广应用中会实现较好的社会效益。

（2）经济效益

相比其他工法,本工法除了能保障周边建（构）筑物安全外,还能节约工期,并具有较好的经济效益,具体对比数据见表 2-8。

紧邻既有建（构）筑物的全套管全回旋钻机硬咬合工法经济效益　　表 2-8

工法	节约工期	节约造价
软咬合法	3 个月	2%～5%
盖挖逆做法	4 个月	5%～10%
暗挖法	8 个月	10%～20%

2.2　V 形结构柱车站施工技术

2.2.1　工程概况

罗湖北站位于清水河五路与清水河二路交叉口,沿清水河五路南北方向布置,车站主体为地下三层（局部四层）、五柱六跨框架结构,全长 443.4m,标准段宽 60.5m。因考虑到后期商业开发,在车站 22 轴至 27 轴之间新增 V 形结构柱（简称"V 形柱"）,如图 2-32 所示。

V 形柱从负二层中板起至顶板（由底至顶）设置 8 根,每 2 根柱连接形成一组 V 字造型,该 V 形柱为变截面圆柱,柱脚尺寸为 1240mm、柱顶尺寸为 900mm,顶板 V 形柱

图 2-32　罗湖北站 V 形柱

平面布置如图 2-33 所示,负二层中板 V 形柱平面布置如图 2-34 所示,V 形柱横断面如图 2-35 所示。

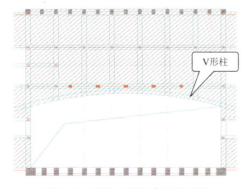

图 2-33　顶板 V 形柱布置平面图

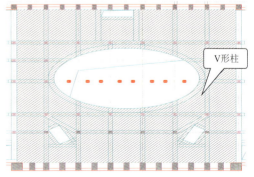

图 2-34　负二层中板 V 形柱布置平面图

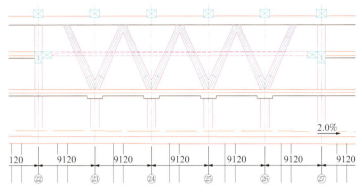

图 2-35　V 形柱横断面图（尺寸单位：mm）

2.2.2　施工方案

1）施工顺序

V 形柱的施工顺序为：负二层中板浇筑前安装柱底座预埋钢板→绑扎第一节柱脚钢筋，安装柱脚钢模并浇筑→依次绑扎第一、二节柱筋，安装模板并浇筑→绑扎第三节柱顶钢筋并固定于顶板预埋件中，安装模板→待柱顶上方顶板、梁混凝土达到拆模条件且柱与框架结构形成稳定整体后，与顶板一同拆除模板及支撑体系。成型 V 形柱详见图 2-36 所示。

图 2-36　成型 V 形柱

2）施工方法

（1）定位放线

①V 形柱底部起点与板面交线定位：利用 CAD 建立坐标系计算柱底部各个控制点坐标，利用全站仪实地逐个测出控制点的位置，画出柱轴线。

②V 形柱顶部定位：将顶部各控制点投影至 V 形柱底部所在板面，利用 CAD 坐标系计算得出顶部各个控制点投影到该板面相应点坐标，使用全站仪测得板面具体位置，并标记。

③根据柱展开立面图计算得出 V 形柱交线高程，采用光学垂准仪或吊线锤将测得柱顶部各控制点在板面的投影引至模板支撑架上，确定模板边线位置。

（2）异形箍筋绑扎

V形柱中存在异形箍筋，需要预先在现场放出柱体大样，反推保护层厚度，最终得出箍筋加工尺寸，并在CAD上绘图，对比确定箍筋加工尺寸。每种异形箍筋加工前，先加工样板，经验收合格后方可大量加工，加工中随时与样板进行比照纠偏。

依据V形柱模板的精准边线控制，调整主筋位置，并利用预先加工的角度模具调整主筋角度，待主筋调整完成后进行柱箍筋绑扎。

（3）模板安装

V形柱模板采用20mm厚钢板分节制作，共计三节，直径900～1160mm，为变截面圆柱，总高度9.95m。为确保圆柱模板施工质量，委托第三方专业加工厂制作模板，由专业人员深化图纸，并进行现场焊接安装。

V形柱模板分为三节钢模板施工，第一节钢模板CAD图与现场实况照片对比如图2-37所示。

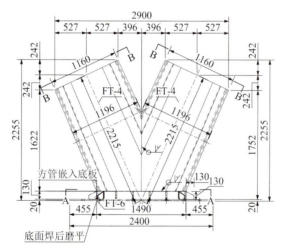

图2-37 第一节钢模板CAD图与现场实况照片对比（尺寸单位：mm）

第二节钢模板位于中部，CAD图与现场实况照片对比如图2-38所示。

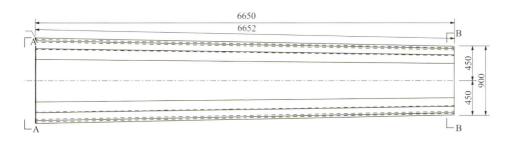

图 2-38　第二节钢模板 CAD 图与现场实况照片对比（尺寸单位：mm）

第三节钢模板位于顶部，施工时需要在顶板结构中预留相应的钢筋接口，第三节钢模板 CAD 图与现场实况照片对比如图 2-39 所示。

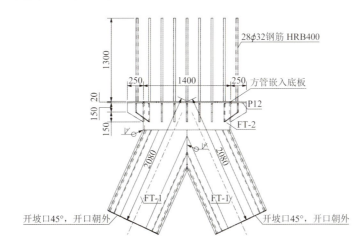

图 2-39　第三节钢模板 CAD 图与现场实况照片对比（尺寸单位：mm）

（4）支架体系

斜柱支撑体系采用结构外侧搭设满堂脚手架的形式，立杆间距 600mm，横杆间距 1200mm。施工时通过吊线检查斜柱与基础边线的距离，以保证斜柱的整体斜率。在安装底面模板的过程中，为保证斜柱侧向稳定性，斜柱侧面布设不少于三道的工字钢斜撑，并将这些斜撑固定于板面上。

在保证斜柱整体尺寸和斜率满足设计要求的前提下，斜柱整体向内侧倾斜 10mm。以抵消浇筑混凝土时由于混凝土自重产生的整体下沉。支撑体系如图 2-40 所示。

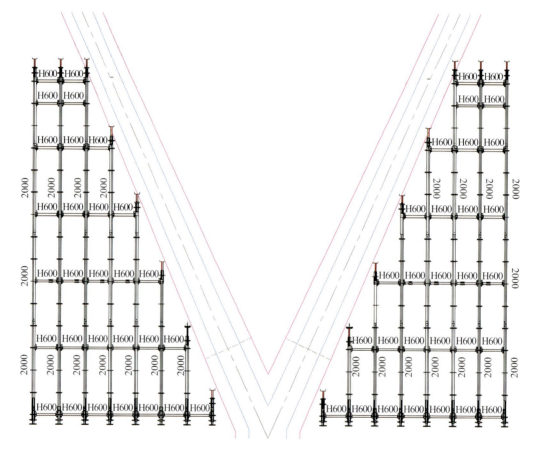

图 2-40　V 形柱支撑体系（尺寸单位：mm）

2.2.3　施工控制要点

1）钢筋绑扎

（1）每根 V 形柱由专业人员翻样后绘制翻样图，翻样过程中可利用计算机辅助翻样。对每根主筋（箍筋亦然如此）进行单独编号并计算其长度，下料后及时挂牌，注明 V 形柱部位和主筋编号，防止混用。

（2）箍筋绑扎前，预先在其主筋上画出箍筋间距线，间距 1500mm 预绑箍筋，使其形成稳固钢筋骨架；绑扎柱箍筋时应注意箍筋编号及柱体变化方式，防止措施箍筋。

2）钢模板优化

V 形柱柱脚、柱顶钢筋设计为合笼交叉形式，若按常规做法，即待钢筋绑扎完成再进行模板安装，普通钢模板会因结构复杂而无法进行套装。为保证钢模板的安装效率及精度，本工程进行专门的深化设计，将柱脚、柱顶模板进行等量分隔，待钢筋绑扎完成后再进行模板拼焊。钢模板拼焊如图 2-41 所示。

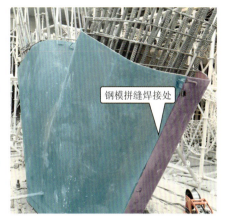

图 2-41 钢模板拼焊示意图

3）模板支架安装

（1）模板进场后应认真检查验收，尤其注意规格尺寸、方正度、刨边及板面平整度。

（2）施工中严格按模板支撑设计起拱，并控制支撑件加固作业，保证梁板跨中结构起拱。

（3）模板安装完成后，应进行严格的检查验收，确保模板垂直、空间位置准确、拼缝平整、接缝严密、加固牢靠。

（4）柱身直线度控制：主要加强柱身模板的支撑刚度，增加柱模板竖向、水平支撑的数量，在模板段落中下部位置设置观察控制点。安排在白天浇筑柱混凝土，以便加强模板的巡视和观察工作，一旦发现模板变形立即停止浇筑，并进行支架加固处理。

4）混凝土浇筑

（1）混凝土浇捣自下而上进行，为保证支撑系统的稳定，V 形柱对称浇捣，相邻两 V 形柱混凝土浇捣高差不超过 1.5m，使支撑系统自然锁紧，趋于更加稳定状态。

（2）为应对钢筋密集导致混凝土离析问题，并确保振捣棒顺利地插入与操作，混凝土浇筑前预先在柱体内插入一根直径 150mm 的硬质胶管，并在胶管表面开一个宽为 100mm 的槽口，将振捣棒放入槽内，随着混凝土的逐步上升，胶管也同步提升，确保振捣棒始终保持在胶管内。同时胶管也可作为串筒，向下输送座底砂浆及混凝土。

2.2.4 施工总结

罗湖北站 V 形柱结构为国内首创，在此之前未有先例借鉴，施工前期施工单位联合业主、厂家及设计单位对图纸进行深化设计，对 V 形柱定位、倾斜度测量、支模固定、钢管接头处焊接、管内混凝土浇筑等措施进行细致论证与精准控制；充分利用计算机及全站仪辅助进行 V 形柱空间立体定位技术，保证了 V 形柱形态在整体空间布局满足设计要求；深化设计亦是重要举措，在了解设计意图、保证施工质量的前提下，设计单位对钢模的造型及分块、钢筋的布置等进行研究，将图纸带入现场实地探讨，得到更优的设计、施工思路，在对其优化改进后，将极大提高施工便捷度及效率；上述方法可为后续类似工程施工提供指导性建议。

2.3 复杂地质与工程环境下车站工程施工技术

2.3.1 工程概况

1)工程简介

坳背站为地下两层五柱六跨岛式换乘车站(与 21 号线同向换乘),位于龙岗区红棉四路与坳背路交叉口处,沿红棉四路南北方向布设。坳背站距离厦深高铁横岗特大桥约 55m,周边建(构)筑物多,地下管线密布,已有建(构)筑物距围护结构净距 2~5m,其中中万印刷厂距离最近(仅 2m)。

坳背站采用明挖法施工(局部盖挖),基坑全长 500.2m,标准段宽 45.6m,深度为 19.7~24.5m,主体结构建筑面积约 3.7 万 m^2、基坑土石方开挖总量约 42 万 m^3(其中石方约 15 万 m^3);附属结构包括 4 个出入口、2 组风亭。围护结构采用钻孔咬合桩、灌注桩(吊脚)+桩间旋喷支护,其中靠近中万印刷厂一侧采用全套管全回旋硬咬合成孔施工。坳背站平面布置图见图 2-42。

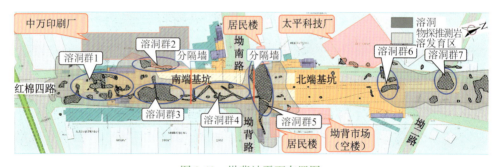

图 2-42 坳背站平面布置图

2)地质条件

(1)工程地质

坳背站位于草塘背斜的西翼,离轴部约 270m,草塘背斜轴向北东 50°。根据区域地质资料,北侧端头发育有断层 F9,走向北东 41°,倾向东南,倾角 45°,场地未发现断层 F9 发育痕迹,推测其为发育于深部岩体断层,对场地影响小,场地主要受草塘背斜构造影响。坳背站下伏基岩为石炭系碎屑灰岩,受背斜构造影响,裂隙发育,容易形成岩溶发育强烈区,岩溶水平方向多沿褶皱轴向延伸发育。场地地层以素填土、砂土、粉质黏土、泥炭质黏性土、淤泥质黏性土、中微风化碎屑灰岩地为主,基岩凸起段岩溶强发育,地质条件极为复杂。

由于车站工程地质差异大,坳背站主体结构分三个基坑开挖,共设置 2 道横隔墙。

北端1号基坑为岩质基坑，地层主要为素填土、粉质黏土、中微风化灰岩（岩面埋深5～20m，岩溶发育）；中间2号基坑为软土基坑，地层主要为素填土、粉质黏土、泥炭质黏性土、中微风化碎屑灰岩（岩面变化较大，岩溶发育）；南端3号基坑为砂土基坑，地层主要为素填土、粉质黏土、粉细砂、中粗砂、中微风化碎屑灰岩（局部岩溶发育）。车站地质下伏可溶性基岩碎屑灰岩、灰岩，发育溶洞、土洞、溶蚀裂隙等岩溶现象。

坳背站的工程地质分布图见图2-43，地质纵断面图见图2-44。

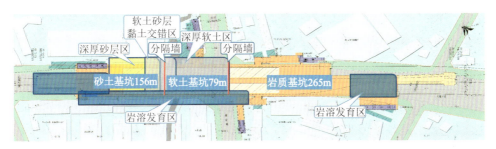

图2-43 坳背站工程地质分布图

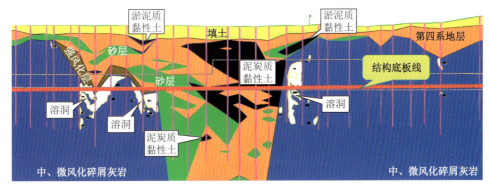

图2-44 坳背站工程地质纵断面

（2）不良地质

①岩溶

根据钻探揭露，坳背站下伏可溶性基岩碎屑灰岩，发育溶洞、溶蚀裂隙等岩溶现象。钻探揭露溶洞144个，串珠状溶洞28个，溶洞洞顶埋深6.00～61.40m，溶洞洞高0.30～14.2m，顶板厚度0.10～14.60m。揭露溶洞分为全充填、半填充和无充填，其中72个无充填，12个半填充，60个全填充，充填物主要为流塑～软塑状粉质黏土、粉细砂、砾砂。

坳背站及其周边地层岩溶分布情况见图2-45，坳背站工程地质及溶洞分布剖面图（左线）见图2-46，坳背站工程地质及溶洞分布剖面图（右线）见图2-47。

②淤泥软土地质

拟建场地范围内揭露到厚度较大的淤泥质黏性土、泥炭质黏性土层，流塑～可塑，富含有机质，夹较多腐木，含腐殖质，浸水体胀、干燥收缩，埋藏深度3～57m。软土层中可能存在有害气体（主要有CO，NO，SO_2，H_2S，CH_4等）。

图2-45 坳背站及其周边地层岩溶分布图

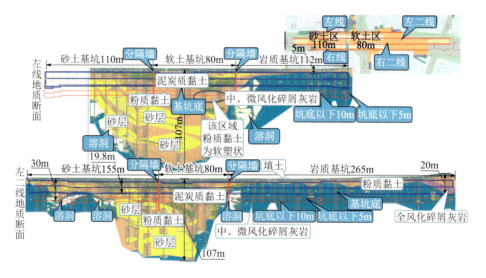

图2-46 坳背站工程地质及溶洞分布剖面图（左线）

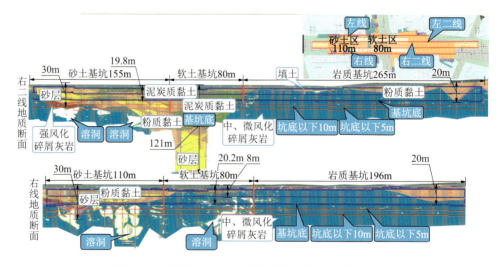

图2-47 坳背站工程地质及溶洞分布剖面图（右线）

2.3.2 工程重难点

（1）基坑开挖紧邻建（构）筑物

车站南端基坑两侧为商业楼和工厂，距离基坑 2～4m；北端基坑变化段基坑长度为 83.5m，基坑宽度为 29m，两侧为工厂和住宅楼，距离基坑 3～18m；北端端头井段基坑长度为 73m，基坑宽度为 14.38m，两侧为居民楼，距离基坑 7～30m，车站距离厦深高铁最近处仅为 55m，大部分建筑为 20 世纪 70—80 年代建造。施工前需对局部房屋进行拆迁，交通导改次数多。

车站南侧基坑靠近中万印刷厂一侧主要为深厚砂层软土地质，岩溶发育，且距离周边房屋较近，围护结构距离中万印刷厂约 2m，该厂房为 6 层框架结构，局部 4 层，基础形式为扩展基础，确保中万印刷厂一侧围护结构安全、高效施工是本工程的重点之一。

坳背站周边环境见图 2-48，其中全套管全回旋钻机紧邻既有建（构）筑物，现场布置见图 2-49。

图 2-48　坳背站周边环境图

图 2-49　全套管全回旋钻机现场布置图

（2）深厚砂层及软土地质

车站南侧基坑地质差异大，且埋藏深厚砂层软土（砂层埋深 14～101m，软土埋深 4～57m），同时，距离周边房屋较近，车站南端距离厦深高铁桥的最小距离 55m，处于禁止降水区❶。因此对该工程而言，既需要隔断地下水渗流，防止基坑开挖出现涌水、涌砂来保证深基坑施工安全，又要控制周边地层失水沉降，防止铁路桥梁、房屋建筑等重要结构沉降，确保围护结构及基坑施工期间的建（构）筑物安全稳定。

坳背站砂土基坑周边环境平面图见图 2-50。坳背站砂土基坑地质断面图见图 2-51。

---

❶《铁路安全管理条例》第三十五条规定：高速铁路线路路堤坡脚、路堑坡顶或者铁路桥梁外侧起向外各 200m 范围内禁止抽取地下水。

图 2-50　坳背站砂土基坑周边环境平面图

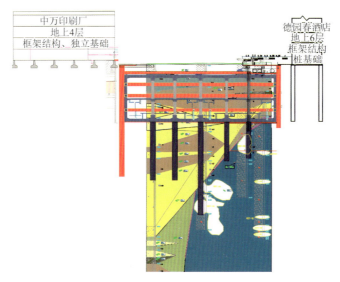

图 2-51　坳背站砂土基坑地质断面图

（3）岩质基坑爆破受限

车站北端 1 号基坑为岩质基坑，地层主要为素填土、粉质黏土、中微风化灰岩（岩面埋深 5~20m，岩溶发育），本工程深基坑石方开挖量大（约 15 万 m^3），基岩完整度大、岩石强度较高、平均达到 50~60MPa，局部达到 90MPa 以上；同时，基坑两侧建（构）筑物较多，主要为住宅、商业楼和工厂，距离基坑 2~11m，石方爆破开挖受限。确保深基坑石方开挖安全满足整体工期要求是本工程的重难点之一。

由于爆破会产生振动及噪声，车站基坑附近周边居民较多，夜间爆破施工会严重影响居民休息，引起投诉。走访调查发现，坳背站周围老旧房屋开裂情况比较严重，爆破振动会引起房屋开裂等安全问题。车站南端为厦深铁路高铁，鉴于石方爆破区域距离既有厦深高铁在 1km 以内，属于邻近营业线施工，根据《广铁集团铁路营业线施工安全管理细则》（广运发〔2018〕105 号）相关规定，营业线施工只可在既有营运铁路天窗时间（无列车运行时间）进行爆破作业，而根据相关法律法规及深圳市公安局关于火工品的相关管理规定，要求施工现场夜间（每日 18:00—次日 06:00 之间）不得临时存放火工品，及开展爆破作业施工，而此时间与厦深高铁天窗作业时间（每日 00:20—4:30 之间）冲突，导致石方爆破作业无法进行。坳背站周边环境平面图见图 2-52，车站现场实例图见图 2-53。

图 2-52 坳背站周边环境平面图

图 2-53 车站现场实例图

2.3.3 关键技术

1）岩溶软土地质咬合桩施工

（1）总体实施情况

坳背站主体围护结构桩共计 1322 根，其中咬合桩 1146 根，灌注桩 176 根，一般地质区域围护结构采用旋挖钻机施工；针对坳背站岩溶强发育及软土区域地质条件（中万印刷厂侧）围护结构，采用全套管全回旋硬咬合成孔施工，本工程"因地制宜"的施工理念，有效保证了桩基成孔质量、周边地层稳定，有效降低岩溶软土区施工风险。

（2）方案选择

坳背站南端西侧区域围护桩主要位于深厚砂、深厚软土层，地下水渗流、涌水、涌砂情况严重，传统的旋挖钻机钻孔施工塌孔概率高、成孔速度慢，无法保证成孔质量及效率，针对此类情况，经研究对比，本工程最终选用全套管全回旋咬合桩施工技术，以保证深岩溶发育及厚砂层地质区域围护桩成桩质量及工效、创造基坑开挖有利条件。

（3）工艺对比

两种施工工艺对比见表2-9。

工艺对比表　　　　表2-9

施工工艺	优点	缺点	适用范围
全套管全回旋施工法	1. 垂直度控制较好，清孔彻底，不易产生塌孔现象，成桩质量高。 2. 砂层、杂填土层快速成孔，无需泥浆护壁，绿色文明施工效果较好。 3. 钻孔过程中全套管护筒超前跟进，避免塌孔，安全性高	1. 机械购置费用高，市场设备保有数量少。 2. 施工连续性要求高	适用于深厚砂、深厚软土层、距离建（构）筑物较近且地下水位高，局部地层存在流砂、涌砂等区域
地下连续墙施工法	1. 施工低噪声、低振动，对环境影响小。 2. 连续墙刚度大、整体性好	1. 配筋率较高，成本较高。 2. 接头处的施工冷缝是防渗的薄弱环节，存在渗水隐患。 3. 成槽施工时泥浆护壁用量大，泥浆处理量大，易造成环境污染。 4. 在距建（构）筑物较近及深厚砂层区成槽难度较大	适用于淤泥、黏性土、冲积土、砂性土及粒径50mm以下的砂砾层等多种地质条件，深度可达50m

（4）技术原理

全套管全回旋硬咬合桩施工为桩与桩咬合排列的一种基坑支护方式，为便于切割，桩的排序分为A序桩（素混凝土桩）和B序桩（钢筋混凝土桩），间隔布置。施工时先施工A序桩后施工B序桩，相邻A序桩混凝土强度差值不超过3MPa，在A序桩混凝土强度达到设计强度前实现咬合成孔，避免A序桩强度提升降低切割效率，其施工工序是：$A_1 \rightarrow A_2 \rightarrow B_1 \rightarrow A_3 \rightarrow B_2 \rightarrow A_4 \rightarrow B_3$。

全套管全回旋钻机咬合桩施工顺序示意图见图2-54。

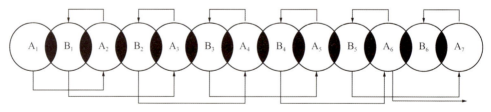

图2-54　全套管全回旋钻机咬合桩施工顺序示意图

（5）实施效果

本工程岩溶软土区咬合桩采用全套管全回旋硬咬合成孔技术进行施工，成孔全过程采用套筒支护，保证了成孔质量、周边地层的稳定，有效降低了岩溶软土区施工风险。施工现场采用全套管全回旋硬咬合成孔技术施工的桩基，设计孔深 l 平均35m，采用超声波孔桩垂直度检测仪进行成桩垂直度检测，检测结果表明垂直度偏差全部小于10mm，满足设计成桩垂直度偏差小于 $l/300$ 的要求。垂直度检测报告见图2-55。开挖后咬合桩效果图见图2-56。

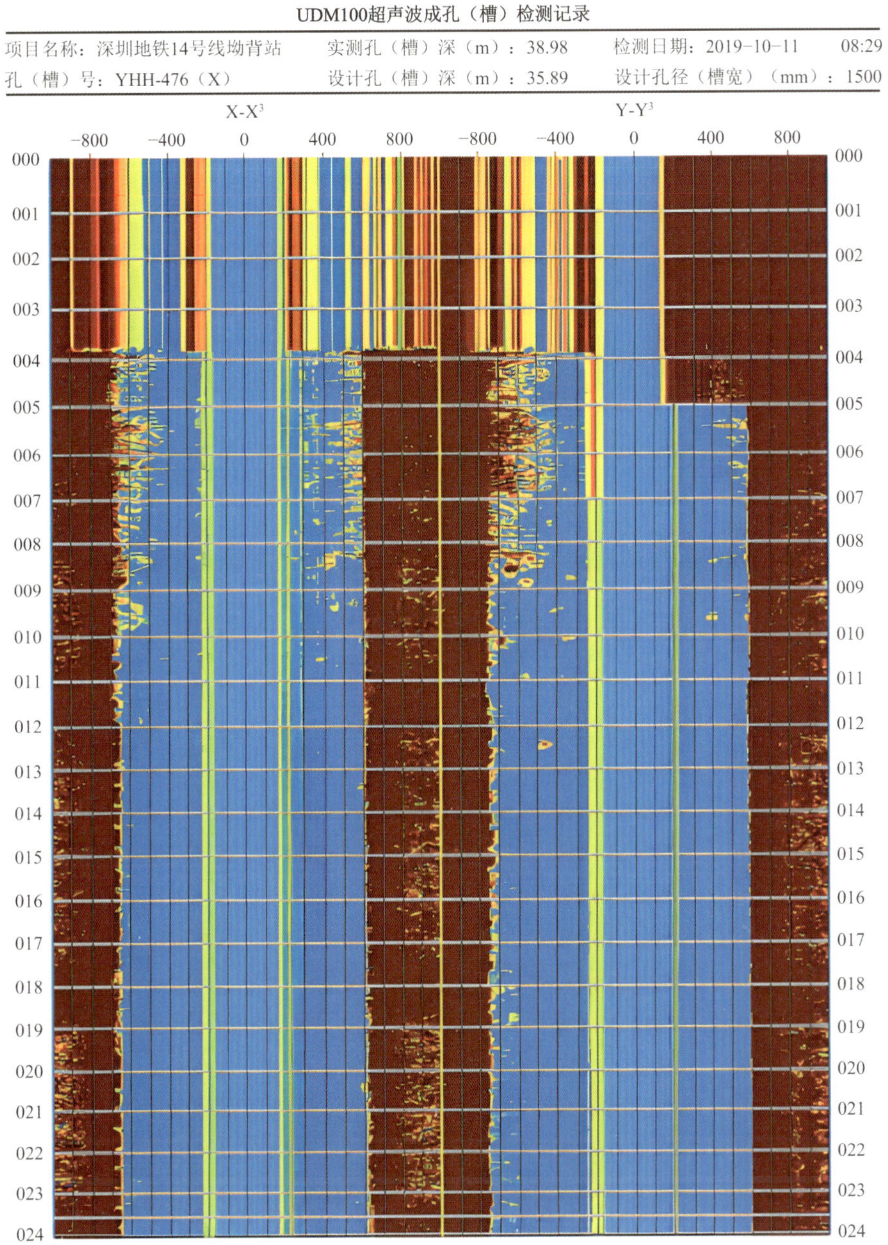

图 2-55　垂直度检测报告

图 2-56　开挖后咬合桩效果图

2）深厚砂层及软土加固技术

（1）工艺原理

RJP 超高压旋喷桩解决地下水渗流、涌水、涌砂问题的原理是利用超高压喷射流体产生的动能破坏地基，被破坏的土颗粒与水泥浆液混合搅拌从而形成大直径桩体；上段超高压水（可达 20MPa）喷射流体切削土体，下段超高压浆液（可达 40MPa）与压缩空气（1~1.5MPa）喷射浆液扩大切削土体，与被破坏的土颗粒混合搅拌，工艺原理图见图 2-57。

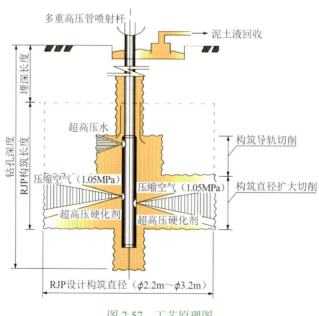

图 2-57 工艺原理图

（2）总体实施情况

超深砂层加固技术成功应用于坳背站地基加固施工中，坳背站运用超深砂层软基加固技术一共实施 571 根 RJP 超高压旋喷桩，平均每天完成 5 根桩，通过对每层工序的合理管控，有效保证了 RJP 超高压旋喷桩的顺利实施，提高了基坑封底、止水效果，减少了材料消耗及建筑垃圾的产生，现场施工环境整洁，且有效保障了邻近建（构）筑物安全。

（3）方案选择

车站南端区域地质主要为深厚砂层，地下水渗流、涌水、涌砂情况严重，针对富水地层下基坑降水一般均采用坑外止水帷幕加坑内降水方案。然而，随着基坑深度的增大，若采用常规的止水帷幕施工工艺如水泥土搅拌桩、高压旋喷桩、压密注浆等会出现成桩过程差异性大、桩身质量难以保证等问题，从而起不到有效隔断地下水渗流、防止基坑开挖出现涌水、涌砂的作用，已经不能满足超深基坑止水帷幕的工程需要，因此为解决此类问题，本工程结合国内外实践经验对 RJP 进行改进，推行实施超深砂层加固技术，较于常规的止水帷幕施工工艺，RJP 工艺有较大的优势。

方案对比分析见表 2-10。

地基加固方案对比分析表　　　　　　　表 2-10

项目名称	水泥搅拌桩	高压旋喷桩	RJP 超高压旋喷桩
施工设备	单轴、二轴、三轴搅拌桩机（加固效果及效率三轴最优）	高压旋喷桩机	RJP 高压喷射注浆钻机（基本均为进口机器）
注浆压力	3～5MPa	20～30MPa	30～40MPa
成桩深度	一般不超过 30m	最深可达 40m	最深可达 60m
成桩直径	650mm、850mm、1000mm	可达 2m	可达 3.5m
加固效果	RJP 超高压旋喷桩 > 高压旋喷桩 > 水泥搅拌桩		
经济性	对原地面至设计深度全长搅拌，施工成本高，搅拌后开挖难度增大	采用引孔至设计深度，仅对加固范围进行喷浆加固，施工成本较低	同高压旋喷桩
作业环境	施工设备大，占用场地大；对地层扰动较大，文明施工差	设备小，场地占用少；对地层干扰小，周边环境影响小	设备小，场地占用少；对地层干扰小，周边环境影响小

（4）施工工序

①施工工艺

RJP 施工工艺流程图见图 2-58。

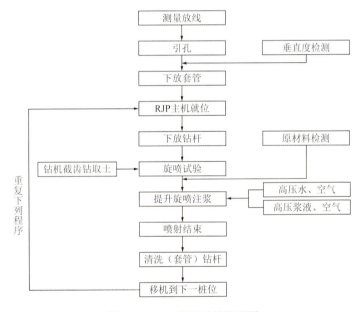

图 2-58　RJP 施工工艺流程图

②施工操作要点

a. 连接电源、数据线、各路管线、钻头和地内压力监测显示器，确认在钻头无荷载的情况下清零，管线连接确保密封，管内没有空气。

b. 检查设备的运行情况，确保主机、高压泵、空压机、泥浆搅拌系统、操控管理装置等能正常工作，并进行主机就位，机架放置平稳后开始校零。

c. 在引孔内将钻杆下放至设计深度，如果钻杆下放困难，打开削孔水进行正常削孔钻进。

d. 对接钻杆和钻头，对接时认真检查密封圈情况，检查密封圈是否缺失或损坏、地内压力是否显示正常。

e. 重复步骤 c 和 d，直到钻头到达预定深度，钻杆到位。若成孔深度超过 5m，需加接倒吸空气适配器，加接部位为第一根钻杆之后。

f. 钻头到达预定深度后开始校零，使动力头"0"刻度、喷嘴、钻杆上白线处于同一条直线，然后设定各工艺参数，包括摇摆角度、引拔速度、回转数等等。

g. 开启高压水泥泵和主空气空压机。首先用水向上喷射 50cm，压力为 10MPa，然后把水切换成水泥浆，钻杆重新下放到位后开始向上喷射。

h. 在开启高压水泥泵时，压力不可太高，应逐步增压，直到达到指定压力，在达到指定压力并确认压力正常后，方可开始提升。水切换成水泥浆时，压力会自动上升，压力有突变时方可调节压力。

i. 施工时应密切监测地内压力，压力不正常时，必须及时调整排浆阀大小并控制地内压力在安全范围以内。

j. 当提升一根钻杆后，对钻杆进行拆卸，须把水泥浆切换成水后方可拆卸，当水泥浆泵压力有下调趋势，说明水流已经到达喷嘴位置。

k. 在拆卸钻杆的过程中，施工人员也需要认真检查密封圈和数据线的情况，检查其是否损坏、地内压力显示是否正常，如有问题应及时排除方可继续喷浆。拆卸钻杆后，需及时对钻杆进行冲洗及保养。

l. 重复以上步骤，直到施工结束；施工结束后，对设备进行冲洗和保养。

m. 试块取样，利用取芯钻机取芯，进行编号、养护，到龄期后随机抽取 3～5 组送实验室做抗压强度施工，水泥土搅拌 28d 无侧限抗压强度不小于设计强度。

③施工步骤

施工顺序图见图 2-59。

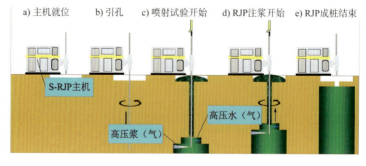

图 2-59　施工顺序图

测量放线：首先对所有 RJP 超高压旋喷桩进行编号，然后现场准确测量定位桩心坐标，并做好护桩。

主机就位：指挥 RJP 桩机就位，现场确保桩机平稳、平正，便于桩心准确就位。

引孔施工：在进行 RJP 超高压旋喷桩施工前，先进行引孔施工，引孔垂直度误差严格控制在 1/200 范围内。

下放套管：成孔垂直度达到要求后，吊车辅助下放套管到预定深度。下放套管示意图见图 2-60。

图 2-60　下放套管示意图

下放钻杆：在套管内下放钻杆，直至钻头达到设计深度。下放钻杆示意图见图 2-61。

图 2-61　下放钻杆示意图

喷射试验：钻头达到预定深度后，打开高压水泵，切削土体进行喷射试验。喷射试验示意图见图 2-62。

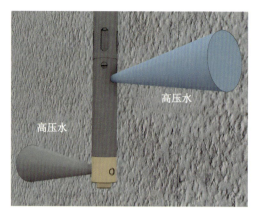

图 2-62　喷射试验示意图

喷射注浆：喷射试验结束，确认设备一切正常后，开始提升注浆。喷浆示意图见图 2-63，喷浆现场图见图 2-64。

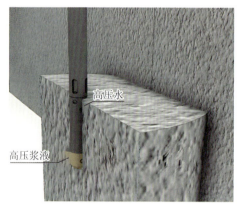

图 2-63　喷浆示意图　　　　　　　图 2-64　喷浆现场图

（5）施工参数

本项目 RJP 桩主要位于砂土基坑，桩径采用 2.4m，加固深度基坑底以下 13～16m。砂土、黏土的桩径设计标准见表 2-11。

砂土、黏土的桩径设计标准　　　　表 2-11

喷浆提管时间	土质	土层N值				
		$0 < N \leqslant 15$	$0 < N \leqslant 30$	$30 < N \leqslant 50$	$50 < N \leqslant 75$	$75 < N \leqslant 100$
	砂质土					
	黏性土	$0 < N \leqslant 1$	$0 < N \leqslant 3$	$3 < N \leqslant 5$	—	—
20～30min/m		2.8	2.6	2.4	2.2	2.0
30～40min/m		3.0	2.8	2.6	2.3	2.1
40～50min/m		3.1	2.9	2.7	—	—
50～60min/m		3.2	3.0	2.8	—	—

注：土层N值是指在田间条件下，土壤含水量与土壤质地（包括黏粒和有机质含量）之间的关系。

该技术针对深厚砂层及深厚软土区等复杂地质环境下地基超深加固、止水施工难题,确定了满足加固效果水泥土 28d 无侧限单轴抗压强度大于 4MPa,抗渗系数小于 1×10^{-6}cm/s 的施工参数,RJP 施工控制参数表见表 2-12。

RJP 施工控制参数表　　　　　　　　　　表 2-12

项目名称	控制参数
RJP 桩	桩径 2.4m,桩长 3m,梅花形布设:横向间距 1800mm、纵向间距 1600mm
气压控制	1~1.5MPa;流量 3~7m³/min
水压控制	20(±2)MPa,流量 50~60L/min(砂层可不喷水,开 3~5MPa 压力防止喷嘴堵塞)
浆液压力	40(±2)MPa,流量 110~115L/min
提升速度	40min/m,即 60s/25mm 步距
水泥浆液	P42.5 级普通硅酸盐水泥,水灰比 1:1,水泥掺量 1000kg/m³、密度≥2.73t/m³、单桩水泥掺量 8.194t

(6)机具设备

主要设备见表 2-13。

主要设备表　　　　　　　　　　表 2-13

序号	机具/设备名称	设备规格	功率(kW)	数量	备注
1	RJP 主机	RJP-65CV	45	1 台	
2	高压泵(水泥浆液)	GF-200SV	150	1 台	
3	高压泵(切削水)	GF-75SV	55	1 台	
4	空压机	GRF-100/A12.5	75	1 台	
5	发电机		采油动力	1 台	
6	泥浆搅拌系统	BZ-20L	56.5	1 套	
7	泥浆泵	3PNL	4.5×2	2 台	
8	流量计	0~300L/min		1 套	
9	水箱			1~2 个	
10	挖掘机			1 台	
11	吊车			1 台	

(7)工艺效果

本工程通过 RJP 高压旋喷桩软基加固施工,安全、顺利地完成该软土、厚砂层区域的地基加固处理,有效保护厂房安全和基坑开挖安全,基坑加固效果、处理质量良好,取芯验证及抗渗实验表明:RJP 桩施工检测水泥土强度在 5~8MPa 之间,大于 4MPa,

水泥土渗透系数 0.79×10^{-6}cm/s，小于 1×10^{-6}cm/s，满足设计要求。取芯检测报告见图 2-65。

图 2-65 取芯检测报告

3）岩溶注浆加固施工技术

（1）总体实施情况

坳背站北端基坑在 2018 年 9 月 25 日开钻、2019 年 1 月 1 日开始注浆、2020 年 9 月 8 日完成岩溶处理，总计钻孔 1005 个，总计注浆 15922m³；南端基坑在 2018 年 12 月 25 日开钻、2019 年 3 月 6 日开始注浆、2020 年 4 月 12 日完成岩溶处理，总计钻孔 1451 个，总计注浆 31550m³。本工程通过岩溶注浆加固施工技术降低了岩溶地质突泥、涌砂、涌水等现象风险，根据现场钻取的芯样情况来看，注浆效果比预期好，可以满足岩溶专项设计的质量要求，同时提高了地基承载能力并在基坑开挖主体结构施工过程中未发生任何安全事故。

（2）处理原则

①岩溶处理遵循以预防、预处理为主，先处理后施工的原则，根据岩溶对车站结构的风险评估结果，按不同工程类型因地制宜地采取不同的预防性措施或治理措施。

②基坑开挖前对溶洞的发育形态及规模进行核查探明，防止未查明或处理的岩溶对地铁施工及运营造成较大风险，对已发现溶（土）洞应优先采用地面预处理。

③对于岩溶中～强发育区的明（盖）挖基坑，本工程需要针对基坑围护结构或中间立柱桩及工程桩施工诱发的岩溶地面塌陷、围护结构在可溶岩中的持力层选择和桩底稳定性、基坑侧壁和基底因岩溶（空洞和充填物）存在对基坑稳定的影响、基坑岩溶水涌水控制、

基坑排水引起周边第四系覆盖层的沉降或塌陷、地下结构底板抗浮、基坑开挖纵横向土体稳定性等问题采取预处理措施,降低岩溶施工风险。

④基坑侧壁存在没有处理的岩溶(溶洞或溶沟、溶槽)时,采用灌混凝土进行充填或置换;基底存在岩溶(溶洞或溶沟、溶槽)时,对开口溶洞进行预处理;对于基底下溶洞,根据溶洞跨度和顶板完整岩层厚度进行处理。

⑤基坑开挖范围内的空间尺寸小于 2m 的溶(土)洞如不采取预处理措施,则开挖过程中分层开挖高度不得大于 2m,纵向拉槽坡度和横向坡度应结合岩溶溶隙、溶井、溶洞、溶沟、溶槽等的规模、是否存在充填物及填充物性质,采取合适的放坡坡度,确保纵横向土体的稳定性。

⑥全填充溶洞结合地勘对填充物的标贯描述和桩基设置情况,如全填充且有桩基穿越,不处理;如标贯值大于 10 则不处理,否则采用压注水泥浆处理。

(3)处理原理

本工程通过地质钻机成孔,直接向地基的溶洞注入水泥浆形成帷幕,阻碍地下水流通,达到加固地基、减少地基沉降,提高地基承载力,以满足施工要求。

(4)岩溶处理施工流程

岩溶处理施工流程见图 2-66。

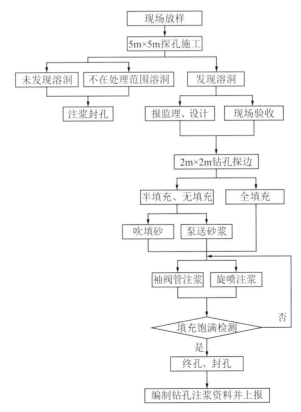

图 2-66 岩溶处理施工流程图

（5）5m×5m探孔

①探孔施工的必要性

a) 由于岩溶发育区地质条件复杂且初步勘察和详勘的地质探孔间距偏大，可能存在未探明的溶洞，本工程在正式施工前增加5m×5m探孔，核查物探CT（计算机断层扫描）成果的准确性。

b) 进一步探明确定溶（土）洞的发育深度及影响范围。

c) 判断桩身范围及周边的岩溶发育状况。

②钻孔施工

a) 施工探孔布置原则

在岩溶专项勘察中确定的推测岩溶发育区，沿围护结构外侧3m至基坑范围内的推测岩溶发育区，按5m×5m的间距网络布置钻探孔。

b) 钻探施工要求

施工前投入足够的人员和设备，保证施工工期。测量人员按测量交底放出岩溶区补勘孔位平面布置图上的点，以保证钻孔定位。现场各类物资必须摆放整齐，保持现场文明、卫生、整洁。

钻孔原则上按图纸进行定位，孔位偏差不大于10cm，因故变换孔位时，应征得工程设计方同意，实际孔位、孔深、孔口高程应予以测量、记录。

钻探施工采用回转钻进工艺，并根据地层情况，选用相应钻压、转速及冲洗液，保证岩芯采取率。详细记录溶洞和土洞的位置、规模、埋深、填充物性状和地下水特征，拍摄并保存岩芯照片。具体要求如下：

采用回旋岩芯钻探，钻孔开孔直径130mm，终孔直径91mm。地下水位以上须干钻，测到初见水位后才可用水钻，对基岩全风化、强风化带、断层破碎带及破碎岩层宜采用双层岩芯管钻进，泥浆或套管护壁。

钻探施工时，按岩石可钻性分级控制好回次进尺，在黏性土、软土和较完整的岩层中每回次不大于1.5~2.0m；在松散地层（砂土、粉土）和破碎岩层中每回次不大于0.5~1.0m。

软土、砂土或饱和黏性土中如有缩孔、塌孔，应注明其位置及严重程度，并采取加固孔壁措施，保证钻孔孔壁的完整。

保证岩芯采取率：松散砂层不低于65%，黏性土不低于85%，基岩全风化、强风化带不低于65%，基岩中风化带不低于80%，微风化带不低于85%。

准确量测和记录钻进尺寸（要求误差≤5cm）及不同岩性分层深度，认真填写钻探记录，每个钻孔均应量测初见水位及稳定水位（要求误差≤10cm）。

钻探前应准确测量孔口高程并记录，便于绘制等高地质柱状图。

c) 探孔终孔原则

探孔进入坑底以下中、微风化基岩不小于10m或桩底以下完整基岩不小于3d（直径）

且不小 5m，若下方仍有溶洞或半填充型溶洞，钻孔应钻入充填物或溶洞底板 2m。

d) 封孔要求

对于无溶洞的钻孔，每孔验收完成后必须进行全孔注浆封堵，利用钻杆做注浆管，将钻杆下入钻孔底，采用孔底压力注浆法进行注浆，岩溶补勘封孔采用 1∶1 水泥浆，确保封孔质量。且按要求对封孔过程进行视频摄像。注浆 24h 后再用水泥砂浆对孔口进行二次封堵。

对于有溶洞的钻孔，成孔后依次下入ϕ48mmPVC（聚氯乙烯）袖阀管，花管进入溶洞底部以下 0.5m。孔口下 2.0m 设止浆段，采用 1∶1 水泥砂浆封堵袖阀管与孔壁之间的缝隙。

e) 技术人员要求

施工现场委派工程技术人员，全面负责劳动组织安全质量，严把技术关，做到"完成一孔、验收一孔"，确保在现场把好质量关。对于技术孔按规定进行岩样采取，技术人员应及时把采取的岩样送至实验室。钻探采取全取芯的方式进行，采用泥浆、套管护壁钻进。每个钻孔完成后，提交钻探班报表、钻探编录表，并组织机长、现场技术人员和监理单位进行验收签证。钻探验收合格后，进行水泥浆封孔。

f) 钻杆及其他异物掉落预防措施

加强钻机操作工人的安全教育，提高防止断杆的意识。施工前逐根检查钻杆磨损程度、丝扣质量，检查钻具是否满足施工需要。钻孔过程中遇到卡钻，上下提动钻杆时，应限制在钻杆允许的抗拉安全负荷与抗扭安全负荷范围内，不许超负荷提拉与转动。在钻孔以及后续封孔过程中，将坚硬的异物远离钻孔，防止掉入孔内，造成钻孔困难、封孔效果不佳以及后期盾构施工时刀具磨损等情况的发生。

③2m×2m 探孔

a) 布置原则

对于岩溶专项勘察中确定的推测溶洞范围，若溶洞需要预处理，施工前应布置 2m×2m 钻孔摸探溶洞边界，梅花形分布钻孔施工，探边以钻探揭露溶洞为中心，围绕勘探孔呈梅花形布置钻孔，钻孔间距为 2m×2m，探边孔由中心依次向外围钻探。当探边孔超过围护结构外侧 3m 外时终止探边，当探孔未揭露溶洞时终止探边。

b) 钻孔施工

土层钻孔采用ϕ110mm 钻头钻进，每一回次完成后取出土芯，摆放整齐，并用标签记录不同土层的深度及其高程。

岩层钻孔：基岩面以下 0.5m 以上为ϕ110mm 钻头，0.5m 以下采用ϕ91mm 钻头，岩芯摆放整齐，用小标签记录不同岩性和溶洞的深度及其高程。钻孔钻至基岩面以下 0.5m 后，将套管嵌入基岩并固结，钻孔应确保钻到溶洞底板以下不小于 1.0m，且进入岩层深度不得小于 5.0m，在探到有溶洞的钻孔周围按照横纵间距 2m 间距再次补充钻孔。

钻孔平面布置：针对大型溶洞岩溶处理注浆孔布置见图 2-67。注浆施工时，注浆施工顺序为：先从外排注浆孔开始注浆，将处理范围内溶（土）与外界洞体隔离，再处理中间区域，若在周边孔注第一次浆时，注浆量较大，压力达不到设计要求时，周边孔与中央孔可交替注浆。

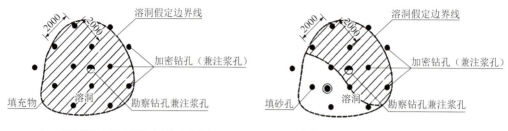

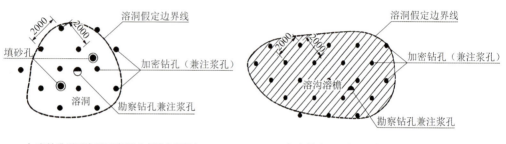

图 2-67　钻孔平面布置示意图（尺寸单位：mm）

（6）注浆工艺

①注浆孔的布置

根据岩土勘探发现的溶洞，按照一定间距的方格网布置钻孔查找洞体边界，并对钻孔过程中揭露的溶（土）洞要作好记录，作为注浆依据。根据探明的溶（土）洞绘制溶洞平面图、剖面图，并估算溶洞大小，根据溶洞大小、溶洞填充情况制定施工方案。

a) 对于钻孔揭示岩溶洞穴平面尺寸不大于 1m 溶洞，一般在已揭露溶洞的勘探钻孔处布置钻孔 1 孔。

b) 对于钻孔揭示岩溶洞穴平面尺寸 1~2m 的溶洞，应围绕已揭露溶洞的勘探钻孔呈三角形布置钻孔 3 孔，间距 2m×2m。

c) 对于钻孔揭示岩溶洞穴平面尺寸大于 2m 的溶洞，应围绕已揭露溶洞的勘探钻孔呈梅花形布置钻孔，间距可为 2m×2m。

②注浆方法与浆材选择

a) 对于全填充（充填物强度较低的）溶洞，直接采用 1∶1 纯水泥浆进行静压式注浆；或规模小于 2m 的半填充、无填充溶洞，采用 1∶2.5 纯水泥砂浆进行静压式注浆；对于规模大于 2m 的半填充及无填充溶洞，空腔填充后进行注浆。

b) 当注浆施工过程中发现严重串孔、冒浆、漏浆不起压等情况，应根据具体情况采取低压、浓浆、间歇注浆、注水泥砂浆、细集料混凝土、加速凝剂等方法进行处理，若仍难以解决，应及时通知监理工程师，并抄送设计单位，及时进行研究处理。

③注浆孔段长划分

a) 对于洞高小于 2m 的溶洞（无充填、半充填、充填物强度较低）充填注浆分一段进行，注浆孔应伸入溶洞底板以下不小于 0.5m。

b) 对于洞高大于 2m 且无填充溶洞和半填充溶洞，填砂孔直接伸入空洞内不小于 1.0m，注浆孔应伸入溶洞底板以下不小于 0.5m，分段注浆，一般注浆长度为 1~2m，最大段长不得大于 3m。

c) 对于洞高大于 2m 全充填溶洞（充填物性状及强度指标达不到设计要求时），注浆孔应伸入溶洞底板以下不小于 0.5m，分段注浆，一般注浆长度为 1~2m，最大段长不得大于 3m。

④注浆压力

注浆压力值参考表见表 2-14。

注浆压力参考表　　　　表 2-14

序号	注浆参数	注浆压力（MPa）
1	周边孔控制压力	0.3~0.6
2	中央孔控制压力	0.4~0.8

注：实际注浆压力根据生产性试验适当调整。

⑤注浆浆材配比

注浆施工过程中严格控制浆材配比质量和注浆量的控制，在实际操作过程中根据注浆效果、注浆压力等实际情况调整注浆参数。注浆材料配比参考表见表 2-15。

注浆材料参数参考表　　　　表 2-15

序号	注浆参数	内容
1	单液浆配比	水灰比 =（0.5~1）:1（质量比）
2	双液浆配比	水:水泥:水玻璃 =（0.8~1）:1:（0.12~0.30）（质量比）
3	水泥砂浆配比	水泥:砂 = 1:2.5（质量比）

⑥注浆浆液变换

a) 注浆浆液以普通纯水泥浆液为主，一般情况下不掺加任何外加剂，必要时可以采用水泥砂浆或水泥浆液中加入外加剂或采用混合浆液。

b) 浆液水灰比：普通纯水泥浆液水灰比采用 1:1。

c) 为保证注浆效果，宜采用重复注浆方法。两次注浆时间间隔为 3~6h，注浆不少于 2 次，满足终孔压力时停止注浆，并用水泥砂浆封孔。

d) 注浆过程中，如注浆压力保持不变，注入率持续减少，或当注入率不变而压力持续升高时，不得改变浆液水灰比。

e) 变浆标准：满足下述条件之一时，应变浓一级水灰比注浆。注入量大于 300L，且压力和注入率变化不大；注浆时间大于 1h，且压力和注入率变化不大。

f) 当注入率大于 30L/min 时，视具体情况可越级变浓水灰比。

g) 注浆过程中，应每隔 15～30min 测记一次浆液密度，浆液变换及注浆结束时亦应测记浆液密度，测值应反映在注浆综合成果表中。

h) 注浆过程中作好注浆工作记录，包括注浆孔的注浆工作情况及注浆工序作业时间。注浆过程中随时分析和改进注浆作业，并且认真记录实际孔位、孔深、孔内地下物、涌水等，当与地质报告不符时，应采取措施进行修正。

⑦注浆结束标准

a) 达到终灌压力值及预估注浆量，可结束注浆作业。

b) 若单个溶洞的注浆量达到预估注浆量的 110%，但未达到终灌压力值，需及时组织参建各方现场会诊，共同研究决定是否需要补充探孔，进一步查明该溶洞的边界分布和填充物性状等情况，以便明确下一步的处理方案。

⑧注浆封孔

a) 所有注浆孔及其配套进行的检查孔等均应严格地进行封孔处理。

b) 所有注浆孔与检查孔注浆（或压水）结束后应紧接着进行注浆封孔。注浆封孔采用"压力注浆封孔法"，浆液采用水灰比为 0.5∶1 的浓水泥浆。

c) 为了确保封孔质量，所有封孔施工宜在监理工程师的现场指导下进行。

（7）全填充溶洞处理

全填充溶洞采取注水泥浆方式处理，通过袖阀管或旋喷注浆加固，使充填物被压溃、劈裂、挤压、水化、置换等物理充填和化学充填，达到封堵溶缝隔绝水源，并将填充物转变为具有一定强度的结石体或硬塑状土。对于已探明的溶（土）洞，需要根据其大小按 2m×2m 的间距布置钻孔，溶（土）洞处理先对周边钻孔注双液浆，使溶（土）洞边界形成止浆墙，然后在止浆墙内注射单液浆进行溶洞处理。加固处理剖面图见图 2-68。

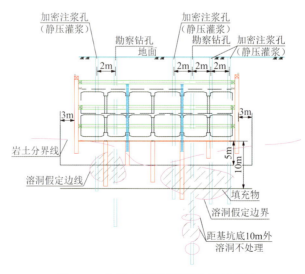

图 2-68 全填充溶洞注浆管布置示意图

（8）半填充和未填充溶洞

①充填砂砾、碎石＋袖阀管注浆工艺

对于洞高大于 2m 的半填充和无充填的溶洞，先采用注双液浆控制边界，然后内部吹砂夹石再注浆；对于洞高小于 2m 的半填充和无充填的溶洞，其处理与全填充溶洞处理方法相同。

根据施工过程中探明的洞高大于 2m 的半填充和无充填的溶洞边界，若探明的溶洞边界跨越处理边界范围线，则先沿处理边界范围线施作一排注浆孔，注双液浆控制边界，待外侧止浆帷幕施工完毕后，再进行内部吹砂夹石、袖阀管注浆处理；若探明的溶洞边界均位于处理边界范围内，则直接进行内部吹砂夹石、静压灌浆处理。内部处理时，选择探到有溶洞的钻孔，放入钢套管并固定，将注砂管（采用喷射混凝土用的黑皮胶管）放至溶洞上，在注浆前灌砂。用高压风机将干砂压入，为防止洞内高压阻止灌砂，利用其他钻孔作为减压孔，压力稳定时即可停止；或采用石料孔充填，钻大直径钻孔下入钢套管护壁，然后直接从孔口投入小石料充填溶洞。对于小于 2m 的溶洞直接灌入水泥浆进行回填，其处理工艺与全填充溶洞处理工艺相同。

半填充溶洞注浆管布置示意图见图 2-69，未填充溶洞注浆管布置示意图见图 2-70。

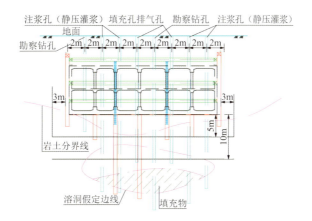

图 2-69　半填充溶洞注浆管布置示意图

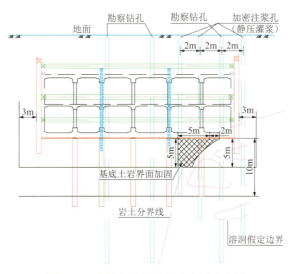

图 2-70　未填充溶洞注浆管布置示意图

溶洞填充物填满后采用袖阀管注浆法，与全填充溶洞处理方法相同。洞高大于2m的采用半填充和无充填的溶洞处理。

②灌注水泥砂浆

根据地质情况，溶洞高度大于2m的无填充溶洞采用灌注水泥砂浆。

a）成孔：本工程采用步履液压钻机φ146mm孔径，钻至溶洞底0.5m为止，共施作4个，孔与孔之间的净距离为500mm，排气孔的埋设根据以往施工经验确定。本次砂浆孔计划成孔4个为一组，其中中间为灌浆孔、其余3个为排气孔，确保灌浆期间至少有1个排气孔不堵塞。灌砂浆孔平面图见图2-71。

b）埋管：三个排气管均埋设φ110mmPVC管，灌浆孔再预埋φ108mm孔径钢套管，埋设至洞底上不大于1.5m，上端预留0.5m，并用夹具固定防止掉落，上部预留足够长度与混凝土泵车连接。灌砂浆埋管示意图见图2-72。

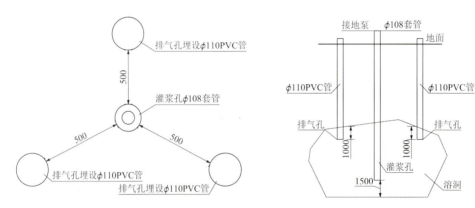

图2-71 灌砂浆孔平面图（尺寸单位：mm） 图2-72 灌砂浆埋管示意图（尺寸单位：mm）

c）泵送水泥砂浆：上部灌浆管与泵车管连接后，直接泵送水泥砂浆（M5），在灌浆前先对灌浆管泵气通管，为保持灌浆孔灌通，需间隔进行通气防止堵塞。

d）第一次灌浆完成后，对排气孔继续灌注水泥砂浆，作为第一次灌浆的补充并封孔。

③主要机械设备

根据工程特点，本工程在"先进合格，配套齐全"的前提下安排施工机具和技术装备，力求少污染、高效益。具体原则如下。

a）施工机具相互配套。

b）投入的数量要根据工期而定，在满足生产能力需要前提下，并有一定的富余量。

c）保证机械设备的完好率和出勤率。

溶洞处理工程主要施工项目包括钻孔和灌浆，根据工程地质情况和总体工期要求，考虑配置的主要工程机械设备见表2-16。

主要施工机械设备配置一览表 表2-16

序号	设备名称	规格型号	单位	数量	单机额定功率（kW）	功率小计（kW）	备注
1	浆泵	BW-150	台	8	4.5	60	

续上表

序号	设备名称	规格型号	单位	数量	单机额定功率（kW）	功率小计（kW）	备注
2	搅拌桶	BLD18	个	4	3	12	
3	电磁流量计	JT-E2	台	8			
4	地质钻机	XY-1B	台	10			
5	步履液压钻机	ZY-150	台	3	110	330	
6	空压机	HWH13/15	台	3	130	390	
7	浆泵	BW-150	台	8	4.5	60	
8	搅拌桶	BLD18	个	4	3	12	

④处理效果

溶洞处理方式为注水泥浆，检测选取芯孔法检测，要求 28d 以上无侧限抗压强度 ≥0.2MPa。根据现场钻取的芯样检测，无侧限抗压强度最小为 1.0MPa，注浆后取芯试验强度大于设计强度，注水泥浆加固满足岩溶处理专项设计的要求。取芯实验报告见图 2-73。

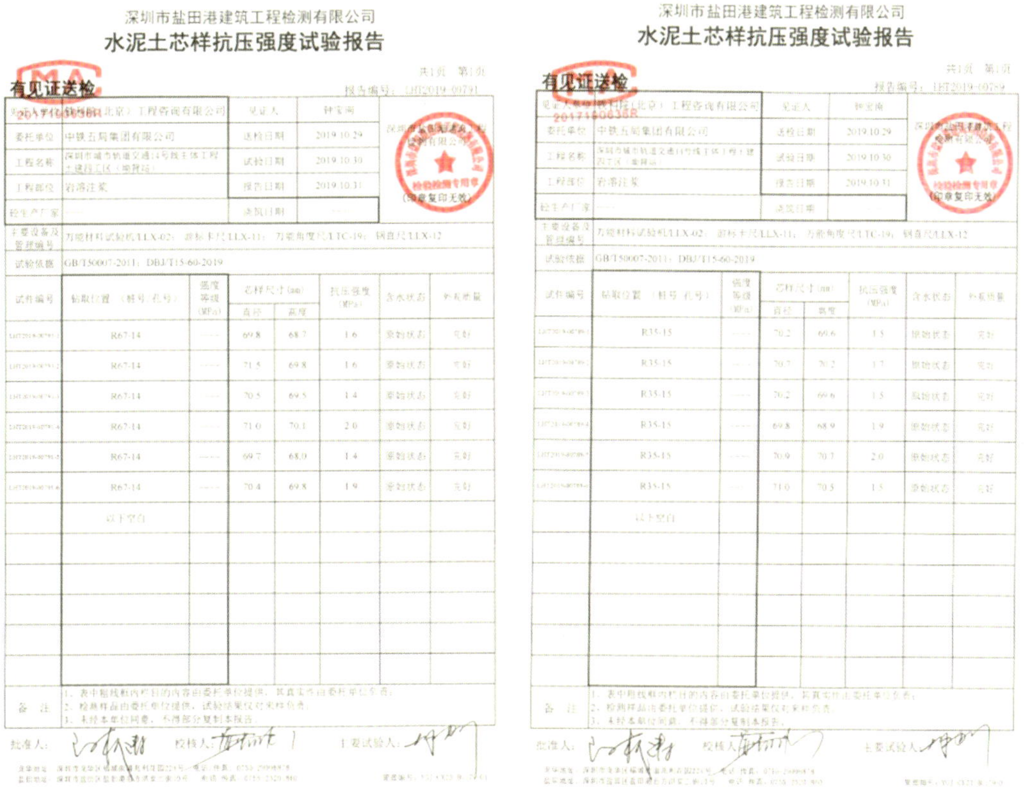

图 2-73 取芯实验报告

4）深基坑石方切割开挖技术

（1）方案选择

为有效降低基坑开挖对周围环境的影响以及降低基坑突泥涌水施工风险，结合复杂环境、岩溶强发育基坑等情况，本工程开展了机械切割开挖、气体膨胀、爆破开挖等方案对比，通过石方开挖资源配置、适用环境以及施工工效分析，最终选择机械切割开挖方案进行石方开挖施工。之所以不使用传统爆破开挖工艺，主要考虑到爆破作业受制于相关管理方面不具备可操作性（爆破作业时间有冲突）。石方开挖工艺对比分析表见表2-17。

石方开挖工艺对比分析表　　　　表2-17

序号	施工工艺	设备配置	作业环境	施工工效	作业时间	经济性分析	备注
1	机械切割	矿山切割机：2台 金刚石绳锯：3台 23t 叉车：1台 80t 汽车起重机：1台	每工作面长60m，切割岩层完整，岩面平整	200m³/（天·作业面）	可24h作业	机械切割约150元/m³	共划分3个作业面
2	气体膨胀	履带式钻机：1台 空气压缩机：1台 破碎头：1台 电抓斗：1台 挖掘机：2台	岩层无裂隙、具有临空面	120m³/（天·作业面）	每循环8～10h，每天2个循环，60m³/（作业面·次）	气体膨胀破碎约230元/m³	须二次破碎
3	爆破开挖	履带式钻机：1台 破碎头：1台 挖掘机：2台 电抓斗：1台	周边无重要建（构）筑物	240m³/（天·作业面）	每个工作面每天爆破1次	数码雷管微差控制爆破约90元/m³	受作业要求限制，不可选用

（2）实施方案

石方切割方案：由于基坑岩层呈南高北低状，石方切割采用分层分段切割，共划分3个作业面，每个作业面长60m，每层切割深度1.5m，岩层开挖深度10～17m，分为7～12层进行切割。第一工作面设在基坑中部（35～44轴）、第二工作面设在基坑北端（44～52轴）、第三工作面设在基坑南端（28～35轴），均采用由北向南切割开挖方法；根据场地条件、吊装设备配置（80t汽车起重机）以及切割机械配置（最大切割半径1.5m），拟定石方切割开挖单块最大长度为3m、高度1.5m、宽度1.5m；每个工作面切割工效达200m³/d，切割产生的冷却水由南向北汇入切割最低处，并对其进行抽排。石方切割作业顺序示意图见图2-74。

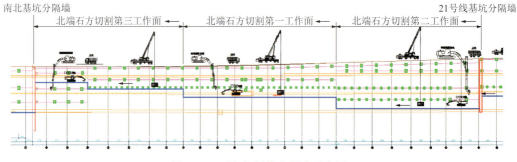

图2-74　石方切割作业顺序示意图

（3）技术工艺

深基坑石方采用机械切割开挖，其施工工艺是通过双刀矿山垂直切割及金刚石绳锯水平断岩组合施工技术，首先在垂直方向采用矿山切割机进行分段，按照每层 1.5m 进行分层切割（图 2-75）；然后在水平方向上采用金刚石绳锯断线回转切割成块（图 2-76），石材切割成块大小可根据需要合理选择确定；最后采用吊装设备进行岩块吊装，由平板车中转和外运。石方切割示意图见图 2-77。

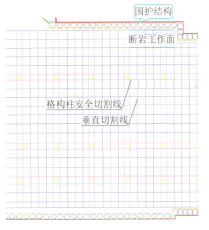

图 2-75　垂直切割线图

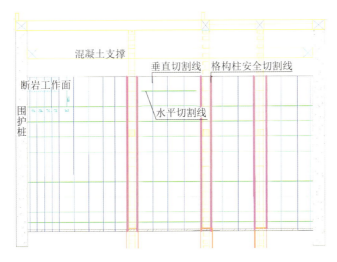

图 2-76　水平切割线图

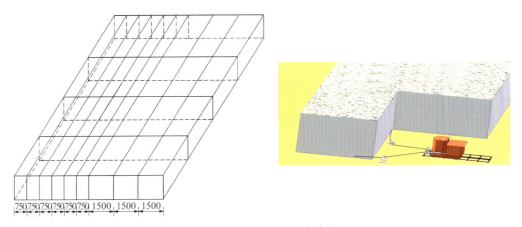

图 2-77　石方切割示意图（尺寸单位：mm）

（4）主要施工工艺流程

石方切割施工工艺流程见图 2-78。

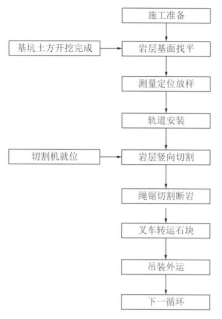

图 2-78 石方切割工艺流程图

（5）工艺特点

本工程通过应用岩层机械切割开挖技术，减少对周边环境的影响，降低岩溶区域溶洞突泥涌水风险并减少基底渗漏水，保证深基坑开挖施工安全、质量和进度。该工艺的特点及先进性如下：

①作业时间长，开挖效率高：与气体膨胀开挖作业相比，机械切割进行岩层开挖具有技术先进、操作简便快捷，可进行多个工作面同时施工及24h作业、施工工效高的优点。

②安全可靠，对周边环境影响小：机械切割、断岩可减少对周边扰动，降低深基坑开挖安全风险，保证深基坑施工及周边建（构）筑物安全。

③基坑成型好，无超挖：机械切割处理的地基成型规则、尺寸控制精确，无超挖，可降低回填材料消耗；不破坏基岩的完整性，有利于坑底渗漏水封堵，施工质量可靠。现场实际情况见图2-79。

图 2-79 机械切割岩面

④切割形成的方块岩石成型规整，可再利用率高，有效利用石材资源；不产生空气污染，施工噪声小，具有能耗低、环境污染小等特点，节能环保。

（6）实施效果

本技术通过采用双刀矿山切割机进行岩层切割，利用金刚石绳锯断岩，解决了深基坑石方开挖施工对紧邻既有线、周边环境的干扰问题，石方切割施工不受外部因素影响，可多个工作面同时施工及 24h 作业，石方开挖工效达 600m^3/d，平均每个工作面开挖石方 200m^3/d，大幅提高了施工工效、降低了施工成本，确保了施工安全、质量和工期。

（7）成本分析

根据车站切割工作面划分、资源配置计划及月完成工程数量情况分析，按24h作业计算，每工作面机械、辅材、人工等成本约90.07万元，每月计划完成数量6000m^3，石方切割施工成本约 150.12 元/m³。每工作面月成本见表 2-18。

每工作面月成本统计表 表 2-18

人、机、料	项目名称	规格型号/工种	单位	数量	单价（元）	总价（元）	备注
机械	YZK 型四圆柱双刀矿山机	永兴 3600/117kW	台	2	100000	200000	
	绳锯切割机	ZY55GA6P/59kW	台	3	10000	30000	
	叉车	LT23T	台	1	1100	1100	
	汽车吊	80t	台	1	80000	80000	单司机 5 节臂
	平板车	5 桥	台	2	28000	56000	石方运输
	挖机	PC420	台	1	72000	72000	大石头破碎
	焊机		台	1	3500	3500	焊锯片齿轮等
	抽水机	2.2kV	台	1	3000	3000	
材料	锯片	ϕ2400mm	片	1	25000	25000	
	锯片	ϕ3600mm	片	1	35000	35000	
	金刚绳	ϕ11mm × 40 粒/m × 50m	条	8	1200	9600	
	钢丝绳	6 × 37 丝 ϕ32mm × 10m	条	3	1500	4500	
	标准导轨	4m/根	m	200	120	24000	
人工	切割作业	技工	人	18	350	189000	每台设备 1 人，每天 3 班
	轨道铺设	普工	人	8	280	67200	每台切割设备 4 人
	吊装搬运	普工	人	12	280	100800	每班 4 人，每天 3 班
合计						900700	

2.3.4 经验教训

1）岩溶软土地质咬合桩施工

本工程采用全套管全回旋硬咬合成孔技术施工的桩基位于深厚砂层区及软土砂层黏土交错地质区域，施工过程中由于套管长度偏短、套管对接安装不及时、抓斗进尺进度过快，在钻孔时若发现孔深高程持续不再下降，则可能出现翻砂现象，须及时进行处理，避免对周边地基造成不良影响。

施工过程中需根据抓斗进尺进度及时调整套管长度，当高程持续不再下降时，需及时加长套管长度，为避免此类情况发生，套管掘进最大深度应超过抓斗进尺深度 20m。

2）深厚砂层及软土加固

（1）成桩质量控制

RJP 桩加固范围为基坑底部以下 13~16m、加固深度达 36m，加固桩体长度及均匀性控制难度较大；同时，引孔垂直度对桩体咬合影响极大，如不能有效咬合，将影响加固体止水质量。处理措施如下：

①清除施工场地范围内一切障碍物，施工区用挖掘机摊平并碾压密实，坡度不大于1%；严格按RJP超高压旋喷桩间距进行测量放样，施工过程作好详细记录，避免桩体遗漏。

②作业设备安装时进行多次调试，保证作业时设备水平，作业过程中及时进行钻杆垂直度测量，使引孔垂直。

③土体应充分喷射切削，严格控制提升速度，使原状土充分破碎以有利于同水泥浆液充分均匀搅拌。

④喷浆阶段不允许发生断浆现象，输浆管道不能堵塞，全桩需喷浆均匀，不得出现夹心层。

⑤发现管道堵塞时应立即停泵进行处理。待处理结束后立即把喷射钻具上提或下沉0.5m后方能继续喷浆，待10～20s后恢复喷浆，以防止断桩。

（2）水泥浆质量控制

RJP超高压旋喷桩加固主要依托水泥浆液与土颗粒混合搅拌，从而形成大直径桩体，水泥浆质量控制尤为重要。处理措施如下：

①进场的水泥必须具备出厂质量证明书，进货时应对其品种、标号、包装、出厂日期等进行验收，并按有关规定进行存储，每供应200t水泥，必须取样送检。

②浆液流量、注浆压力采用人工控制，严格控制搅拌池内水泥用量及浆液高度，用水量采取总量控制。

③施工冷缝处理，施工过程中因超时无法搭接或搭接不良，应作为冷缝记录在案，采取在搭接处补充桩位的技术措施，确保RJP超高压旋喷桩的施工质量。

（3）置换泥浆处理

由于RJP超高压旋喷桩施工喷射作业成桩过程中将置换出部分土体，产生大量水泥浆与泥浆的混合浆液，处理不当将影响现场文明施工，同时混合浆液体量大、外运难度大。处理措施如下：

①RJP超高压旋喷桩加固设备进场前，根据RJP布置情况，沿桩位开挖一条沟槽，置换出的泥浆可以在沟槽内集中管理，保证现场文明施工。

②作业区域外设置专门泥浆置换渣池进行集中收集处理，沉渣池分三级设置，长24m、宽8m、深2m，采用钢筋混凝土浇筑（底部为天然土层），置换出的泥浆渗漏出多余水分后开挖外运。

3）岩溶注浆加固施工技术

（1）岩溶处理经验教训

①由于坳背站围护结构距离周边建筑物较近，最小净距仅为2m，围护结构范围内的溶洞大多发育到建（构）筑物下方，岩溶处理双液浆封边作为特殊处理措施，在现场运用中

受到一定限制，另外封边效果不是很理想，导致岩溶区部分围护桩灌注混凝土超方严重。因此，岩溶注浆处理得当方可控制混凝土超方。

②坳背站北侧基坑 R3 号溶洞吹填碎石的情况显示碎石/砂流动性较差，现场难以吹填，易堵管、爆管，且吹填压力控制不当易造成地面隆起，安全风险较高。根据坳背站南端基坑 R27-19 号溶洞吹砂试验，发现对于形态复杂且大部分呈串珠状发育的溶洞，很难准确地判断溶洞的填充情况，因此针对复杂的地质情况吹砂填充很难达到理想的岩溶处理效果。坳背站地质情况极其复杂、地质差异性极大，地下岩溶发育形态多样、极不规则、溶洞多呈串珠状发育，同时分布有溶槽、溶沟和蜂巢型溶洞等复杂地质，在岩溶处理过程中极难准确判断溶洞的填充情况，同时串珠状溶洞会造成上层填充物流失到下层溶洞中，造成溶洞填充情况发生变化。

（2）建议

对于和坳背站相似地质情况的工程，选用注水泥浆进行岩溶区施工。

2.3.5 技术总结及效益

（1）岩溶软土地质咬合桩施工

本工程通过应用软基岩溶地质中全套管全回旋咬合桩施工技术，发现该技术施工便捷、可节约大量混凝土材料、成孔质量高、有效保障岩溶软基桩基施工安全，有效减少建筑垃圾的产生，现场施工环境整洁，具有能耗低、环境污染小的特点，且有效保障邻近建（构）筑物安全。

此外，全套管全回旋钻机设备占用施工场地少，施工干扰较小，且受塌孔回填、偏孔、二次成孔的影响小，有效提高机械使用率，全套管全回旋钻机施工效率约 1.5d/根，深厚砂层、深厚软土地质采用全套管全回旋钻机施工节省施工工期约 1.5 个月。

（2）深厚砂层及软土地质

本技术适用黏性土、砂性土地基加固施工，可用于形成止水帷幕割断地下水的渗流，可加固基坑土体，防止基坑底部土体隆起或形成管涌，对相邻建（构）筑物或地下埋设物进行保护，对既有构筑物地基补强，相较于常规的止水帷幕施工工艺，如水泥土搅拌桩、高压旋喷桩、压密注浆等，本技术适用性更强、止水效果更好，桩身质量得以保证。

通过本次加固施工实践可知，RJP 可在指定深度，可视化加固半径内形成桩底，与常规三轴搅拌桩和旋喷桩加固相比，水泥浆和软土置换率高，且可做到精准置换，可以减少加固桩根数，有效利用水泥用量，在同等地基加固效果情况下，水泥用量可节约 20% 以上，有效降低水泥损耗及资源浪费。此外，RJP 设备占用施工场地少，对其他工序施工干扰较小，同时可与旋挖钻和全套管全回旋钻机等大型成桩设备形成流水施工推进，节约施工工期，每根 RJP 可节省成本 2666 元/根，经济效益显著。

（3）岩溶注浆加固施工技术

本技术对坳背站进行科学有效的岩溶注浆加固，进一步保障了现场施工安全，岩溶处理后的钻芯检测结果满足设计加固要求，降低了岩溶地质突泥、涌砂、涌水等现象风险。

（4）深基坑石方开挖施工技术

本工程通过深基坑中石方机械切割开挖技术的应用，梳理出一套适用于复杂周边环境，如繁华市区、靠近建筑群、邻近高铁既有线等，以及对噪声和振动干扰敏感区域的深基坑工程石方开挖施工技术。有效提高了石方开挖效率，降低了施工成本，降低了对周边环境的影响，保障了深基坑开挖施工及周边建筑物的安全，基坑成型规整、减少了材料消耗，具有能耗低、环境污染小等特点。

2.4 "先隧后站"车站施工技术

2.4.1 工程概况

1）工程简介

嶂背站全长262m，小里程端竖井尺寸为33.2m×27.2m×31.8m，大里程端竖井尺寸为35.2m×33.2m×23m，均采用明挖法施工。车站围护结构采用地下连续墙和咬合桩。站台则采用大直径盾构法施工。附属设施包括2个出入口和2个疏散通道，均采用暗挖法施工。B、C号出入口连接大里程端的地面层与站台层，A、D号疏散通道则连接小里程端的疏散楼梯与站台层。

嶂背站平面布置图见图2-80，纵断面图见图2-81。

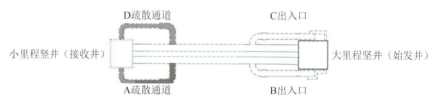

图2-80 嶂背站平面布置图

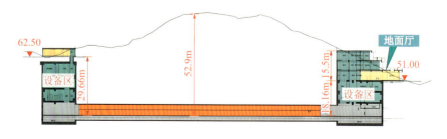

图2-81 嶂背站纵断面图（高程单位：m）

2）地质条件

（1）地形地貌

嶂背站位于排背山半山腰,沿山体呈西南—东北方向敷设。车站所在地区的原始地貌为丘陵,受流水切割,地形起伏大,山体坡面树木成林,杂草丛生,植被覆盖好,地面高程为50.471m。

（2）工程地质

嶂背站所在区域地层主要有第四系全新统人工填土层、第四系坡积层、第四系残积层、石炭系测水组炭质页岩层、砂岩层和灰岩层。嶂背站左线地质剖面图见图2-82,嶂背站右线地质剖面图见图2-83。

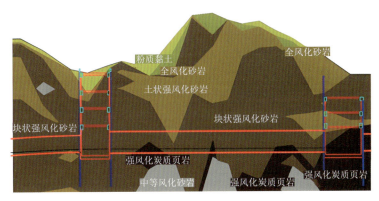

图2-82　嶂背站左线地质剖面图

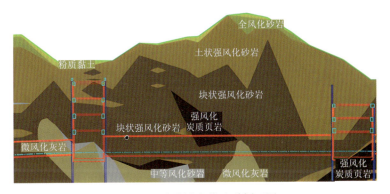

图2-83　嶂背站右线地质剖面图

（3）水文地质

本场无地表水体,山脚低洼处雨季有临时性积水。根据其赋存介质的类型,沿线地下水主要有三种类型,分别为第四系松散岩类孔隙水、基岩裂隙水及岩溶水。勘察期间测得地下水位埋深2.5~29.5m,测得岩溶水稳定水位埋深为12~46.5m。

2.4.2　工程重难点

1）工期难度

14号线全线开工时间为2018年1月10日,新增嶂背站2020年4月才正式开工,距合同里程碑工期 2021 年 4 月 30 日"洞通"目标仅有 1 年时间，距 2021 年 10 月 30 日"轨通"目标仅有 1 年半时间，工期相当紧张。同时，大运—南约区间 2 号风井至大运方向在掘盾构机受新增车站方案的影响停机 3 个月，对大运—宝龙区间洞通乃至全线洞通有很大影响。

2）征拆与环境难度

嶂背站施工期间，周边有其他 5 个同步在建工程，仅有一条进场通道，对车站施工运输影响显著，嶂背站场地效果如图 2-84 所示。嶂背站施工用地 52428m²，占用林地 42475m²，林地征用范围大，审批程序流程较长，正常流程审批需要 8～12 个月，直接制约工期目标。

图 2-84　嶂背站场地图

3）技术创新

嶂背站是较正线晚 2 年半启动的新增车站。在车站临近区间盾构已经始发掘进的情况下，如何调整新站线位和站位、选择何种施工方法以快速完成车站建设，确保车站与正线同步开通，是项目面临的最大挑战。经过多番论证和综合比选，考虑避免工程废弃、保证工期、控制安全风险和节省投资等因素，最终决定在 14 号线原线位上增设车站。同时，为减少对邻近区间工期的影响并降低盾构机长时间停机的安全风险，本项目创新性地采用了小盾构先行开挖、随后大直径盾构隧道扩挖结合暗挖通道的快速施工技术。施工流程图见图 2-85。该技术属于全国地铁工程行业首创，无借鉴案例，尤其是在大、小盾构两次穿行对地质造成多次扰动后的地层中进行小净距暗挖隧道施工，以及在已轨通后的大直径盾构隧道管片上进行大断面开口，这不仅在技术实施上极具挑战，同时在安全风险的控制上也面临极大的难度。

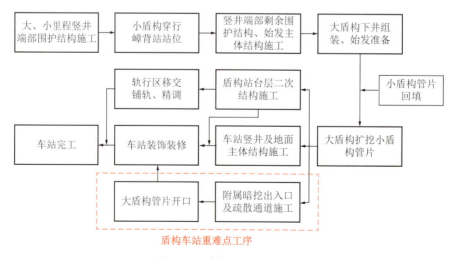

图 2-85　嶂背站施工流程图

4）小净距暗挖隧道施工

（1）暗挖埋深浅，地下水丰富，暗挖施工时易对既有边坡造成影响，开挖时排水、止水施工控制难度大。

（2）暗挖段施工中，车站与现有盾构管片的最小净距仅为4.7m，相当于0.5倍的洞径。由于盾构施工已经对原有土地造成了扰动，因此在进行出入口和疏散通道的暗挖施工时，极易导致现有盾构管片发生不均匀的错位和偏移，甚至可能出现变形和开裂。

（3）A、D号出入口的疏散通道施工面临着与主体结构施工的交叉干扰、出土口空间狭小、垂直吊装作业安全风险大、施工效率较低等挑战，实现高效快速的施工是本项目的一个主要难点。

（4）B、C号出入口的开挖断面形式多样，地层为强风化砂岩和炭质页岩，呈土状，地质松软。开挖斜坡段的坡度达30°，且支撑间距较小，土石方的开挖和运输问题尤其成为本工程的施工重点和难点。

5）大管片大开口施工

（1）盾构管片开口施工严禁对已完成的站台板、轨顶风道、轨行区轨道造成影响，需要对现有结构进行加固保护、监控监测，以及对暗挖隧道与盾构管片之间、双线盾构管片之间的区域进行系统注浆加固，增加土体包裹力、确保地层稳定。

（2）盾构管片开口由管片内往暗挖隧道开口，开口时管片背后存在土体侧压力、土体不密实现象，易造成开口处管片开裂变形、椭圆度超限、车站内部结构变形拉裂等风险，施工难度极高。

（3）在管片开口阶段，正线已经开始进行限界检测以及冷、热滑试验，轨行区不能中断。因此，必须对传统的"井"字形内支撑形式进行优化和调整。新的支撑方式在受力条件上有所减弱，这使得安全风险显著增加。

2.4.3 关键技术

1）既有盾构隧道小净距暗挖通道施工技术

（1）总体实施情况

嶂背站的出入口及疏散通道施工成功采用了既有盾构隧道小净距暗挖通道施工技术，施工从2021年7月20日开始，2022年5月20日结束。通过这项技术，嶂背站顺利完成了B号出入口、C号出入口、A号疏散通道和D号疏散通道等附属结构施工。通过严格的工序管理，本工程有效减少了施工对现有盾构管片和边坡的影响，缩短了工期，并确保了嶂背站在晚开工两年半的情况下，能够与正线同步开通运营。

（2）技术方案比选

嶂背站出入口具有地质条件差（强风化岩）、净空高度大（最大9.95m）、坡度大（超

30°)、与既有建(构)筑物平行且净距小(最小4.7m)、施工难度大、安全风险高等特点。针对这些特点,本工程采用了既有盾构隧道小净距暗挖通道施工方案,该施工方案首先通过注浆加固对周围土体进行加固,然后采用三台阶临时仰拱法进行施工。经过实际施工验证,这种技术对岩体和车站结构的扰动较小且易于控制,能够有效保障施工的安全和质量。与传统施工技术相比,这种方法不仅缩短了工期,还降低了施工成本,带来了显著的社会和经济效益。开挖方案对比分析见表2-19。

开挖方案对比分析表　　　　　表2-19

项目名称	三台阶临时仰拱法	CRD法(交叉中隔壁法)	全断面开挖法
施工难度及安全管控	施工难度小,安全风险小,对周边环境影响小	施工难度大,安全风险小,对周边环境影响较小	施工难度低,安全风险大,对周边环境影响大
施工工效	开挖工效高,人工和机械配合率高	工效较低,机械开挖受空间制约无法操作,需要投入大量人力资源	机械配合率高,开挖工效较高
经济性	造价一般	造价较高	造价较低

(3)技术原理

暗挖隧道开挖掘进时,在靠近盾构管片侧的土体夹层区域采用硫铝酸盐水泥注浆加固,其他区域采用普通水泥注浆加固止水,同步施作临时仰拱封闭成环和临时横撑施工,以增大支护结构刚度、控制对周边岩岩体的扰动和减小斜坡坡度,实践验证注浆完成后4~6h后即可进入下一循环开挖施工,支护遵循先支后拆原则,先施作永久初期支护,再拆除临时仰拱和横撑。

(4)施工工序

暗挖隧道施工工艺流程见图2-86。

(5)工艺效果

在一般在软弱围岩条件下,隧道暗挖施工采用支护效果好的CRD法,但该方法临时支撑多、施工工序多、施工速度慢(因断面小坡度大只能采用人工开挖)。本工程运用于大坡度通道施工时,会导致二次衬砌施工进度滞后,存在沿坡面方向滑移风险,施工缝施工质量难以保证,岩土体处于不利受力状态时间长,安全风险高。与之相比,既有盾构隧道小净距暗挖通道施工技术在工期、成本和安全风险三个方面均具有优势。

2)盾构车站大断面管片开口施工技术

(1)总体实施情况

嶂背站采用"先隧后站"施工方案,即由小直径盾构

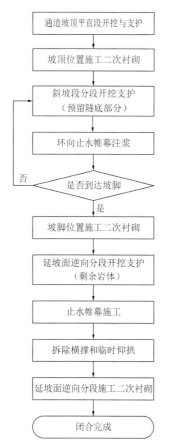

图2-86　暗挖隧道施工工艺流程图

机正常掘进通过车站段，不影响整条线路贯通。待大、小竖井结构施工完成后，大直径盾构机由大里程端始发井下井组装掘进，掘进至小里程端接收井后再解体吊出，从而完成大直径盾构隧道站台层隧道结构的施工。然后再施工车站站台板及轨顶风道等内部结构；待轨道铺设及联调联试完成后再进行管片开口施工；盾构车站大断面管片开口施工技术运用于嶂背站出入口及疏散通道与盾构管片交界处，施工从2022年2月1日起，2022年3月20日止。

（2）管片开口方案比选

管片开口方案比选见表2-20。

管片开口方案比选 表2-20

开口方向	优点	缺点
由暗挖隧道向大直径盾构隧道管片开口	1. 由暗挖隧道向大直径盾构隧道方向施工，有更多的措施可以采用，如大管棚、超前导管等。 2. 土方开挖及管片破除可以机械作业，效率相对较高。 3. 应急处置措施能够迅速响应处理	1. 施工时轨行区已热滑、强弱线管线均已带电，管片开口范围对轨行区及各系统专业影响较大。 2. 管片背后土体卸载，使管片承受较大的侧压力
由大直径盾构隧道内向暗挖隧道开口	1. 热滑后对轨行区及站后各系统专业干扰较少。 2. 无土方开挖卸载后侧压力的影响，受力体系相对较好。 3. 目前具备施工条件，可提前组织施工	1. 材料运输困难，挖土主要依靠人工，功效较低。 2. 临时支撑相对较弱，可采取的超前预处理措施有限。 3. 管片开口后如遇到突涌水、塌方等突发情况，应急组织难度较大

（3）管片开口方案特点

在暗挖隧道向大直径盾构隧道管片开口的施工中，首先对管片周围的土体进行注浆加固，并对管片、轨顶风道、站台板实施临时支撑加固。开口处保留外侧土体约束，从（盾构隧道）内向外施工，管片开口采用三导洞三步施工法，在拆除过程中，充分考虑未拆除部分的管片结构受力，拆除后立即转换到下一步工序，减少管片开口后暴露时间，有效控制结构变形［每个导洞采用水磨钻自上而下咬合钻孔、分块依次切除，先竖向分条、从两侧向中间逐条切割（左右交错进行），再按照竖向分条横向分块、从上而下依序切割］。与传统方式相比，该方案具有以下特点：

①临时支撑拼装式体系结构简单，且与轨顶梁板结构充分结合，传力明确，整体稳定性好，刚度大，控制管片变形的能力强，安全可靠。

②本方案占用空间小，为站台侧局部断面双排框架支撑体系，用钢量少，不占用轨行区空间，可与轨行区平行同步安排作业，轨行区收尾施工及机车通行、热滑试验等均不受影响，避免了停工、窝工现象，经济高效，节省工期。

③结构受力转换快，开挖面暴露时间短，结构变形极小。

（4）技术原理

既有盾构隧道通道施工管片开口采取保留外侧土体约束，从（盾构隧道）内向外开口的施工方法，遵循"支撑加固到位、超前注浆加强、监控量测保障"的实施原则，严格执行暗挖隧道施工"管超前、严注浆、短开挖、强支护、早封闭、勤量测"十八字方针，将监控量测纳入工序管理，先采取"轨顶结构横梁及临时梁板对顶支撑＋双排型钢立柱支撑＋槽钢紧固"方式完成开口区域及影响范围内不占道管片支撑加固，施作超前系统注浆加固处理达到预期效果后，再采取三导洞三步施工法进行管片开口施工：先开挖中导洞，施作中导洞接口环梁及立柱、临时钢支撑；再施工左导洞、封闭左侧环梁；最后施工右导洞、封闭右侧环梁，待环梁封闭且达到设计强度后拆除临时支撑。

　　本技术的核心包括三个方面：一是临时钢支撑体系的设计和施工，二是超前注浆系统的应用，三是三导洞三步法的管片开口施工。临时支撑体系图见图2-87。三导洞三步施工示意图见图2-88。

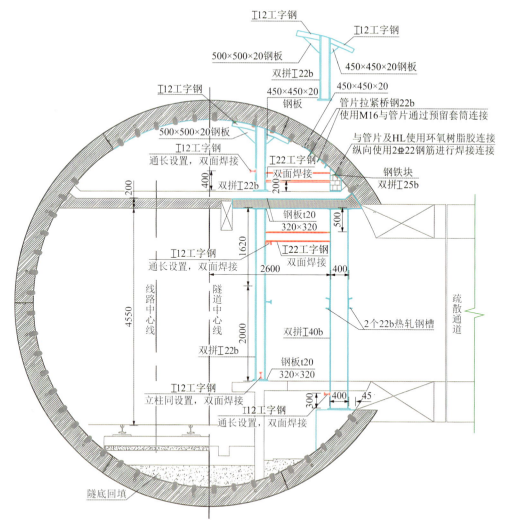

图2-87　临时支撑体系布置图（尺寸单位：mm）

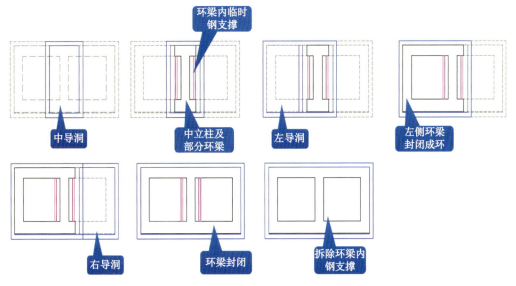

图 2-88 三导洞三步施工示意图

（5）施工工序

①施工工艺流程

大直径盾构隧道管片开口工艺流程见图 2-89。

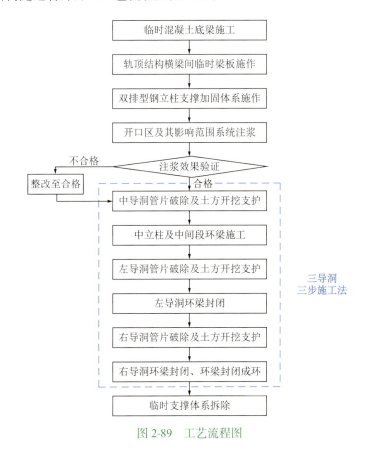

图 2-89 工艺流程图

②准备工作

为防止人员与物体进入轨行区，保证设备调试、信号调试的电客车正常通行，站台板与轨行区采用装配式钢结构围挡防护隔离，保证站台板施工安全。

装配式钢结构围挡立柱横梁采用I12工字钢、墙面板采用1mm厚镀锌钢板，围挡高2m，墙面板背附30mm×30mm×3mm的钢管背衬，立柱间距为3m，沿站台板长度，采用M10膨胀螺栓安装固定立柱。墙面板与背衬通过满焊方式连接，背衬插入工字钢立柱的槽内，并用螺栓进行加固。

③临时混凝土底梁施工

由于盾构管片为曲面结构，需在站台板下，管片上方施工支撑底梁，保证钢支撑立柱底部受力均匀，底梁与管片采用植筋连接，其工艺流程：测量放样→管片凿毛→管片上植筋→底纵梁钢筋安装及支撑钢板预埋→模板支架安装→浇筑混凝土→拆模养护。

④临时钢支撑架设

根据科研成果全过程数值计算模型，管片内部支撑力应满足表2-21中的物理参数。

管片内部支撑结构物理参数表　　　表2-21

构件		惯性矩（mm^4）	面积（mm^2）	弹性模量（kPa）	轴向刚度等效宽度（mm）
横梁	2I28b	$7.48×10^7$	6097	200000	75.1
竖梁	2I36b	$1.66×10^8$	8364	200000	91.4
纵梁	2I45b	$3.38×10^8$	11140	200000	105.5

根据管片内支撑系体系模型，管片内部支撑布置及受力模型如图2-90、图2-91所示。

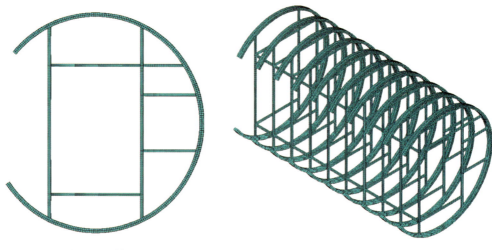

图2-90　内部支撑体系平面布置　　　图2-91　内部支撑模型

嶂背站附属隧道与大直径盾构隧道区间为矩形接口连接，接口长 5.7m、高 5.2m。开口段管片内支撑利用管片开口范围内 500mm×350mm@1500mm 轨顶结构横梁作为管片对顶支撑，在横梁间隔范围增加双拼I40B 工字钢立柱作为管片临时支撑，立柱间距为 1.5m，顶部设钢楔块，待洞门环梁施工完成后拆除。

支撑立柱安装完成后，用 22b 热轧槽钢及I22b 工字钢将主支撑立柱及副支撑立柱焊接使整个支撑体系形成整体，增强稳定性。管片接口环梁临时钢支撑图见图 2-92。

⑤管片拉紧槽钢与钢楔块安装

图 2-92 管片接口环梁临时钢支撑图

管片拉紧槽钢采用 22b 槽钢，使用 M16 螺栓与管片通过预留套筒连接。钢楔块采用双拼I25b 工字钢，每个钢楔块需与下方双拼主工字钢对应在同一轴线，钢楔块与副立柱支撑用 22b 工字钢焊接连接，钢楔块与管片及横梁使用环氧树脂胶连接，纵向使用 2 根 D22 钢筋进行焊接连接。管片拉紧槽钢与钢楔块安装见图 2-93。

⑥环氧树脂胶填充空隙

型钢支撑底部、顶部与混凝土接触处空隙需填充密实，确保外部荷载可以通过临时工字钢立柱传递到临时底梁，约束开口处盾构隧道管片变形及整体稳定。

在周边区域，盾构管片首先使用中性结构密封胶进行密封，并注意预留排气孔和注胶孔。在注浆过程中，使用双液自动化学灌浆泵进行操作。待高处的排气小孔开始流出浓浆液时，应停止注浆，并再次使用密封胶封堵排气孔和注浆孔。环氧树脂填充图见图 2-94。

图 2-93 管片拉紧槽钢与钢楔块安装

图 2-94 环氧树脂填充图

⑦开口处及管片中间土体加固

开口处及管片中间土体需要进行系统注浆加固,系统注浆包括管片壁后回填注浆、左右线间注浆、管片开口及影响范围注浆。总体注浆顺序为:管片壁后回填注浆→管片开口及影响区注浆→左右线间注浆。

a) 管片背后回填注浆

管片背后二次注浆范围为开口处前后各4环,共计14环,注浆压力不得大于0.3MPa,采用1∶1水泥浆注浆,达到设计注浆压力后,维持3~4min即可停止补浆。注浆期间不可对管片进行强行注浆或者是盲目注浆,注浆过程中需加强对管片的监测。

开口环及变形区的管片背后进行二次注浆,在二次注浆孔插入长0.8m带阀门的注浆管,注浆压力为0.3~0.8MPa,注浆顺序为:A2-A5-A1-A6对称注浆,A3、A4受轨道及回填影响不进行注浆,A7为顶部泄压出气孔。管片背后回填注浆示意图见图2-95。

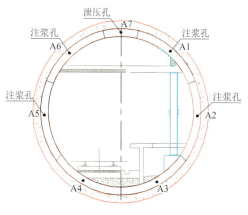

图2-95 管片背后回填注浆示意图

b) 对管片开口区域及影响区域注浆

管片开口处布设ϕ42mm超前小导管支护,间距0.4m,长度5m;管片开口环内设7排注浆孔进行全断面系统注浆,系统注浆孔深7~9m,孔内插入ϕ42mm钢花管,钢花管注浆完成后不取出作为安全储备;相邻环布置注浆孔22个,钻孔深度4m,在管片上定位后,采用水磨钻开孔后,风钻成孔。从外向内、间隔跳孔注浆施工,每次跳3个孔,以防止串浆。开口范围注浆孔布置如图2-96所示,开口范围注浆横断面如图2-97所示。

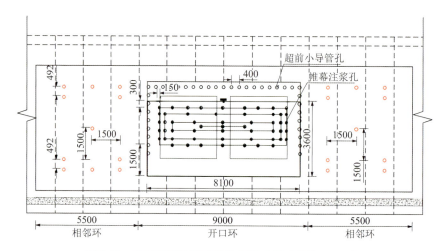

图2-96 开口范围注浆孔孔位布置(尺寸单位:mm)

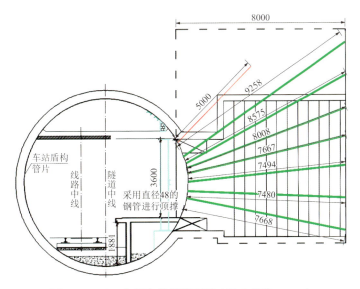

图 2-97　开口范围注浆横断面图（尺寸单位：mm）

c) 左右线间注浆

对左右线间土体进行注浆加固时，在利用原有管片注浆孔（孔深 4m）注浆的基础上，上下各增设一排锚管（ϕ42mm 钢花管）注浆加强支护，外倾角 45°，孔深 4m，间距 3m。左右线间土体加固孔位布置见图 2-98；左右线间土体加固断面图见图 2-99；左右线间现场注浆图 2-100。

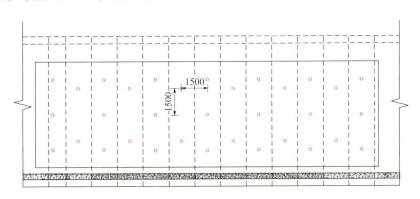

图 2-98　左右线间土体加固孔位布置图（尺寸单位：mm）

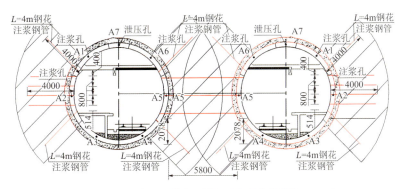

图 2-99　左右线间土体加固断面图（尺寸单位：mm）

图 2-100　左右线间现场注浆图

左右线间注浆孔共布置 33 个,其中管片二次注浆孔 13 个,新开孔 20 个。

本技术采用水磨钻钻穿管片,风钻成孔,注浆孔内均插入ϕ42mm 钢花管跳孔进行注浆,浆液为 1∶1 水泥单液浆,设计注浆压力 0.8~1.5MPa,实际施工时根据监测情况动态调整。

d) 注浆效果验证

注浆完毕后,每个注浆处理段钻 6 个孔对注浆效果进行检验,检查孔内渗水量不得大于 0.2L/(min·m),注浆效果达不到要求时严禁开挖,须加密钻孔进行补浆,检查合格后方可开挖。钻孔取芯验证孔位布置示意图见图 2-101;钻孔验证取芯图见图 2-102。

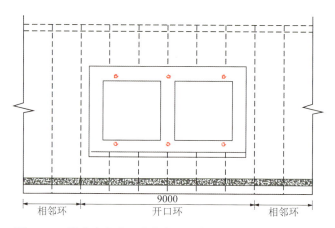

图 2-101　钻孔取芯验证孔位布置示意图(尺寸单位:mm)

图 2-102　钻孔验证取芯图

⑧管片开口

数值模拟计算结果显示,管片开口工况全开口环开口边缘上部和下部呈负弯矩,最大负弯矩为−490kN·m,最大正弯矩基本无变化,全开口环开口附近轴力显著降低,管片开口弯矩分布见图2-103。

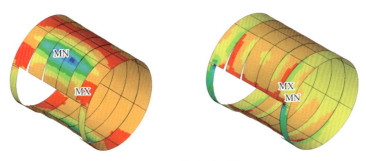

图 2-103 管片开口图

在每个大直径盾构隧道管片的出入口位置,均破除一处 5.3m×5.7m 的矩形区域。管片开口流程示意图见图 2-104。

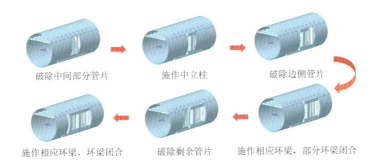

图 2-104 管片开口流程示意图

管片切割图见图 2-105。

图 2-105 管片切割图

⑨管片开口施工期间监测

管片开口施工前,须建立管片及轨道的监测系统(监测断面纵向间距 1.5m)。鉴于本工程铺轨工作已经完成，须建立监测系统，对道床结构沉降、轨道沉降、轨距变化、轨道横向变形以及盾构隧道沉降、隆起、水平收敛和水平绝对位移等进行监控，并加密监测频率。监测系统布置如图 2-106 所示，现场监测如图 2-107 所示。

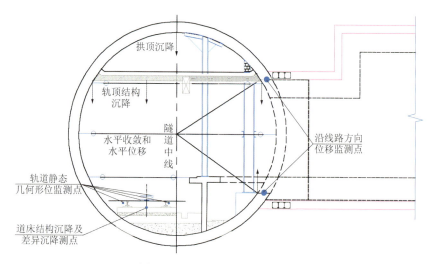

图 2-106　监测系统布置示意图

图 2-107　现场监测图

⑩临时支撑体系拆除

数值模拟计算结果显示，拆撑工况相关力值，全开口环最大负弯矩减小至 178kN·m，最大正弯矩增加至 112kN·m，半开口环和全开口环轴力均有增加，在拆除支撑的情况下，衬砌结构的受力如图 2-108 所示。

浇筑成型达到拆模时间后，拆模并养护，达到设计强度 100%时方可拆除。拆除临时支撑体系时应采用从上至下、分段拆除的方法。在整个拆除过程中，必须持续监测管片和开口部分的变形情况，确保施工的绝对安全。一旦发现变形超出限值，应立即恢复临时支撑结构，并持续进行监测。

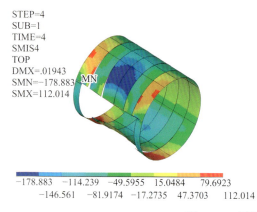
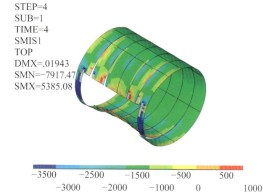

图 2-108　拆撑工况下衬砌响应

⑪工艺效果

本技术对原有方案进行了优化,将全断面井字形支撑改为轨行区外站台侧的双排立柱框架支撑。这种改进显著减少了钢支撑的工程量,有效避免了对轨行区的施工干扰,具有施工简单快捷、工效高、成本低、安全可靠等优点,节省了工期,并确保了相关节点目标的按期实现,累计创造经济效益约1812万元,经济效益和社会效益均十分显著。

2.4.4 经验教训

1)暗挖隧道

(1)斜坡段施工材料运输及渣土外运

嶂背站B、C号出入口暗挖隧道长度约65m,斜坡段长度约16m,明挖竖井深度13.8m。隧道出渣采用挖机接力转运至明挖竖井,通过垂直运输设备吊出,施工材料通过垂直运输设备从地面吊运至明挖竖井后,人工搬运至暗挖隧道施工位置。渣土外运及材料运输工效低,隧道开挖初期支护施工受限于渣土外运及施工材料运输,施工进度较慢。嶂背站B号出入口纵断面如图2-109所示。

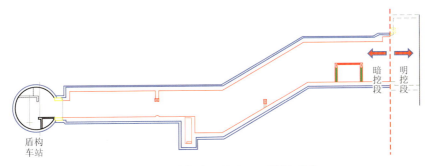

图2-109 嶂背站B号出入口纵断面图

(2)解决措施

本工程将斜坡段施工与有轨运输进行有机结合,创新升级斜坡段的运输方式,能够有效提高施工与废渣的运出速度,解决原先施工速度缓慢、施工工期长的问题,进而合理配置施工的相关资源达到高效施工和节省开支的目的。本技术与有轨运输进行有机结合时需注意运输设备的选择、有轨运输工序间的衔接与有轨运输的施工组织与管理。

2)盾构车站大断面隧道管片开口

(1)轨道已铺设,整个施工过程不能影响轨行区

解决措施:由于大直径盾构隧道内轨道铺设已完成,在注浆时采用两层油布覆盖注浆区域范围的轨道及轨道板,在站台侧加固围挡,完成后及时清理产生的废料、垃圾等杂物。

(2)站台板已施作,管片开口不能破坏已有结构

解决措施:管片破除前应对站台板进行加固,利用既有站台板作为物料运输通道,站台板为20cm厚C35钢筋混凝土结构,为防止站台板破损,站台机下采用钢管架进行加固,加固单边长度约151m,钢管架横向间距为1m,纵向间距为1.5m,竖向步距为500mm,中

间加设一道横向斜撑，上设 50mm×100mm 方木。站台板加固示意图见图 2-110。

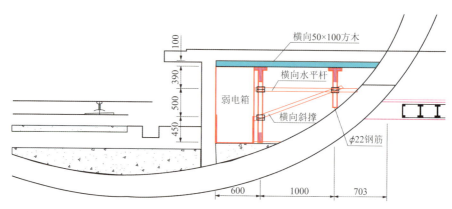

图 2-110　站台板加固示意图（尺寸单位：mm）

（3）暗挖隧道未挖到开口部位，在开口完成后需进行处理

解决措施：在开口前进行土体加固，在管片拆除一个区域后要进行人工清土，并进行钢架安装。掌子面采用 ϕ8mm@200mm×200mm 双层钢筋网片，混凝土强度等级为 C25，模板与注浆管进行拉结封堵，并采用 ϕ48mm 钢管进行顶撑。

（4）施工区域小，环梁及中柱施工困难

解决措施：分段施工，每拆除一部分的环梁及时支撑。因施工区域有限，投入的人员有限，在确保安全的情况下，尽量达成循环作业。环梁中柱施工如图 2-111 所示。

图 2-111　环梁及中柱施作图

2.4.5　技术总结及效益

（1）暗挖隧道

暗挖隧道按照"超前探、管超前、严注浆、短开挖、强支护、快封闭、勤量测、速反馈"的原则施工。隧道施工前先对土体进行注浆加固，对邻近盾构管片进行临时钢支撑加固，开挖时注意采用超前帷幕注浆加固和超前小导管加固，围岩较破碎的地方采取增加锁

脚的方法加强支撑，及时成环，并加强监控量测，二次衬砌采用逆作的方法从接口处向洞口逆向施作，施工过程中上部道路和紧邻建筑物变形小而可控，通道结构成型质量高，施工速度快，施工成本低。

以嶂背站出入口及疏散通道施工实践为例，现场施工统计得出：CRD 法分四步逐步进行人工开挖，每天完成 1 个循环，每循环进尺 1 榀立架，进尺 0.5m；三台阶临时仰拱法机械开挖，每 3d 能完成 5 个循环，每循环进尺 2 榀立架，进尺 1m。按隧道长度计算，三台阶临时仰拱法较 CRD 法施工总工期节约 30d，总成本节约 73 万元，缩短工期及节约成本效果显著。

（2）盾构车站大断面管片开口

盾构车站大断面管片开口施工技术运用于嶂背站出入口及疏散通道与盾构管片交界处开口，应用时间为 2022 年 2 月 1 日至 2022 年 3 月 20 日，由于嶂背站开工时间晚两年半，为满足 14 号线全线同步开通目标，工程实施计划顺序发生了部分改变。根据盾构隧道轨顶结构、站台板及轨道均已施工完成，现场已不具备按原计划架设全断面临时钢支撑等措施进行管片开口、施工疏散通道及出入口通道施工的条件，为确保 14 号线热滑目标如期实现，须对临时支撑开口方案进行调整，避开轨行区域，实现不占道同步安排施工，避免对热滑产生影响。本工程采取保留外侧土体约束，从盾构隧道内向外开口的施工方法，该方法安全快速完成了既有盾构隧道疏散通道及出入口管片开口施工处理，施工进度快、结构变形小、安全质量有保障，有效缩减了处理工期，确保了建设单位既定目标的顺利实现，社会效益、经济效益显著。

2.5 钢结构集中加工配送中心建设技术

2.5.1 实施背景

14 号线钢结构集中加工配送中心供应整个坪山区管段钢筋加工配送工作。坪山区管段钢筋需求量总计为 150071.4t，其中 2018 年度需求量为 23275.8t，2019 年度需求量为 60672.8t，2020 年度需求量为 39737.3t，2020 年度需求量为 26385.5t。坪山区管段范围钢筋加工需求计划见表 2-22。

14 号线坪山区管段范围钢筋加工需求计划表　　表 2-22

序号	工点	工点	2018 年度	2019 年度	2020 年度	2021 年度
			单位（t）			
1	六工区	锦龙站	4853.1	2573.9	570.1	100.0
2		坪山广场站	1558.5	3892.5	1321.6	150.0

续上表

序号	工点	工点	2018年度	2019年度	2020年度	2021年度
			单位（t）			
3	六工区	坪山中心站	2858.2	9353.3	365.6	291.6
4	七工区	坪山中心—坑梓区间风井	1216.9	100.0	0.0	50.0
5		坑梓站	2861.7	7873.9	1428.1	500.0
6		坑梓-沙田区间风井	851.4	300.0	0.0	27.0
7		沙田站	2354.5	6913.9	3178.8	1533.9
8		昂鹅出入段线明挖区间	841.6	2390.2	253.1	150.0
9	昂鹅车辆段工区		5880.0	27275.0	32620.0	23400.0
10	合计		149888.4	23275.9	60672.7	39737.3	26202.5

2.5.2 施工组织

1）钢结构集中加工配送的优势

钢结构集中加工配送是利用专业化成套机械设备和先进生产工艺，以及工厂化数字生产管理系统，将原料钢筋加工成所需形状的部品，并通过物流环节配送到工程现场直接安装的工作和过程。主要工作内容包括钢筋强化、钢筋成型、钢筋网焊接、钢筋笼成型、钢筋组合及连接。所有线材和棒材钢筋在专业的配送中心内经过矫直、剪切、弯曲、焊接和机械连接等工序，按照工程进度计划配送到施工现场进行安装。相比传统模式，具有以下显著特点。

（1）钢结构集中加工配送采用信息化平台、专业软件系统进行钢筋套裁等统筹管理，显著提升生产管理效率。

（2）集中加工配送可大量减少人工投入，降低工人劳动强度。

（3）钢结构集中加工采用先进的数控钢筋加工生产线，全面提升产能、保证成品的质量品质。

（4）规模生产创造集约化价值，极大限度地降低生产成本。

（5）顺应低碳环保理念，降低原材料的损耗。

（6）符合各项国家建筑质量标准，杜绝"瘦身钢筋"。

2）临建规划

钢结构集中加工配送中心总体用地约35亩（1亩≈666.67m²），约2.3万 m²（包含宿舍楼等附属功能建筑用地），其中厂房采用独栋单层钢结构设计，车间有效面积为9504m²，办公及生活区占地面积约2000m²。临建规划面积详见表2-23。

钢结构集中加工配送中心占地面积表 表 2-23

序号	项目	面积	备注
1	可用面积	2.3 万 m²	
2	厂房占地面积	0.95 万 m²	独栋单层（占地面积即为建筑面积）
3	办公区域占地面积	0.2 万 m²	多层建筑

规划平面布置效果详见图 2-112。

图 2-112 钢筋加工配送中心效果图

其中厂房为钢结构设计，长 120m，宽 54m，每 24m 形成一跨，加工厂分为 2 跨车间（每跨车间长 120m、宽 27m），由此将厂房划分为 2 个独立车间。车间用地面积包含了半成品加工区、成品待转区、设备生产加工区以及相关配套设施机构所需区域，车间外侧专门设置原材料堆放区，堆放可用于加工 10 个工作日的钢材原材。生产区内配置 4 台载重 5t 行车，每个车间配置 2 台。车间中部为物流通道，两侧为生产区及存放区。具体机械配置详见表 2-24。

钢筋集中加工配送中心机械配置表 表 2-24

序号	加工类型	设备名称型号	单机功率（kW）	电源要求	绳缆断面面积（mm²）	设备数量	功率小计（kW）
1	线材弯箍	智能钢筋弯箍机器人	28	380V/50Hz	4×16	2	56
2	棒材剪切	智能钢筋自动剪切机器人	16.5	380V/50Hz	4×16	2	33
3	棒材弯曲	立式智能钢筋机器人	11.5	380V/50Hz	4×16	2	23
4	锯切套丝	智能钢筋自动锯切机器人	55.26	380V/50Hz	4×16	1	55.26
5	钢筋笼	集成化钢筋笼成型机器人	21.5	380V/50Hz	4×16	2	43
钢筋设备功率合计							210.26

设备总功率合计210.26kW，生活办公区用电计划80kW，变压器设置计划为1台500kW变压器。厂房内的2个独立车间分别根据设备布局安排独立配电柜，电源由变压器直接分配至各车间配电柜中，电网线路的铺设一般分为空中桥架和地下预埋两种模式，从美观和后期维护角度考虑，采用地下走线的模式。同时，为了应对后期生产调整，厂房在每跨独立车间的两侧，以15m间距布置分配电箱，便于后期电力的使用。

钢结构集中加工配送中心总费用估算为2162.3万元，详见表2-25。

钢结构集中加工配送中心费用估算表 表2-25

序号	工程项目或费用名称	费用（万元）	详细说明
1	生产装置		
1.1	钢筋加工设备购置费	540	钢筋加工设备
1.2	车间内行车	40	4部5t行车
1.3	车辆购置费	180	1部17.5m、3部13.5m货车
2	厂房建设		
2.1	钢结构厂房建设费	950.4	工厂占地9504m²，建设成本1000元/m²
3	其他设施费		
3.1	变压器	55	630kVA变压器1部
3.2	强电工程	60	设备电路
3.3	弱电工程	30	网络及监控
3.4	地秤	15	50t地磅1部
3.5	道路	203	道路5800m²，350元/m²
3.6	场坪	6.9	停车场460m²，150元/m²
4	办公及生活设施		
4.1	临建办公楼	24	面积600m²
4.2	临建宿舍	24	面积600m²，30间
4.3	围挡	34	围挡总长度850m
	合计	2162.3	

3）生产能力介绍

根据14号线土建七工区和附近2个土建工区（土建六工区和昂鹅车辆段工区）钢筋估算需求总量，结合成品钢筋加工工艺需求的特点，配送中心设计生产能力按照每年约8.65万t进行测算，预计工期30个月（工期内产能约12.58万t），配送辐射半径为30km。配送中心落成后可通过成型钢筋商品化、物流配送模式，提升14号线钢筋加工配送的标准化程度。配送中心生产能力详见表2-26。

配送中心生产能力统计表　　　　　　　表 2-26

序号	加工类型	日生产能力（t/10h）	年生产能力（t/330d）	备注
1	线材成型	32	10560	含线材箍筋和勾筋
2	棒材成型	160	52800	含棒材剪切、弯曲
3	锯切套丝	25	8250	定尺锯切、套丝，单班约 2000 个丝头
4	钢筋笼成型	45	14850	钢筋笼成型焊接，含加强筋下料及弯弧成型

配送中心设计年产能为 8.65 万 t（工期 1 年，按照单班每日 10h 工作制，每年 330 个工作日计算），主要实现线棒原材的成型钢筋加工、钢筋笼成型加工。以线材和棒材钢筋的加工需求设计产能，结合其他项目实施经验和地域市场特点进行综合设计。

4）机械设备配置

（1）WG12B 2 数控钢筋弯箍机

①设备介绍

WG12B-2 数控钢筋弯箍机是一台具有双方向弯曲功能的全自动化箍筋生产设备，可以加工冷轧及热轧高强度盘条钢筋，该设备具有钢筋矫直、测量、双方向弯曲及剪切功能，将盘条钢筋一次性加工成型，具有速度快、实用、可靠等显著特点。设备具有强大的信息化拓展能力与图形储存能力，内置常用钢筋图形，触控操作面板调整、设置十分便捷。WG12B-2 数控钢筋弯箍机见图 2-113。

图 2-113　WG12B-2 数控钢筋弯箍机

②设备优势

钢筋送进机构采用工业级伺服电机，可完美契合弯箍机走料过程中的频繁起停模式，对箍筋成品质量精度的控制程度极高，可实现加工精度±1mm 以内的控制。机械化数控作业精度高、成型快的同时，显著提升弯箍机设备运转的稳定性。

数控钢筋弯箍机设备机械化程度高，可实现箍筋加工的一体化流水作业，设备本身集成盘条钢筋的送进、调直、弯曲、剪切等全部工艺。设备运行稳定性高，可实现连续生产作业，单机的生产效能高，可更好地保证施工现场的箍筋成品供应，保证项目施工进度的全程可控。节省大量人工,便于现场管理,只需要1～2名操作人员。箍筋成品质量可控,成品规格标准,便于后期的施工绑扎作业。

数控化箍筋生产模式,PLC(可编程逻辑控制器)中控系统配合伺服电机,实现了箍筋加工的高精度控制,成品规格标准,公差离散性极低,有利于后期箍筋成品的绑扎应用作业,绑扎过程中无需人工对箍筋进行二次调整。

③技术参数

数控钢筋弯箍机工作参数详见表2-27。

数控钢筋弯箍机工作参数表 表2-27

单线加工能力	φ5～14mm	工作面旋转角度	45°(90°～135°)
双线加工能力	φ5～14mm	加工根数	≤2
弯曲角度	<±180°	气路压力	≥0.6MPa
中心销直径	25～32mm	设备总功率	28kW
最大牵引速度	110m/min	钢筋加工形状	模块化图库+个性化编辑
最大弯曲速度	1200°/s	机器总质量	4800kg
长度精度	±1mm	工作环境温度	−5～40℃
角度精度	±1°	主机尺寸(长×宽×高)	5100mm×1300mm×2100mm
平均消耗电力	6kW/h	设备颜色	银灰/橘红

(2) XQ120数控棒材钢筋剪切生产线

①设备介绍

XQ120数控棒材钢筋剪切生产线采用高级可编程数控技术(Computerized Numerical Control,CNC)及PLC系统作为设备控制核心,运行更加稳定、高效,拓展能力强。高精度控制系统可任意设置切断长度以及按设置的任务类别连续工作,整体工作连贯,棒材钢筋走料输送速度快,定尺切断精度高。本款生产线融入钢筋加工标准化理念,设备进行了应用拓展设计,通过专业的技术改造,实现了生产设备的模块化组合,这些模块易于组合、扩展,支持切断、弯曲等多种加工操作,并具备与专业吊车完美配合的工作能力。钢筋料架输送装置(正、反向旋转)可灵活传送钢筋。XQ120数控棒材钢筋剪切生产线详见图2-114。

图2-114 XQ120数控棒材钢筋剪切生产线

XQ120数控棒材钢筋剪切生产线适用于钢筋规格多、批量小的钢筋剪切加工。本款数控钢筋剪切生产线可广泛用于各种规格、不同长度的钢筋切断工作,对于规格多、批量小的钢筋定尺剪切工作更加适用。

②设备优势

伺服电机配备原厂编码器,品质更有保障。一方面,伺服电机可以实现对棒材弯曲加工作业的高精度控制,通过定尺挡板和电动推杆的双重控制进行保障,精度成品质量更加标准可靠;另一方面,高品质电机原件既保证了设备运行的稳定性,又降低了后期更换维护的成本。

整条生产线由电气操作台、放料架、送料架、剪切主机、定尺出料系统、移动储料架六部分组成,采用流水化设计的理念,保证了生产过程中信息控制和物料流转的高效运转,从而促进提产增效。

大直径钢筋棒材人工加工劳动强度极大,成品质量可控性差,而设备整机设计可与现场吊装工具实现完美配合,配备储料传动机构,只需人工简单辅助即可完成上料,加工效率提升2～3倍,工人的劳动强度得到了降低。

数控棒材钢筋剪切生产线能够实现对7500～12000mm棒材钢筋的定尺剪切需求,同时可以配合弯曲设备,实现剪切成品、半成品的轨道化传输,加工能力强、产能稳定。

③工作技术参数

XQ120数控棒材钢筋剪切生产线工作参数详见表2-28。

XQ120数控棒材钢筋剪切生产线工作参数表　　　表2-28

型号	XQ120									
钢筋直径(mm)	10	12	16	20	22	25	28	32	35	38
剪切钢筋数量(HRB400)	10	8	6	4	3	3	2	1	1	1
每分钟剪切次数(次/min)	20									
刀片有效宽度(mm)	200									
钢筋传送速度(m/min)	50									
剪切钢筋长度(mm)	750～12000									
长度误差(mm)	±5									
最小手动剪切尺寸(mm)	750									
最小自动剪切尺寸(mm)	1200									
钢筋直径(mm)	6～38									
剪切线总功率(kW)	14(包括空压机)									
钢筋收料仓	3×2									
平均耗电量(kW/h)	8									
总耗气量(m³/min)	约1.0									
设备占地尺寸(m×m×m)	26×3.2×1.5									

(3)G2L32E-2立式智能钢筋机器人

①设备介绍

G2L32E-2立式智能钢筋机器人棒材加工设备主要用于钢筋直径10～36mm的棒材钢

筋弯曲成型加工，采用触摸操作屏和 PLC 控制系统，操作简单使用方便，在确保加工精度和生产效率的同时，减少了人工投入，便于现场的施工管理。

G2L32E-2 立式智能钢筋机器人（图 2-115）配备了先进的 PLC 及 CNC 系统，加工设置操作十分简单，可储存多达上百种图形，一次设置重复使用，配合触屏控制面板，操作十分便捷。两机头立式弯曲中心，实现了在一个工作单元内同时进行高精度双向弯曲的设备。设备的加工效率和可操控精度高，专门配备了双 CNC 伺服定位系统的弯曲主机可同时移动，效率更高，可满足同时弯曲多根钢筋的工作需求。移动式弯曲主机可自由定尺，伺服控制柔性钢筋锁紧机构，确保精度。

图 2-115　G2L32E-2 立式智能钢筋机器人

②设备优势

主机机架采用一体化设计，提升了整机的稳定性和可靠性，同时有利于现场的吊装、转运，缩减了现场安装调试作业周期，可实现设备交付现场的快速使用。弯曲主机箱体同样采用整体铸造模式，可提升弯曲主机在作业过程中的稳定性，提升了该机构的使用寿命。

弯曲行走均采用 PLC 加伺服电机控制，精度控制水平高，弯曲作业过程中配合气动加紧机构、上料作业托架、移动定尺挡板三重控制，实现钢筋加工的定位，双弯曲主机可实现同一工作面的连续双向弯曲，保证了成品质量水平。

③工作技术参数

立式智能钢筋机器人工作参数详见表 2-29。

立式智能钢筋机器人工作参数表　　　　表 2-29

设备尺寸（$L \times W \times H$）	11050mm × 2100mm × 1520mm									
弯曲速度	0～9rad/min									
弯曲机移动速度	0.5～1m/s									
电源	380V　50Hz									
总功率	7.5kW									
实际耗电量	4kW/h									
最大弯曲角度	上弯曲 0～180°				最小曲边尺寸			ϕ10mm 560mm			
	下弯曲 0～120°							ϕ32mm 620mm			
弯曲边最短长度	80mm				最大曲边尺寸			10m			
最小弯曲钢筋长度	700mm									
双向弯曲 （上弯曲或下弯曲）	ϕ10～28mm				单向弯曲 （上弯曲）			ϕ30～32mm			
弯曲钢筋直径（HRB335）	10mm	12mm	14mm	16mm	18mm	20mm	22mm	25mm	28mm	32mm
弯曲根数	6	5	4	3	2	2	2	1	1	1

（4）GJW150C + BLX50 智能钢筋锯切套丝生产线

①设备介绍

GJW150C + BLX50 智能钢筋锯切套丝生产线主要用于将直条钢筋进行高质量的定尺锯切、输送、存储及加工，并将各加工工序形成电脑控制的自动加工流水线。该设备具有产量大、加工精度高、自动化程度高、操作故障率低、节约材料、消耗低等优点。

GJW150C + BLX50 智能钢筋锯切套丝生产线（图 2-116）采用流水化的设计理念，具备多级的原料和成品存储机构，原料经储料平台输送至锯切主机并完成高速锯切（采用锯切的加工模式可避免钢筋马蹄形切口，便于后期的套丝作业），锯切完成后钢筋输送至套丝导料平台，经输送辊道分别对钢筋的两端进行套丝。整个工作循环是自动的，放置好需要加工的钢筋后，即可启动设备。人工将钢筋抖落到分料板上，按下按钮将钢筋送到前输送的喂料轨道上。通过触摸屏按键设定钢筋的切断长度。前输送的喂料轨道可以将钢筋送到锯切挡板处。按下切断按钮可以控制锯断钢筋。一旦钢筋被锯断，通过相应的按钮控制将锯切后的钢筋传送到两侧面的轨道或收料仓内。

图 2-116　GJW150C + BLX50 智能钢筋锯切套丝生产线

GJW150C + BLX50 智能钢筋锯切套丝生产线主要组成包括：钢筋储料站、前输送装置、钢筋锯切主机、后输送装置、钢筋存储部分、操作台控制部分。

②设备优势

GJW150C + BLX50 智能钢筋锯切套丝生产线采用高品质专用钢筋锯切机构和倾斜式锯切刀切断钢筋的结构，锯切速度快，锯缝窄；具备超大规格的锯切宽度，可同时对大直径钢筋原材料进行高速剪切，剪切能力大、成品质量可靠，亦能有效避免马蹄形切口，保证套丝工艺的成品合格率。

剪切线主机固定在基础稳固的机架上，钢筋定尺由定尺挡板和伺服电机驱动的测量结构组成，钢筋定尺长度无级可调，尺寸精度高。

GJW150C + BLX50 智能钢筋锯切套丝生产线充分借鉴国际的工艺设计理念，对成品的存储结构单元进行了优化工艺处理。原料上料采用单侧多级料仓，便于不同规格原料的临时存储和待加工；成品出料则采用双侧翻料及收料，简单可靠。

经过锯切的钢筋半成品由自动输送机构传导至套丝加工模块，可在成品输送辊道两侧分别布置一个套丝作业区域，每个套丝作业区域由两个套丝模块构成，分别对钢筋的两头进行套丝，钢筋通过辊道和翻料机构进行传输，自动化程度高。

③工作技术参数

GJW150C + BLX50 智能钢筋锯切套丝生产线工作参数详见表 2-30。

GJW150C + BLX50 智能钢筋锯切套丝生产线工作参数表　　　表 2-30

型号		GJW150C								
钢筋直径（mm）		16	20	22	25	28	32	35	40	45	50
锯切钢筋数量		30	26	24	21	18	15	14	13	12	11
锯切速度（m/min）		60
有效宽度（mm）		600
钢筋传送速度（m/min）		90
锯切钢筋长度（mm）		800~12000
长度误差（mm）		±2
锯切主机	夹紧方式	液压
	电机功率（kW）	3
剪切线总功率（kW）		26
平均耗电量（kW/h）		14
料仓级数		4×2
总耗气量（m³/min）		~1.0
设备尺寸（mm×mm×mm）		30000×5000×2400

注：表中钢筋直径列后9列对应锯切钢筋数量。

（5）HL1500E-12 智能钢筋笼滚焊机

①设备介绍

HL1500E-12 智能钢筋笼滚焊机（图 2-117）可将钢筋笼一次成型，设备运转的同步性和协调性得到极大程度的改善，广泛用于桥梁建设、高速铁路建设等领域。与传统人工焊接设备相比，焊接速度快、焊点质量高。

②设备优势

图 2-117　HL1500E-12 智能钢筋笼滚焊机

钢筋笼旋转机构和移动转盘行走机构全部采用伺服电机驱动，取代了传统的变频电机，极大程度地提升了设备运行的精度，钢筋笼旋转机构的同步性从根本上解决了钢筋笼焊接过程中因变频电机的同步性差异造成钢筋笼体扭曲问题。另外，伺服电机配备原厂编码器，品质更有保障，降低了后期更换维护的成本。

钢筋笼成型机自动化程度高，机械化数控作业精度高、成型快，避免了钢筋笼采用手工轧制或手工焊接的方式造成的尺寸不规范。数控定尺调整可以保证主筋、缠绕筋的间距均匀，配合机械旋转作业模式，确保进料中的盘筋与主筋缠绕紧密。先成型后加内箍筋，钢筋笼直径一致，可确保钢筋笼同心度。在完成同等任务量的情况下，钢筋笼成型机可以节省人力 75%，显著缩减了人力成本，同时改善了工人的劳动强度过大问题，加工效率提升可达 300%。

控制系统可以确保钢筋笼的纵向主筋有非常好的直线度；计算机控制的变频器使钢筋笼在加工过程中可以改变旋转速度，并且不影响预先设置的箍筋间距。

③工作技术参数

HL1500E-12智能钢筋笼滚焊机工作参数详见表2-31。

HL1500E-12智能钢筋笼滚焊机工作参数表　　　　表2-31

序号	名称		单位	数值	备注
1	钢筋笼长度	最小长度	m	2	
		最大长度	m	12	
2	桩基直径	最小直径	mm	800	每次只生产单一直径钢筋笼，笼径变化时需更换相应纵筋模板
		最大直径	mm	1500	
3	箍筋直径	最小直径	mm	6	
		最大直径	mm	12	
4	主筋直径	最小直径	mm	16	
		最大直径	mm	32	
5	箍筋螺距	最小螺距	mm	100	
		最大螺距	mm	300	
6	单件托笼装置承重		t	1.5	
7	放线架承重		t	2	

2.5.3　运行效益分析

14号线钢结构集中加工配送中心如图2-118所示，自2018年10月份建成投入使用，运行至2021年9月份，其间加工产品共计78650t。

图2-118　钢结构集中加工配送中心航拍图

（1）增加投入分析

钢结构集中加工配送中心的配送模式较传统加工工艺增加投入主要有两方面：一是增加了建厂投入；二是增加了由集中加工配送场地到施工现场的运输费用，具体分析如下。

经过归集，14号线钢结构集中加工配送中心共计发生建设费用1200余万元，增加运输费用198万元，合计增加投入1398万元。

（2）节约资金分析

经过统计，钢结构集中加工配送中心生产钢筋的损耗率由3%降低至0.8%，共计节约钢筋 1730t，节约资金 778.5 万元。人工费用较传统加工模式节约 15%，共计节约资金 589.8 万元。机械费用较传统加工模式节约 18%，共计节约资金 135 万元。合计节约资金 1503.3 万元。

综上，采用钢筋集中加工配送模式下，14 号线钢筋集中加工配送中心共计结余资金约 105 万元。

2.6 车站钢结构雨棚张弦梁张拉施工技术

2.6.1 工程概况

罗湖北站是 14 号线、17 号线以及 25 号线三线换乘站，是 14 号线重点特色车站，是罗湖区的重要交通枢纽。按照设计理念，清水河站 21 轴～28 轴交 A 轴～D 轴结构顶板开洞形成下沉广场，在地面设置钢结构雨棚。该钢结构雨棚总建筑面积约为 2670m^2，采用交叉梁＋张弦梁＋桁架结构体系设计。张弦梁结构是近年来大跨度结构常用的一种区别于传统结构的新型杂交屋盖体系，是由刚性构件上弦、柔性拉索、中间连以撑杆形成的混合结构体系。张弦梁的设置及张弦梁索具张拉技术在地铁施工中的运用较少，因此本节对张弦梁张拉技术进行简要的介绍。

2.6.2 张弦梁张拉技术

清水河钢结构雨棚由 3 个相对独立的雨棚组成，中间为 A 区，两边的雨棚以中轴线对称为 B 区，共 11 根钢柱锚固于主体结构顶板，雨棚总用钢量约 500t。A 区屋面系统采用玻璃屋面，B 区屋面系统采用金属屋面板，具体分区如图 2-119 所示。

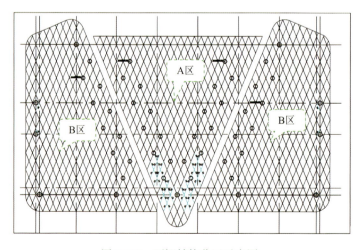

图 2-119 雨棚结构分区示意图

钢结构雨棚的 A 区和 B 区各有 2 根张弦梁设置了需要张拉的拉索，张弦梁具体位置如图 2-120 所示。

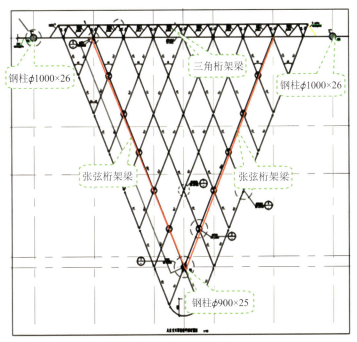

a) A 区罩棚网格平面图（投影）

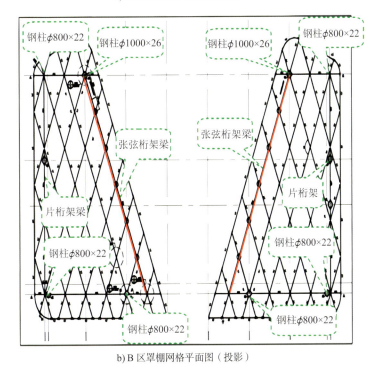

b) B 区罩棚网格平面图（投影）

图 2-120 张弦梁位置示意图（尺寸单位：mm）

张弦梁上拉索采用高钒张拉索，拉索的具体位置如图 2-121 所示。

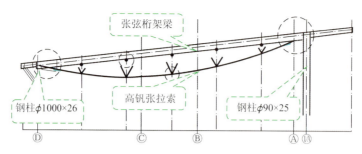

图 2-121 张弦梁上拉索位置示意图（尺寸单位：mm）

拉索采用等级为 1670MPa 高钒闭索，含锌-5%铝-稀土合金镀层，其弹性模量不小 $1.65×10^5$N/mm^2。拉索规格为 A88×31825mm，钢丝束截面积 4120mm^2，最小破断力不小于 6190kN。拉索采用热铸双耳调节式和热铸双耳固定式锚具。可调索头、可调锚杯、固定索头材料为 ZGD410-620，满足《一般工程与结构用低合金钢铸件》（GB/T 14408—2024）标准要求。拉索在主钢架及檩条安装完成后，进行预应力张拉；安装层面板之后，支撑接拉索重新张紧，柱脚部位调平，焊缝封闭。

本项目预应力拉索长度长，对拉索吊装要求高，因此在吊装拉索时，要采用多点吊装的方法，保护拉索在吊装时不会因弯曲半径太小而折断。拉索为成品索，在生产制作过程中，要求下料精确，否则会影响施工质量和工程质量。拉索整体张拉完成后，索力偏差不大于 10%，变形偏差不大于 5%，对施工过程中索力的控制精度要求高。

张弦梁张拉流程如图 2-122 所示。

图 2-122 张弦梁张拉流程图

1）现场备料、制作索具

拉索为高钒钢丝成品索，备料时要求丈量准确，减少下料误差。

（1）制索前对索体进行预张拉，张拉方法参见《建筑工程用锌-5%铝-混合稀土合金镀层拉索》（YB/T 4543—2016）附录 A 要求。

（2）热铸型拉索制作完成后，应取 1.25 倍设计拉力值（不低于计算最少破断力的 45%）进行超张拉检验，拉完后钢绞线与锚具的相对外移量应符合《建筑工程用锌-5%铝-混合稀土合金镀层拉索》（YB/T 4543—2016）第 7.4.1 条规定。

（3）拉索长度应为超张拉的直线长度，允许偏差应符合《建筑工程用锌-5%铝-混合稀土合金镀层拉索》（YB/T 4543—2016）第 6 条规定。

（4）钢丝束下料时，应考虑环境温度对索长的影响，采取相应的补偿措施。

（5）钢丝束进行无应力状态下料时，为考虑其自重挠度等因素的影响。

（6）进场前成品拉索应进行张拉检验，张拉载荷应为55%的拉索标准破断力和设计拉力值两者间的较大值，且张拉持续时间不少于1h。检验后，拉索应完好无损。

2）拉索成盘

由于工厂到工地需要长距离运输，所以拉索必须卷成盘。成盘后，用标签在料盘明显处注明索号、长度、根数。

3）上索夹安装

张弦梁上弦构件及撑杆安装完毕后，用汽车起重机将上索夹运至张弦撑杆处，安装人员通过高空车用手拉葫芦将索夹临时固定在撑杆正下方，然后用手拉葫芦不断调整索夹位置和角度，使索夹靠在撑杆下方，且保证索夹上索槽方向与张弦当梁方向平行，点焊固定后将索夹与撑杆焊接牢固。

4）挂索安装

挂索安装时首先对高钒索及连接夹板进行质量检查，检查完毕后将索放在放索盘上，将卷扬机吊点设在桁架上弦位置处，利用卷扬机索引索头，用1台汽车起重机辅助放索，汽车起重机随索头位置移动。安装人员通过2台高空车配合卷扬机和吊车的索引，将第一根高钒索索头用销轴先固定在连接板上。同理对其余索体进行挂索，然后将销轴完全穿入固定。

5）下索夹安装

高钒索两端挂索完成后，取下跨中吊装带，清理高钒索表面的包装袋，通过调节张拉端的调节螺母，最终将高钒索放入索夹索槽中，通过高空车将下索夹运到上索夹位置处，用高强度螺栓将上、下索夹连接在一起。

6）张拉准备工作

（1）施工平台搭设：由于本工程采用一侧张拉，所以仅在张拉端搭设平台即可。张拉平台可以采用脚手架，若张拉处下方无支撑点搭设脚手架，也可采用吊篮形式。

（2）张拉设备安装：张拉设备包括千斤顶、高压油泵、张拉工装、丝杆和螺母、张拉牛腿、手拉葫芦、自行扳手等。

（3）预应力监测设备安装：每根张弦梁上设置不少于6个应力测试仪，通过采集到的数据运用计算机反算索力。

7）预张拉

张拉设备全部安装后，需架设1台全站仪，用于监测张拉过程中张弦梁上结构的变形，监测点设备布设在张弦梁上弦中心位置，开始张拉前需要给索头调节装置涂适量润滑油。拉索LS1的初张预应力为1100kN，拉索LS2的初张预应力为950kN。预张拉时，启动油泵开始加压，当压力达到钢索设计值时，停止加压，完成拉索的预张拉。张拉时要控制给油的速度，给油时间不应低于30s。拉索的预应力张拉采用双控，即控制拉索的拉力及钢结构变形值。拉索张拉完成后，应立即测量校对，如有异常，应暂停张拉，待查明原因并采取措施后,才能继续张拉。为保证屋盖结构受力均匀,必须控制张拉的同步。控制张拉同步有两个步骤,首先是精确控制初始张拉的位置,使两束索的初始力及垂直度基本相同,其次是在张拉过程中将每级的张拉力再次细分,在每小级施工中使千斤顶给油速度同步。在千斤顶不断施工压力的过程中,用自制的扳手不断拧紧索体的调节螺母,从而收缩索体,达到张拉的目的,同时也要不断用手拉葫芦调节丝杆方向,以确保千斤顶施加的应力始终沿着高钒索方向。为保证结构受力均匀,A区和B区的张弦梁应同步对称张拉。

8)二次调索

安装屋面板之后,支撑拉索重新张紧,采用同样的方法进行索体调整,施工过程中做好变形和索力监测。张拉过程中应采用测试仪器测定索力,根据测试仪器控制张拉索力。张弦梁应进行超张拉,减少预应力损失。超张拉数值根据锚具型号、拉索与夹具之间的摩擦等因素综合测定,并结合现场进行一次张拉试验确定,报告给各方确定后正式实施张拉。

9)喷涂防腐

张拉完成后,可调索头、可调锚杯、固定索头外表面喷富锌底漆,销轴、销轴卷面板和调节螺杆表面镀锌,并且对拉索的锚具进行二次涂装。

2.6.3 技术总结及应用

柔性拉索的安装和张拉是张弦梁结构在施工过程中的难点和重点,开始施工前应重点关注拉索安装和张拉这两部分。张拉梁结构在本项目的成功应用极大地拓宽了城市轨道交通造型设计的创新路径,同时,张弦梁张拉技术作为城市轨道交通施工中的典型工艺工法,不仅为后续城市轨道交通设计开辟了新思路,还为类似工程提供了成熟且宝贵的实践经验。

第 3 章
区间施工关键技术

3.1 中心螺旋输送机式双模盾构施工技术

3.1.1 工程概况

14号线布吉—石芽岭区间（以下简称"布石区间"）自布吉站出发，沿龙岗大道敷设，下穿5号线区间隧道、侧穿3号线桥桩、侧穿龙岗大道高架桥，随后往东北方向拐入南门墩村、布吉新村房屋，随后沿中兴路东西主干道敷设，侧穿布龙公路桥旁，到中间风井，其后侧穿慢城四期高层建筑、下穿石芽岭学校风雨操场及学校教学楼，沿科技园路—盛宝路到达石芽岭站，布石区间左线长3231.2m，右线长3229.1m，区间隧道采用双模盾构法施工。

布石区间隧道洞身穿越地层主要为中、微风化角岩，全风化角岩及碎裂岩，布石区间地质情况如图3-1所示，单一模式盾构机无法满足区间安全、快速的掘进要求，因此布石区间采用TBM/EPB（全断面岩石掘进机/土压平衡盾构机）双模盾构施工。

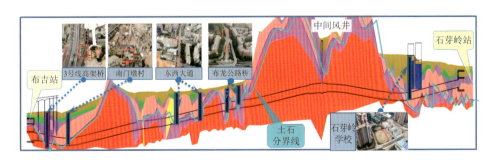

图 3-1 布石区间地质纵断面图

3.1.2 施工重难点

（1）盾构主机空推始发

本工程盾构始发于布石区间中间风井，由于风井结构尺寸不满足始发要求，盾构始发前需进行前导洞及后导洞开挖施工，前后导洞净距满足 120m 的要求；开挖完成后施工导台，利用导台将盾构机空推至前导洞掌子面，然后进行盾构机组装调试。确保盾构主机空推是本工程重点。

解决措施：导台混凝土浇筑过程中严格控制高程，每隔 5m 在导轨两侧预埋 2 根 ϕ150mm PVC 套管，为后期盾构空推做准备，导台施工完成后，将盾构主机吊装至始发基座进行组装，组装完成后测量定位，将始发钢环焊接于盾尾处，再通过 2 个 100t 千斤顶进行空推施工，千斤顶受力位置位于盾构主机底部，洞外由始发基座提供反力，洞内通过预留 2 个 ϕ150mm 的预留孔插入 ϕ125mm 钢棒支撑提供反力。

（2）洞内模式转换

区间双模盾构模式转换次数较多，达到 8 次，而国内目前没有进行中心螺机式双模盾构洞内模式转换的施工经验，中心螺机式双模盾构也只有在青岛地铁 8 号线过海隧道施工中用过一次，施工单位中铁二局使用的盾构机从 TBM 模式转换土压模式的施工工期为 30d，和本次施工的模式转换存在较大差异。

解决措施：为保证双模盾构模式转换顺利快速施工，项目组按照洞内环境（主要为无大型吊装设备）对双模盾构进行难度较大的土压模式转 TBM 模式厂内模拟，在模拟过程中找到设备需要改进的地方，并在厂内进行改进；同时对现场技术人员和施工人员进行真实环境、真实设备模拟训练，并进行技术总结；给后期制定合理的人员、物资、设备、工期计划提供依据，以指导后期施工。

3.1.3 模式转换主要工艺流程

模式转换工艺流程如图 3-2 所示。

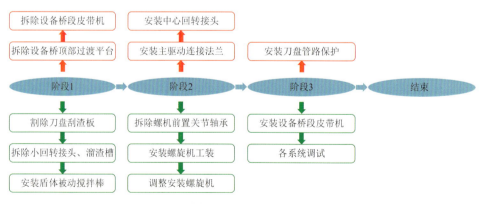

图 3-2 工艺流程图

3.1.4 掘进模式转换技术

1）拆除主机及后配套部件

（1）待盾构停机并确认安全之后，拆除刀盘中心后部的液压回转接头，拆除小回转接头过渡法兰、管路及过渡板（拆卸后妥善保管），安装堵头将焊接在刀盘背部的管路块油路口封堵，并将小回转接头安装在大回转接头尾部，如图 3-3 所示。

图 3-3　拆除小回转接头

（2）在土仓内将溜渣结构与刀盘主结构分离，溜渣结构分解至可移出土仓的状态即可（通常情况下，将溜渣结构与刀盘主结构焊缝刨除即可），同时拆除连接在主驱动上的溜渣槽及螺旋输送机接料斗，最终通过主驱动中心或螺旋输送机筒运出，如图 3-4 所示。

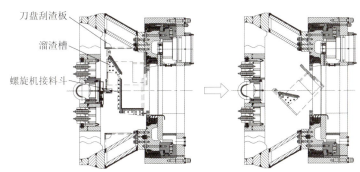

图 3-4　吊拆溜渣槽

（3）安装盾体被动搅拌棒并连接管路，将前盾溜渣板割除，将前盾螺旋输送机座盖子拆除，检查螺旋输送机前闸门是否安装完备、操作是否正常，如图 3-5 所示。

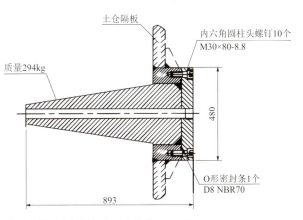

图 3-5　安装盾内被动搅拌棒（尺寸单位：mm）

（4）设备桥段的后配套皮带机拆除并由管片运输车将其运出，如图 3-6 所示。

图 3-6　拆除后配套

2）改造设备转运装置

利用管片小车改造设备转运装置，在管片小车上焊接工字钢桁架，确保桁架的刚度、强度和稳定性。焊接采用双面焊，并检验焊接质量，如图 3-7 所示。

图 3-7　改造管片小车

3）螺旋输送机拆解

主机与后配套断开，操作螺旋输送机由中部转移安装到土仓底部。后配套与主机应首先断开拼装机和后配套处的管道和电缆，最后断开电路和过渡行走平台等；将管片小车作为移动工作架，用电瓶车带动后配套向后移动 20m，最后焊接后配套连接桥固定装置，确保后配套安全稳定，如图 3-8 所示。

图 3-8　后移后配套并焊接连接桥固定装置

4）吊拆螺旋输送机

螺旋输送机由中部主驱动区域拔出，经过一系列吊装、倒运、放置在拼装机与连接之间预留的区域。螺旋输送机在拆卸吊装时合理选择螺旋输送机主吊点数量及位置，确保吊耳焊接质量，如图3-9所示。

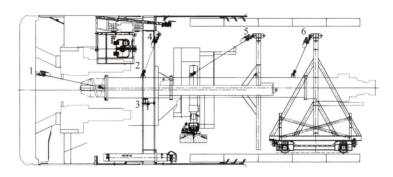

图3-9 焊接吊耳

1-刀盘背部；2-人舱底部；3-米字梁中部；4-米字梁顶部；5-固定式螺旋输送机门架梁；6-移动式螺旋输送机门架梁

图3-9中，辅助吊点依据现场实际情况选择而定，其中吊点5需焊接于拼装机主梁后部，吊点6需焊接于管片小车上（移动式吊点），同时管片小车上需提前焊接螺旋输送机固定支撑，如图3-10所示。

图3-10 焊接螺旋输送机固定支撑

5）安装刀盘主驱动中心

螺旋输送机在吊出之后安装刀盘主驱动中心，通过螺栓连接驱动中心连接法兰和变接法兰。连接法兰和驱动盘之间通过48个M30mm×110mm的内六角螺栓及8个D30mm×120mm的圆柱销连接。修复螺旋输送机合金块底座，焊接合金块、连接内部管路，如图3-11所示。

图 3-11　吊装刀盘主驱动中心

在敞开模式下，扭腿两侧的管路安装了保护块和堵头，模式转换时拆除保护块和堵头，检查管路接口是否损坏，按照预留位置接入刀盘管路并进行保压实验，保压合格后将原保护块螺栓安装至扭腿两侧管路块处封堵螺纹孔，然后安装刀盘管路保护，刀盘管路保护通过螺栓连接安装到主驱动隔板，安装过程中注意隔板和管路保护分块上的数字分别对应，安装螺栓建议涂中等强度螺纹紧固胶并按照刀盘总图中螺栓紧固扭矩拧紧螺栓，刀盘管路保护共 5 块（中心 1 块、周边 4 块），单块质量约 150kg。

6）螺旋输送机安装

利用管片小车移动螺旋输送至刀盘下部指定位置，拆除螺旋输送机前置关节轴承、筒节等螺栓。安装螺旋输送机筒节、溜渣筒及拉杆。拆除门形吊梁，连接螺旋输送机管线（螺旋输送机轴呈缩回状态，并进行机械固定），如图 3-12 所示。

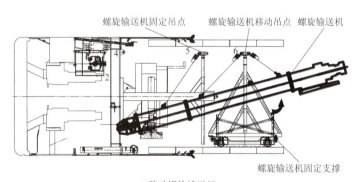

a) 移动螺旋输送机

b) 螺旋输送机连接

图　3-12

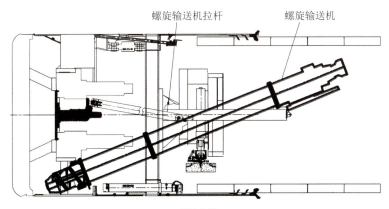

c)拆除支撑

图 3-12 吊装螺旋输送机

7）调试

将后配套整体前拉，与轨道梁连接，断开的管路及电缆重新连接，螺旋输送机轴伸出。将液压、流体、电气、加好泥水的土仓及泡沫管路等系统安装、调试好，完成模式转换工作。

3.1.5 施工进度指标分析

盾构掘进指标计划与实际情况对比见表 3-1。

区间掘进指标   表 3-1

序号	项目	计划进度指标（环/d）	实际进度指标（环/d）
1	普通地层掘进	8	9.6
2	硬岩掘进	2	4.3
3	上软下硬地层掘进	1	3.2

盾构模式转换指标计划与实际情况对比见表 3-2。

区间模式转换指标   表 3-2

项目	计划模式转换（d）	实际模式转换（d）
模式转换	15	12

总体施工工期计划与实际对比见表 3-3。

总体施工工期计划与实际对比表   表 3-3

序号	工点	任务名称	计划工期（d）	实际工期（d）
1	盾构区间	738 号盾构始发准备	20	18
2		风井～布吉站 738 号盾构	350	308

续上表

序号	工点	任务名称	计划工期（d）	实际工期（d）
3	盾构区间	739号盾构始发准备	30	26
4		风井～布吉站739号盾构	350	285

影响进度的主要因素有以下几点：

（1）施工组织不完善，各个工序衔接存在一定的时间差。

（2）地层勘察力度不够，出现异常情况被动停机。

（3）日常施工管理不到位，一些重点工序未按照相应制度去处理，特别是刀具日常维修、保养、管理。

（4）人员自身素质及技能掌握度不高，现场问题不能够及时处置。

（5）外部条件及接口协调存在一定的滞后性，出现盾构异常停机等问题。

3.1.6 施工经济效益分析

螺旋输送机出渣式双模盾构模式转换施工工法是目前国内唯一采用中心螺旋输送机出渣式工法，该工法的应用加快了14号线布石区间双模盾构的施工进度，通过优化的施工方案和合理高效的施工组织设计，提高了模式转化效率，有效节约了工期，保证了施工安全，减少了模式转换的成本，同时缩短了施工工期，有利于成本控制。目前模式转换保持在13d，比传统模式转换工法节约工期7d，经济效益显著。采用双模盾构施工工法相较于单模式可有效减少施工投资，若采用单模式盾构掘进，需在线路中段地层变化位置增加一个竖井，以供土压、TBM模式盾构机分步掘进。经济效益对比见表3-4。

工法经济效益比较　　　　　　　　表3-4

工法比较	节约工期	节约造价
与矿山法工法相比	8个月	5%～8%
与单模式盾构工法相比	4个月	20%～40%

中心螺旋输送机式双模盾构创新了双模盾构的应用场景，14号线布石区间采用本工法施工，简化了双模盾构模式转换流程，相比传统双模盾构模式装换节约工期7d，提高模式转换效率约35%，为双模盾构的推广应用起到良好的示范作用。

3.1.7 施工推广及建议

（1）中心螺旋输送机式双模盾构主要适用于软硬分明的地层，地层可以按照区段划分，才能达到盾构使用的最高效率。

（2）中心螺旋输送机式双模盾构 TBM 模式掘进过程中，对螺旋输送机叶片的磨损较大，需从设备材质及施工管控两个方面控制。

（3）中心螺旋输送机式双模盾构在模式转换中因盾体内空间狭小，不方便操作，盾构施工过程中模式转换工时或大大增加，应提前考虑各项施工工序，实现多工序同步作业而非流水作业，减少转换时间，提高工效。

3.2 盾构渣土筛分、压滤及水处理技术应用

3.2.1 工程概况

（1）线路概况

14号线嶂背—南约区间2号风井—1号风井区间（风井区间）左线长度1684.405m，右线总长度1680.318m；盾构机从2号风井始发，下穿垃圾中转站、侧穿110kV高压铁塔、然后下穿福昌电子厂房及澳美世家4号、5号、6号厂房、宿舍楼后进入山体，侧穿肿瘤医院及排背围村后，至1号风井接收，如图3-13所示。本区间采用盾构法施工，左线平曲线最小半径为750m，最大坡度29‰；区间右线平曲线最小半径750m，最大坡度29‰。区间隧道衬砌采用外径6700mm、内径6000mm、厚度350mm、宽度1500mm的管片。本区间采用直线环+转弯环管片错缝拼装，管片楔形量为36mm。

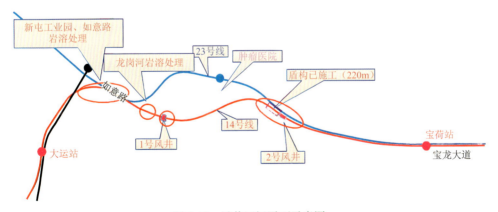

图3-13 风井区间平面示意图

（2）工程地质

风井区间左线长1684.405m，右线长1680.318m，穿越地质主要为112m粉质黏土、27m全风化砂岩、1065m土状强风化砂岩、1555m块状强风化砂岩、217m中风化砂岩、117m中风化炭质页岩、45m微风化灰岩、198m微风化砂岩，区间地质情况如图3-14所示。

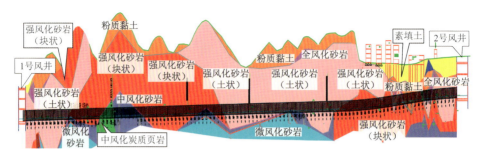

图 3-14　2 号风井～1 号风井地质剖面图

（3）水文地质

本区间区域地下水主要有两种类型：第一类是第四系松散岩类孔隙潜水，主要赋存于冲洪积砂层和残积土层中；第二类为基岩裂隙（构造裂隙）水，主要赋存于块状强风化、中等风化带及断裂构造裂隙中，略具承压性。

（4）技术运用原因

因盾构井场地狭小，本工程采用小分体始发工艺，区间始发井为结构井。井下可利用长度仅 20m，盾构机采用分体始发工艺，每台盾构机及后配套分两次下井。同时，由于井口无法采用常规电瓶车编组出渣（只能采用 6m³ 小土斗）和材料运输，须采用洞内水平皮带运输及井口垂直提升系统方能满足区间盾构施工要求，为了发挥皮带机出渣系统优势，更好地进行推广应用，以及解决本项目盾构渣土稀、外运难度大等难点，项目通过寻求新的方式来解决盾构渣土外运问题，即泥浆固化系统。

3.2.2　泥水分离设备组成

风井区间采用的泥水分离设备主要由筛分系统、压滤系统两部分组成，设备组成如图 3-15 所示，筛分系统使盾构渣土内的砂石分离，渣土内分离出来的砂石可用于其他施工原材料中，实现渣土的二次利用。压滤设备使含改良水分充足的盾构渣土泥水分离，压滤过后的干渣便于环保外运，渣土内的液体经过滤后可循环使用。

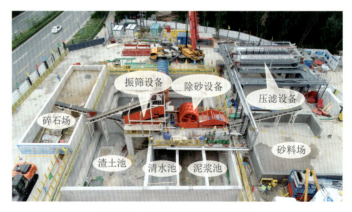

图 3-15　泥水分离设备组成图

筛分系统各类设备组成见表3-5。

筛分系统设备参数表　　　　　　　　　　　　　　　　表3-5

序号	设备名称	规格	备注
1	振动筛分机	3000mm×7000mm	2台22kW，含下料斗
2	筛分机下料斗	3000mm×7000mm	含块料出料斗
3	筛分机钢构机架	H4200mm～H5500mm	现场拼装
4	筛分机操作平台	B1260mm	现场拼装，含楼梯
5	上提升机接料斗	2000mm×5000mm	
6	清水管道及泵	DN150mm-22kW	泵与筛分机50mm
7	渣浆泵管道	DN150mm	
8	轮式洗砂机	2100mm×φ4000mm	15kW
9	直线脱水筛	2200mm×4200mm	2台11kW，含下料斗
10	标准砂输送机	B800/L12000mm	4kW，现场组装
11	大块料输送机	B800/L12000mm	4kW，现场组装
12	筛回料输送机	B1000/L15000mm	5.5kW，现场组装
13	输送机上料斗	1600mm（L）×1600mm（B）×1200mm（H）	现场组装
14	振动筛分机电控	2台×30kW	连锁控制
15	洗砂机电控	18.5kW	
16	脱水筛电控	2台×11kW	
17	水泵电控	22kW	
18	渣浆泵电器	2台×37kW	
19	输送机电控	4kW+4kW+5.5kW	

压滤系统各类设备组成见表3-6。

压滤系统设备参数表　　　　　　　　　　　　　　　　表3-6

序号	名称	参数	序号	名称	参数
1	过滤压力（MPa）	≤3.0	11	质量	1500kg
2	滤室使用温度（℃）	≤60	12	出液方式	明流暗流
3	滤板尺寸（mm）	φ1500	13	进料方式	中间进料
4	过滤面积（m²）	400	14	法兰公称通径	DN125mm
5	滤板数量（片）	133	15	压紧方式	电动液压，自动保压
6	滤饼厚度（mm）	30	16	最大液压工作力（MPa）	25
7	滤室容积（L）	6.7	17	最大液压保护压力（MPa）	29
8	电机功率（kW）	7.5	18	进料孔公称通径（mm）	280
9	外形尺寸（长宽高mm）	按图纸	19	液压缸行程（mm）	750
10	地脚安装基础长度（mm）	按图纸			

1）筛分设备

筛分系统主要由多级振动筛、洗砂机、脱水筛、水泵组成。筛分系统接收来自从盾构出渣井的湿渣，将添加了泡沫剂的湿渣均匀打散，同时通过大流量水泵加水稀释，进入下级除砂系统，筛分设备如图 3-16 所示。多级振动筛尺寸为 7m×4.5m×2.5m，筛网面积大，安装方便，并且可以针对盾构渣土量自动调整大流量水泵水量和转速，节约能源并能将盾构湿渣充分打散，满足筛分系统的筛分要求。从筛分系统出去的泥浆，通过渣浆泵或落差自流进入除砂筛分系统。筛板采用独特张拉方式，产生的二次振动可有效防止堵筛糊筛现象的出现，对黏土块、砾砂、浆液分离有显著效果，不易堵塞网孔。一级振动筛分处理能力留有富余量，可有效预防孔底堵管时流量的瞬间增大，峰值处理量可达 540m³/h。

图 3-16　筛分设备图

2）除砂设备

除砂设备主要由洗砂机、脱水筛组成，除砂设备如图 3-17 所示。

图 3-17　除砂设备图

3）压滤设备

压滤设备由机架部分、滤板部分、拉板系统、电气控制系、液压系统组成。泥饼压滤设备如图 3-18 所示。

（1）机架部分：整套设备的基础，它主要用于支撑过滤机构，由止推板、压紧板、机座、油液压缸体和主梁等连接而成。

（2）过滤部分：由整齐排列在主梁上的 HDPE（高密度聚乙烯）进口高分子滤板和夹在之间的滤布所组成。

（3）液压部分：主机完成压紧和松开动作的动力装置，在电气控制系统的作用下，通过液压，油泵及液压元件来完成系统的工作。

（4）电气控制部分：是整个控制系统的控制中心，主要由电控柜、PLC（可编程逻辑控制器）、断路器、接触器、中间继电器、接近开关等组成。

（5）自动拉板部分：主要由变频电机、拉板器、链轮、链条、链槽等组成，主要作用就是当过滤完成以后逐块拉开滤板实现自动卸除滤饼。

（6）自动卸料清洗部分：由每块滤板独立控制角座阀进行独立鼓膜吹气，从而达到气动卸料的效果，并可把滤室当中流动式泥浆反吹回污泥输送管，保证泥饼干度及场地清洁，可做到百分之百卸料，无明显残渣余留。

图 3-18　泥饼压滤设备图

3.2.3　泥水分离设备工作流程

筛分系统通过一二级筛料斗将粒径大于 6mm 的颗粒或块状物分离，将分离出的大颗粒石料通过皮带传输机输送至碎石料场。经过一二级筛分后的渣土再由洗砂机进行进一步筛分，将粒径在 0.2~6mm 的砂石筛分出来传送至砂料场。

经过筛分系统处理后的泥浆，将 0.2~6mm 的中细砂筛分出去，小于 0.2mm 的细砂和泥浆进入泥浆池，0.2~6mm 的细砂进行收回利用，废浆经过泥浆池后，通过柱塞泵送至自动高压圆形厢式压滤机进行压滤处理，得到含水率 20%~35% 的泥饼和清水，清水进入清水池，通过加压泵送至筛分系统，循环利用，泥水分离设备工作流程如图 3-19 所示。

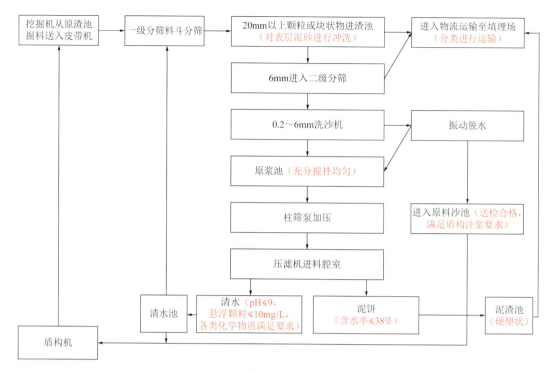

图 3-19 泥水分离设备工作流程

3.2.4 泥水分离设备总结

1) 现场实施工作效率

每台压滤设备容积为 6.8m³，乘以渣土系数 1.38，即每次能处理渣土约为 9.38t。每台压滤设备预计出泥 30~60min，折算成 50min 一循环，每台压滤设备每小时能处理泥浆约为 10.94t，24h 能处理泥浆约为 262.6t，4 台压滤设备每天能处理泥浆约为 1050.4t。考虑本段地质情况，盾构掘进产生的渣土含固率 35%，含水率 65%，固体物经振筛机筛分后含砂率为 15%，经压滤脱水后，泥饼含水率 25%。每 100m³ 盾构渣土到达压滤设备的质量为 $100 \times 35\% \times (1 - 15\%) \times (1 + 25\%) = 37.25t$，按每环 80m³ 渣土考虑，则一环渣土量为 $37.25 \times 0.8 = 29.8t$。4 台压滤设备能满足每天掘进环数为 1050.4/29.8 ≈ 35 环，满足 2 号风井掘进速度要求。

2) 泥水分离系统存在的问题与解决措施

（1）2 号风井在皮带输送机使用过程中碰到的主要问题为垂直提升下方掉渣严重，渣土堆积阻碍皮带转动，影响皮带使用寿命。现场采用在垂直提升皮带机下方安装双排螺旋输送机将皮带下方掉落渣土推送至一端，再使用一个斜螺旋输送机将推送出来的渣土输送至皮带机上提升至地面。使用此方法在一定程度上能解决垂直皮带提升时皮带下方渣土堆积严重的问题，保护皮带的使用寿命，现场螺旋输送机布置如图 3-20 所示。

图 3-20　螺旋输送机布置图

（2）本区间段地质以强风化砂岩为主，此地质段盾构产生的渣土携带大量泥块，由皮带机输送至振筛机时，皮带机输送不间断，相对挖机上料速率较快，振筛机处理速率无法匹配上料速率，导致振筛机储料仓内泥块过多无法及时进行筛分，泥浆溢出。由于泥块较多，导致二级筛分处的洗轮机及筛砂滤水处泥浆较多，溢出设备之外，并使得泥浆池内含泥块较多，送往压滤机的泵送装置容易堵塞，造成设备损坏，如图 3-21 所示。2 号风井针对易堵塞造成泥水分离设备处理能力降低的问题，采取的主要措施是在泥浆池内增加一道隔墙对泥浆池内泥浆进行沉淀过滤后再输送至压滤设备，减少堵塞情况的产生。对于处理速率无法匹配上料速率的问题，一方面是增加振筛机工作功率，使振筛机处理能力超过理论最大上料速率；另一方面是调整皮带机渣土输送速率，使输送速率与处理速率匹配。

图 3-21　石头堵塞垂直皮带上料口

3）泥水分离系统优点

泥水分离系统由自动进料系统、分筛分拣系统、不添加药剂浓缩系统、全自动高压压榨高干脱水系统、自动卸料系统、二次进料自动清洗系统、压滤液处理系统成套组合而成，泥水分离设备产品如图 3-22 所示，具备以下优点：

（1）对渣土中固相颗粒进行筛分，大大减少了固废的体积，实现了减量化。

（2）降低了因渣土外排迟缓对工程施工进度的影响。

（3）改善了工程施工环境，真正实现安全文明生产。

（4）从源头上解决了渣土堆弃所引起监管的难题，杜绝了由于泥水排放给环境带来的一系列污染问题。

（5）避免了高含水率渣土对土壤的污染。

（6）节约土地资源，避免了目前渣土堆弃占用大量土地资源的问题。

（7）实现资源化循环利用，盾构渣土处理后的产物为渣料、泥饼和滤液，经过检测达到国家相关排放标准，滤液回用，节约了水资源；泥饼可以直接作为一般性回填等使用；分离出来大颗粒砂石通过洗砂系统按照粒径级配分选出粗、中、细、粉等砂石料回收利用，渣土处理物如图 3-23 所示。

（8）节约盾构渣土处理应用总体直接成本。

图 3-22　泥水分离设备产品图　　　　图 3-23　渣土处理物

3.3　三维激光扫描技术

3.3.1　技术原理及优势

三维激光扫描技术是扫描仪通过发射高频激光脉冲，测量每个激光脉冲从发出经被测物体表面返回仪器所需的时间差来计算距离 S，同步测量每个激光脉冲横向角度值 α 及纵向角度观测值 θ，如图 3-24 所示。以仪器中心为坐标原点，按式(3-1)可计算出采样点的三维坐标。

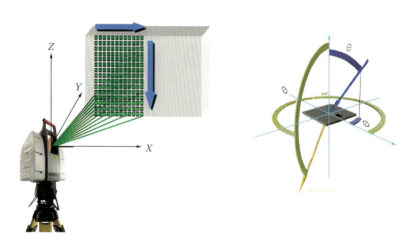

图 3-24　三维激光扫描原理

$$\left.\begin{aligned}X &= S\cos\theta\cos\alpha \\ Y &= S\cos\theta\sin\alpha \\ Z &= S\sin\theta\end{aligned}\right\} \tag{3-1}$$

为满足 14 号线工程竣工验收的要求,本项目在隧道三权移交之前两个月内对区间隧道进行完整的三维激光扫描,获取隧道管片椭圆度、多方向净空值、环间错台量及病害(渗漏水)等参数,并根据相关规范对隧道结构进行健康度评定,扫描结果作为工程档案资料移交建设单位;另外后期运营过程中,通过多次扫描隧道结构,对比分析变形量、变形趋势,亦可满足线路定期检测的需要。

三维激光扫描技术克服了传统测量技术的局限性,采用非接触主动测量方式快速获取高精度建筑空间全范围的三维空间点云数据,能够对任意物体进行扫描,由原来的单点测量变为面式、体式测量,具有扫描速度快、实时性强、精度高、主动性强、全数字特征等特点,可以大幅提高作业效率、缩短工期,点云输出格式可直接与 CAD、三维动画、BIM(建筑信息模型)软件等匹配,处理完成的高精度点云数据还可以用于后期的隧道建模,延伸和扩展点云数据应用,最大化利用点云数据。

3.3.2 三维激光扫描仪

工程检测过程中的扫描是通过 Z+F5010X 三维激光扫描仪(图 3-25)获取。Z+F5010X 三维激光扫描仪使用对人体无害的 1.5μm 波长一级安全激光,由转速为 50r/s 的旋转镜面反射出去,镜头被封装在保护玻璃罩中,保证了激光扫描的高质量性、高稳定性和高耐久性。该设备内置陀螺仪、惯导、电子罗盘、GPS(全球定位系统)传感器,能记录站点位置,同时配有的双 Wi-Fi 天线可保证在施测过程中配合使用平板电脑实时回传数据并进行自动拼接,现场即可检索扫描数据;该三维激光扫描仪拥有数据实时回传、实时拼接等具有革新意义的功能和自动标定标靶、检查数据质量、检查标靶质量、查找补测盲区等全新的工作流程,提高了工作效率。

图 3-25 Z+F 5010X 三维激光扫描仪

仪器的主要指标见表 3-7~表 3-9。

单点测量精度　　　　　　　　　　　　　　　　　　　　　　表 3-7

仪器参数	精度	仪器参数	精度
距离精度	1mm + 10ppm	标靶获取精度	2mm@50m
角度精度	0.004°	双轴补偿精度	小于 0.007°
点位精度	1.2mm@50m;3.8mm@100m		

激光扫描系统扫描模式主要指标 1　　　　　　　　　　　　表 3-8

项目	内容	指标		
激光单元	激光安全等级	1 级		
	光束发散度	0.3 毫弧度		
	光束直径	约 3.5mm（距 0.1m 时）		
	测程	187.3m		
	最小测程	0.3m		
	分辨率	0.1mm		
	数据获取速率	≤1016000 点/s		
	线性误差	≤1mm		
	测距噪声	黑色 14%	灰色 37%	白色 80%
	10m	0.4mm rms	0.3mm rms	0.2mm rms
	20m	0.6mm rms	0.4mm rms	0.3mm rms
	50m	2.2mm rms	0.8mm rms	0.5mm rms
	100m	10mm rms	3.3mm rms	1.6mm rms
发射单元	垂直视野范围	320°		
	水平视野范围	360°		
	垂直分辨率	0.0004°		
	水平分辨率	0.0002°		
其他	双轴补偿器	分辨率：0.001°		
	双轴补偿器	测量范围：±0.5°		
	双轴补偿器	精度：<0.007°		

激光扫描系统扫描模式主要指标 2　　　　　　　　　　　　表 3-9

分辨率（基于固定距离）	扫描时间（灵敏度正常）	分辨率（基于固定距离）	扫描时间（灵敏度正常）
50.26mm@10m	26s	3.14mm@10m	6min 44s
24.13mm@10m	52s	1.57mm@10m	13min 28s
12.57mm@10m	1min 44s	0.79mm@10m	81min
6.28mm@10m	3min 22s		

3.3.3　外业作业流程

技术人员在利用 Z+F5010X 三维激光扫描仪进行扫描作业时，一般分为两个作业部分，作业流程如图 3-26 所示。

第 3 章 区间施工关键技术

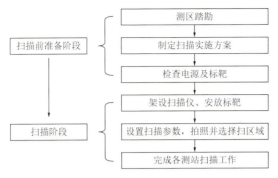

图 3-26 三维激光扫描仪作业流程图

1）扫描前准备阶段

（1）测区踏勘

扫描人员提前了解整个测区实际情况，收集已有图纸和控制点资料为后期全面扫描做准备。

（2）制定扫描计划

隧道扫描需要设置不同的扫描站间距。站间距必须与三维环境相适应，确保可以扫描到所有的结构面。每测站通过扫描仪扫描双面靶球（图 3-27）球形面，全站仪同时测量棱镜面进行定位，三个靶球高低错落摆放在扫描仪的前后，距离扫描仪约 6m。

图 3-27 双面靶球

（3）检查工作

扫描人员检查电池电量是否充足、仪器是否正常、标靶数量是否足够等。

2）扫描阶段

三维激光扫描仪接通电源之后会进行预热、自检，自检完成后进行整平，在仪器中设置扫描分辨率、最大扫描距离，然后进行扫描作业，应精确扫描标靶，同时用全站仪通过后方交会采集靶球的坐标以确保计算时的精度，现场工作如图 3-28 所示。

（1）数据采集参数设置

影响数据采集精度的因素有隧道表面的粗糙度、扫描分辨率、扫描入射角、隧道表面的反射率等。

（2）扫描分辨率的合理选择

为保持相同的扫描点密度，扫描仪必须采用较高的扫描

图 3-28 三维激光扫描现场

分辨率。但扫描分辨率过高，增加了数据处理的难度和工作量，需要提高计算机的数据处理能力。再者，扫描分辨率的大小直接影响扫描时间。因此，应结合现场作业时间以及扫描范围，合理安排扫描时间。在本次扫描时，激光扫描系统扫描模式的主要指标即分辨率（基于固定距离）3.14mm@10m，扫描时间为6min44s。

（3）站间距和站数的确定

扫描站间距必须与隧道的三维环境相适应，确保可扫描到所有结构面，扫描设站模型如图3-29所示。

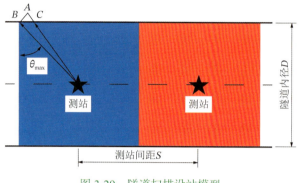

图3-29 隧道扫描设站模型

扫描角分辨率为σ，越高的分辨率得到越密的点云，测量精度越高，但也将需更长的扫描时间。图3-29中$BC = \sigma_{max}$（最大测点间距，单位：mm），$\angle BAC = 90°$，$\angle ABC = \arctan\left(\frac{S}{D}\right)$，$AB = \sin\sigma\left(\sqrt{S^2+D^2}/2\right)$，$BC = \sigma_{max} = AB/\sin\angle ABC$。则有：

$$BC = \sigma_{max} = \sin\sigma\left(\sqrt{S^2+D^2}/2\right)/\sin\left[\arctan\left(\frac{S}{D}\right)\right] \tag{3-2}$$

即：

$$\sin\sigma = \frac{2\sigma_{max}\arctan\left(\frac{S}{D}\right)}{\sqrt{S^2+D^2}} \tag{3-3}$$

一般角分辨率都很小，当角分辨率σ足够小时，扫描仪的分辨率可以表示为距离扫描仪1m处的测点间距：X_{opt}(mm·m^{-1})，此时$\sigma \approx \sin\sigma \approx \tan\sigma \approx X_{opt}$。

则在扫描仪最佳分辨率和最大测量点间距确定的情况下，站间距离与隧道半径D的关系为：

$$X_{opt} = \frac{2\sigma_{max}\sin\left[\arctan\left(\frac{S}{D}\right)\right]}{\sqrt{S^2+D^2}} \tag{3-4}$$

需要根据测量精度的要求来确定最大测点间距，参照《城市轨道交通隧道与地下工程三维激光扫描测量技术规范》（DB 33/T 1308—2023）相关规定，建议取$\sigma_{max} = 10$mm，本次扫描采用高速扫描模式，即分辨率为（基于固定距离）3.14mm@10m，故$X_{opt} = 0.314$mm。

计算得出站间距$S \leqslant 35m$，即扫描时站间距不宜超过35m。

3.3.4 内业数据处理

1）数据处理流程

一般情况下，数据处理的流程为：利用全站仪测量靶球的绝对三维坐标，实现扫描影像的定位以及扫描和影像之间的匹配；利用三维激光数据处理软件提取靶球并进行测站和线路坐标转换，使扫描的隧道点云数据统一到同一绝对坐标系下；经点云去噪后进行净空分析和隧道椭圆度分析并生成成果报告。

2）设计资料录入

依据区间隧道平面、纵断面设计图，扫描人员将曲线要素数据录入至数据处理平台中，为后续自动提取相关位置及获取点云切片数据提供设计依据。左线平面曲线与纵断面竖曲线要素见表3-10、表3-11。

布吉站—布石风井区间左线平面曲线要素　　　　表3-10

点类型	X坐标	Y坐标	曲线半径（m）	缓入长度（m）	缓出长度（m）	线路偏移（mm）
起点	26044.5520	121396.5830				
JD1	26176.8490	121502.3970	550	40	75	−109.9
JD2	26810.0560	121756.7240	750	125	125	206
JD3	27312.3330	122464.3930	700	120	120	−206
终点	27839.9920	122522.6370				

布吉站—布石风井区间左线竖曲线要素　　　　表3-11

点类型	里程	高程（m）	曲线半径（m）	切线长（m）
单坡	10049.3290	1.2500		
竖曲线1	10292.0000	0.7640	2500	33.9978
竖曲线2	10501.0000	−4.3390	4200	122.7480
竖曲线3	11040.0000	10.4270	8000	59.0019
竖曲线4	11242.0000	13.3560	8000	59.0392
竖曲线5	11727.0000	27.5470	8500	54.9310
竖曲线6	11948.0000	31.1050	8500	52.3994
单坡	12454.0000	44.5960		

3）数据处理及成果输出

靶球数据提取后，输入所测得的三个靶球绝对三维坐标进行测站坐标以及线路坐标计算，使扫描的隧道点云数据统一到同一绝对坐标系下，如图3-30所示；然后进行点云数据的拼接（图3-31），经点云去噪后按照等间距（每环）进行断面提取，数据分析并生成成果报告。

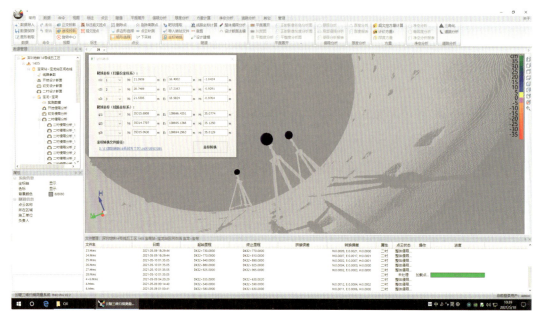

图 3-30　靶球提取及坐标转换

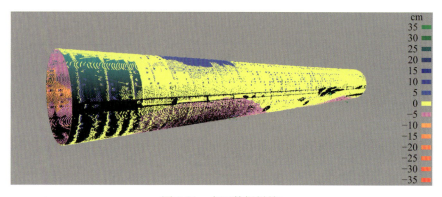

图 3-31　点云数据拼接

（1）隧道净空测量

隧道净空采用多角度方向净空测量的方法，依次提取每断面水平方向、45°方向、135°方向隧道净空宽度值以及中心高度值，如图 3-32 所示，即 a、b、c 和 d 长度。测量结果格式见表 3-12。

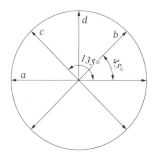

图 3-32　多方向净空测量示意图

多方向净空测量结果表　　　　　　　　　　表3-12

区间名称	14号线××区间				
测量时间	2022-06-22	线路	左线	内径	4.5m
里程	环号	水平最大宽度（m）	45°方向宽度值（m）	135°方向宽度值（m）	中心高度值（m）
K34+692.19	2	4.5297	4.5151	4.5154	2.7434

（2）椭圆度

盾构隧道管片椭圆度根据点云横断面拟合，提取椭圆的长短轴，如图3-33所示，按照以下公式计算管片的椭圆度：

$$T = 1000(2b - 2a)/D \tag{3-5}$$

式中：T——椭圆度（‰）；

b——半长轴（m）；

a——半短轴（m）；

D——设计管片内径（m）。

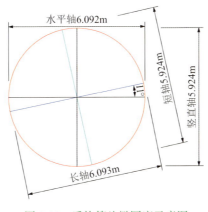

图3-33　盾构管片椭圆度示意图

椭圆度测量结果见表3-13。

椭圆度测量结果表　　　　　　　　　　表3-13

区间名称	14号线××区间				
测量时间	2022-06-22	线路	左线	内径	4.5m
里程	环号	半长轴b（m）	半短轴a（m）	偏转角（°）	椭圆度（‰）
K34+692.19	2	2.7659	2.7504	−2°51′59.55″	4.73

（3）环间错台量

根据相邻管片间的接缝位置，可以在点云上获取相邻管片间的点云切片（接缝两侧各5cm），以一份切片点云作为参考点云，另一份切片点云作为目标点云，计算两片点云之间点与点的最近距离，可得到错台量，提取错台量大于10mm的管片进行汇总，成果报告见表3-14。

环间错台测量结果表 表3-14

区间名称	14号线××区间				
测量时间	2022-6-22	线路	左线	内径（m）	4.5
环号	断面点里程		起止角度（°）	错台弧长（m）	平均错台量（mm）
	管片左侧	管片右侧			
2-3	34692.954	34692.558	11.92～13.16	0.06	11.17
2-3	34692.954	34692.558	18.96～20.53	0.08	11.35

（4）病害（渗漏水）检测

三维激光扫描可以获取到激光点云的反射强度信息，或根据全景照片获取RGB信息，利用上述信息生成分辨率较高的灰度图或彩色图，可以快速发现隧道表面渗水部位，对面积大于0.1m²的渗漏水区域进行汇总，形成成果报告，见表3-15。

渗漏水检测成果表 表3-15

区间名称	14号线××区间				
测量时间	2022-06-22	线路	左线	内径（m）	4.5
里程	环号	渗水类型（湿迹、渗水、滴漏）	渗水位置	渗水面积（m²）	图像
K34+692.19	374	湿迹	3点钟方向	0.113869	

3.3.5 检测成果及分析

本节以14号线车辆段试车线盾构隧道（以下简称"试车线隧道"）为例展示检测成果。试车线隧道环间错台和管片渗漏水检测成果均无异常，其他各项检测成果如下。

（1）隧道净空测量成果

经统计，试车线隧道水平最大宽度值、45°方向宽度值、135°方向宽度值和中心高度值最大值分别为4.5338m（第246环）、4.5658m（第239环）、4.5487m（第203环）、2.7793m（第242环）；最小值分别为4.4646m（第247环）、4.4620m（第1环）、4.4619m（第241环）、2.7139m（第241环），最大收敛值64.8mm，各角度方向净空折线图如图3-34所示。

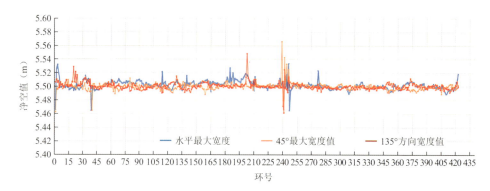

图3-34 各角度方向净空曲线图

（2）椭圆度检测成果

经统计，试车线隧道椭圆度为 0.1‰～11.8‰ 之间，椭圆度分布区间见表 3-16。

椭圆度分布情况　　　　　　　　　　　　　　　表 3-16

实际总环数	检测总环数	椭圆度分布								最大值（‰）
		椭圆度≤6‰		6‰<椭圆度≤9‰		9‰<椭圆度≤12‰		椭圆度>12‰		
		环数	占比	环数	占比	环数	占比	环数	占比	
423	423	418	98.82%	2	0.47%	3	0.71%	0	0%	11.8
对应环号										2
对应里程										K0+010.5

各环号对应的椭圆度如图 3-35 所示。

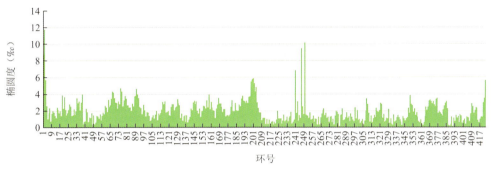

图 3-35　各环号对应的椭圆度

造成隧道验收时椭圆度缺陷的因素可能有以下几个方面：

①管片的拼装位置中心与盾尾的中心不同心，管片无法在盾尾内拼装成正圆，只能拼装成椭圆形。

②管片的环面与盾构轴线不垂直，使管片与盾构的中心不同心。

③单边注浆使管片受力不均匀。

④全断面硬岩中管片结构上浮。

对应的预防措施如下：

①经常纠正盾构的轴线，使盾构沿着设计轴线前进，管片能居中拼装。

②经常纠正管片的环面，使环面与盾构轴线垂直，管片始终跟随着盾构的轴线，使管片与盾尾的建筑空隙保持均匀。

③注浆时注意注浆管的布置位置，使管片均匀受力。

④不同地质条件下管片结构上浮机理不同，在软土地层中，管片结构上浮是管片外围的地层发生变形后地层应力重新分布的过程，需要的周期长；而在硬岩地层中，管片结构上浮需要在满足力学条件和空间条件的情况下，在较稳定的空间内发生位移。

⑤结合 14 号线沿线的工程地质和全线隧道椭圆度检测成果，重点分析在全断面硬岩

中管片结构上浮的原因及应对措施，以期为后续类似工程提供施工参考依据。

（3）全断面硬岩中管片结构上浮的原因

①盾构工法特性造成的管片壁后环形建筑空间是导致管片上浮的根本原因。14号线盾构隧道开挖直径有两种，分别为6980mm和6480mm，对应的管片外径分别是6700mm和6200mm，管片与围岩之间平均存在140mm的间隙。

②注浆浆液或地下水包裹产生的浮力。管片受到的浮力F_E是管片自重G的2～4倍，管片环刚脱出盾尾时完全具备管片上浮的力学条件，与管片的尺寸无关。

不考虑螺栓约束的条件下，管片受到的浮力为：

$$F_E = \pi R^2 B \gamma_1 \tag{3-6}$$

式中：R——管片的外环半径（m）；

B——环宽（m）；

γ_1——包裹管片浆液的重度（kN/m³），介于水的重度（10kN/m³）与水泥砂浆重度（20kN/m³）之间。

管片自重为：

$$G = 2\pi R t B \gamma_2 \tag{3-7}$$

式中：t——管片的厚度（m），一般管片的厚度t与管片外环半径R的比值近似为一个常数，取$t = 0.1R$；

γ_2——钢筋混凝土的重度（kN/m³），取为25kN/m³。

管片受到的浮力与自重的比值k为：

$$k = \frac{F_E}{G} = \frac{\pi R^2 B \gamma_1}{2\pi R t B \gamma_2} = \frac{\pi R^2 B \gamma_1}{2\pi R 0.1 R B \gamma_2} = \frac{5\gamma_1}{\gamma_2} \tag{3-8}$$

③浆液流失构成上浮的空间。在硬岩中长距离掘进导致止浆板发生磨损，起不到封堵浆液的作用，浆液流失后，管片壁后与围岩之间出现无浆液填充的间隙，当管片从盾尾脱出，间隙进一步增大，为管片上浮提供了空间条件。

④盾构栽头导致盾尾上抬。在管片脱出盾尾之前，在盾尾内和盾尾一起向上抬起，导致管片上浮。

⑤推进油缸的偏心荷载。盾构栽头掘进时，为了调整盾构姿态，可通过上下部油缸的压力差和行程差来控制，管片受到推进油缸的偏心反力导致整个管片纵向向上弯曲，引起上浮。

⑥其他原因：浆液特性及注浆工艺问题（双液浆抗浮性能优于单液浆，但是容易堵管，单液浆通过优化配比来缩短初凝时间，也可以提高抗浮能力，从上部向下部注浆效果更好）；主机、后配套和电瓶车的振动造成注浆浆液离析。

（4）全断面硬岩地层防止管片上浮措施

①采用豆粒石回填灌浆工艺进行壁后填充。豆粒石占据了浆液和地下水的空间，减少

了液体浆液的注入量，注浆浆液和地下水对管片的浮力大大减小，克服了管片上浮的力学条件；豆粒石密实地填充了管片与围岩之间的间隙，克服了管片上浮的空间条件；同时水泥浆凝固产生的收缩空间小，有利于止水。

②利用止水环和隔水环防止浆液流失。克泥效工法防止同步注浆浆液向刀盘前部流失，而盾尾后打设隔水环阻隔后方来水。

③采用半敞开式掘进。向土舱内注入压缩空气，提高舱内压力，防止同步注浆浆液向土舱流动，也可以减缓地下水渗入，降低地下水对同步注浆浆液的稀释和冲刷，使同步注浆填充更加饱满，限制上浮。

④采用前盾底部设计千斤顶防止盾构栽头。

⑤在隧道内堆放重物，抵消管片的浮力；改善浆液的特性和注浆工艺，缩短初凝时间，使浆液由上而下填充；掘进轴线适当低于隧道设计中线，抵消管片部分上浮量。

3.3.6　总结与展望

三维激光扫描技术以其高精度、高效率、非接触式等优点，在建筑、规划、交通、水利、考古等领域发挥着越来越重要的作用。在建筑领域中，三维激光扫描技术已经用于建筑物的测绘、施工、监测和检测等方面，在城市轨道交通工程中，三维激光扫描技术除了对隧道结构进行扫描，获取椭圆度、净空、错台及病害（渗漏水）等参数外，在隧道调线调坡中也广泛应用。线路调线调坡的依据为城市轨道交通工程竣工限界的检测，现行常用的城市轨道交通限界检测方法是采用全站仪测量隧道的部分特征点，然后人工计算出车辆的动态数据，并与断面逐一套合、对比，记录不符合限界限定值的断面位置，但该方法存在测量外业量大、耗时长、纵断面点数量有限、显示不直观、不能增减断面点等缺点，且高度依赖经验丰富的测量员以确保检测数据的准确性，这在一定程度上延缓了工程进度。利用三维激光扫描技术可缩短传统限界测量工期的 67%，且调线调坡效果明显优于传统技术。

随着科技的不断进步，三维激光扫描技术将会得到更广泛的应用和发展。未来，该技术将会朝着高精度、高效率、便携化和智能化方向发展。同时，随着 5G 等通信技术的发展，三维激光扫描技术将会与物联网、云计算等技术融合，实现更高效的数据采集和处理。

3.4　水平皮带出渣技术

3.4.1　应用背景

（1）工程概况

14 号线坑梓—沙田区间（坑沙区间）全长 3003m，中间设置中间风井一座。盾构机自坑沙区间风井向坑梓站和沙田站两端掘进。坑沙区间平面图见图 3-36。

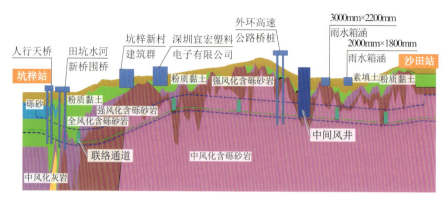

图 3-36　区间线路平面示意图

坑沙区间共采用 2 台土压平衡盾构机，计划从中间风井始发向坑梓站施工，到达坑梓站后转运至中间风井二次始发向沙田站施工。工程运筹图详见图 3-37。

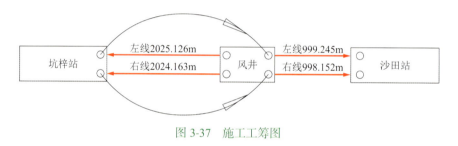

图 3-37　施工工筹图

中间风井作为此区间的始发井，位于坪山大道北侧，风井规模尺寸为 35.70m×25.50m×17.02m（长×宽×高）。

（2）盾构施工需解决的问题

中间风井作为盾构始发井，长度只有 35.7m，结构长度无法满足传统盾构施工中整列电瓶车的编组长度要求（整列编组约 50m 长），导致按传统工艺无法达到最大施工效率，且由于盾构始发井长度只有 35.7m，导致两端盾构吊装口最小距离只有约 9m，无法满足两台门式起重机同时吊装作业的要求。

中间风井—坑梓站区间长度为 2023.5m，分体始发两台 6980 土压平衡盾构机掘进。中间风井预留 4 个盾构施工孔（11500mm×7700mm）负责盾构吊装及盾构施工吊装，由于场地限制，此处仅能配套安装一台门式起重机满足掘进吊装。采用传统电瓶车编组进行出渣掘进，只能编组一辆电瓶车（9m）、一辆出渣矿车（7.2m）、一辆砂浆车（5.7m）、一辆管片车（3.7m）。6980 土压平衡盾构机每掘进一环需断面方 57.4m³，加上渣土改良泡沫、松散系数及刀盘喷水，每掘进一环需出渣 80m³。按每辆出渣矿车满载 20m³ 计算，每掘进一环，电瓶车需要往返 4 趟。加上电瓶车行程时间（按 300m 行程计）及翻运渣土时间，掘进一环需耗时 4h。掘进过程中还需吊装及运输管片、砂浆、循环水管、走道板、盾尾油脂等材料，单日单班只能掘进2环，随着盾构推进，电瓶车行程加大，电瓶车耗时加长，单班掘进指标也将下降。14号线工期要求2020年9月底完成此区间盾构施工。如何解决盾构掘进快速出土满足盾构掘进指标是一个相当重大的技术难题。

中间风井作为盾构始发井需要解决2个问题：采用哪种出渣模式能够配合盾构机满效率施工；井口仅能设置一台门式起重机的情况下，如何解决出土及管片吊装效率问题。

3.4.2 技术方案

1）多种技术方案的提出

针对中间风井作为盾构始发井需要解决的2个问题，施工技术团队经过探讨，共计提出3种解决方案。

（1）采用传统电瓶车编组运输，在隧道掘进反方向设置后导洞的方案。

（2）采用洞内水平皮带运输，配合洞口设置的渣土箱垂直提升的方案。

（3）采用洞内水平皮带运输，配合始发井内垂直提升皮带的方案。

2）技术方案的比选及确定

比较传统电瓶车与水平皮带运输的优劣：结合朱坑区间风井后导洞施工经验，本工程采用后导洞施工直接影响工期约3个月。即便后导洞实施完成，在洞口仅能设置1台门式起重机的情况下，仍然无法满足全列编组推进的要求。因此，本工程确定采用洞内水平皮带运输的施工方案（中间风井后导洞施工时长约6个月，其间盾构机仅施工450m，盾构施工与后导洞施工之间存在极大的施工干扰）。

在水平运输转为垂直提升过程中，技术团队对比了设置垂直皮带机及设置渣土箱2种施工方案，仍然受制于洞口仅能设置1台门式起重机，采用渣土箱的方案仍然无法满足连续掘进的要求。

最终确认采用洞内水平皮带机配合垂直皮带机的施工方案。详见表3-17。

技术方案比选 表3-17

方式	优点	缺点
传统电瓶车有轨运输	1. 技术成熟，适应性广。 2. 设备投入费用较低。 3. 能耗相对较低	1. 装载、运输能力有限，无法满足全列编组要求。 2. 受制于门式起重机数量，施工效率低。 3. 采用大型门式起重机、渣土车时存在安全隐患
连续皮带机+垂直皮带机	1. 可远程集控操作。 2. 出渣线与材料运输线分离。 3. 出渣能力强、适宜大长隧道建设	1. 一次性设备投入费用大。 2. 垂直皮带机有漏浆的情况出现。 3. 能耗高。 4. 不适用于含水率高的渣土和大直径颗粒渣土
连续皮带机+斗式垂直提升机	1. 可实现远程集控操作。 2. 出渣线与材料运输线分离。 3. 出渣能力强、适宜大长隧道建设。 4. 适用于各种渣土	1. 一次性设备投入费用大。 2. 受制于门式起重机数量，施工效率低。 3. 能耗高

3.4.3 方案实施情况

1）连续带式皮带机

连续带式皮带机是一种在其运转过程中能使机尾滚筒轴线与驱动滚筒轴线之间的距离逐渐增大的散状物料连续运输设备。工作时，电机驱动滚筒带动输送带做连续的闭环运动，以此将物料移送至卸料端。在这一过程中，机尾在牵引机构的拖曳下有规律地前行，中间机身被逐段增加。拉紧装置为保证连续带式皮带机的正常运行提供必要的拉紧力；储带仓为适应连续带式皮带机的连续工作储存足量的输送带，当完成一个步长时，从储带仓增加一个单元的输送带。详见图 3-38。

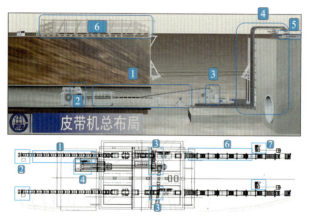

图 3-38 技术方案比选

（1）连续皮带机：布置在掘进方向隧道右侧，长 2.1km，带宽 800mm，驱动功率 2×250kW（单线）。

（2）溜槽：置于第 7 节台车上，将盾构机上皮带机运输渣土从隧道中线转运至隧道一侧的连续皮带机上。

（3）转载皮带机：置于风井内，用于将连续皮带机上渣土转运至垂直皮带机。其中转载皮带机底部净空 3.2m，方便电瓶车通过。

（4）垂直皮带机：置于掘进方向隧道左侧，将渣土从井底提升至地面。

（5）布料皮带机：置于渣坑正上方，将垂直皮带机输送的渣土转运至渣土环保处理系统。

（6）储带仓：位于风井后方地面，可通过储带装置改变输送机长度，储带距离 350m。

（7）拉紧装置：位于储带仓库旁边，是给皮带提供一定的张紧力的装置。

2）现场实施情况

皮带机安装共计实施约 3 个月，主要包括地面储带仓、井内垂直皮带及部分洞内连续皮带机的安装，具体安装情况详见图 3-39。

图 3-39　皮带机安装现场图

在皮带机安装过程中，为避免皮带机安装与盾构推进存在的交叉作业的安全风险，盾构机处于停机状态近一个月时间，对工程进度造成较大影响。

3）渣土计量系统的应用

传统盾构施工在电瓶车出土模式下，可根据电瓶车土斗体积及门式起重机的重量计量设备进行渣土的体积＋重量双控。而在皮带机出土模式下，如何进行渣土的计量，就成为亟待解决的一大难题。

针对皮带机出土模式的渣土计量问题，技术团队的解决方案是采用洞内巡检机器人＋皮带机称重系统，实现对渣土进行体积＋重量的双控。

（1）渣土体积测量

渣土体积测量通过在盾构机后配套连接桥上方架体上安装激光扫描仪完成。激光扫描仪采用 LMS（最小均方算法）传感器硬件技术，基于时间飞行原理，对皮带上的渣土进行非接触式测量，通过发送与接收激光脉冲的时间差，可计算出渣土 2D 轮廓，然后再结合皮带速度，可生成精确的体积信号。结合推进油缸行程、环号及修正系数等信息，得出对应环号的理论出渣量，实测数据与理论数据相比较得出误差比例，并可设置阈值进行风险预警。详见图 3-40。

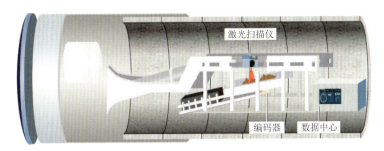

图 3-40　渣土体积扫描示意图

本系统的主要特点如下：

①将当前环号的实际掘进距离导入控制,实时监测出渣量。
②能够精确自动测量盾构机渣土体积,精度高。
③安装简单,占地较小,对盾构机运行出渣无任何影响。
④适用于所有地层。

此套系统以 600Hz 的高扫描频率与 50 万点/s 的快速响应时间,不仅实现高角度分辨率与高测量准确度,而且能够对速度达 10m/s 的高速皮带进行测量,足以满足在盾构出渣场景的应用。在多变或恶劣环境下,可有效降低盾构施工环境由于灰尘、水汽带来的精度影响。

（2）渣土重量测量

渣土通过在水平皮带上安装的计量设备进行称重,皮带计量设备为钢架结构,并配备金属压力传感器,该传感器安装于水平皮带下方,当渣土经过时,会引起传感器的形变,根据形变量和形变系数就可以计算得到渣土重量。详见图 3-41。

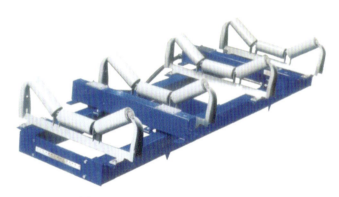

图 3-41　渣土重量计量设备示意图

渣土重量计量设备的主要特点如下:
①将当前环号的实际掘进距离导入控制,实时监测出渣量。
②能够精确自动称量盾构机渣土重量,误差范围较小。
③安装简单,占地较小,对盾构机运行出渣无任何影响。
④适用于所有地层,但皮带的磨损、皮带刮板效果差对测量结果影响较大。

3.4.4　挂轨式巡检机器人

由于坑沙区间中间风井盾构施工场地采用水平皮带机出土,现场大型设备较多,安全风险高。为了确保盾构施工安全,技术团队在该工点投入了"挂轨式巡检机器人",通过先进的人工智能视觉算法和多传感器融合技术,实现对隧道等室内环境和作业情况的实时监测、预警报警,可有效降低巡检成本、提高巡检效率和安防水平,防患于未然。挂轨式巡检机器人体积小,兼容性强,不影响正常作业区域。它集成了双光云台相机、环境检测模块、视觉识别模块、语音模块等多种功能模块,实现全时段智慧安防巡检。机器人详图见图 3-42,功能说明详见表 3-18。

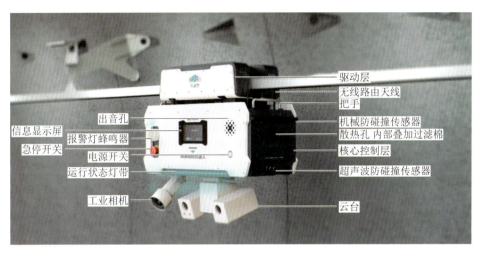

图 3-42 挂轨式巡检机器人详图

系统功能简介　　　　　　　　　　　　　　　　　　　　　　　　　　表 3-18

序号	功能		功能说明
1	视频监控	实时视频	实时将现场拍摄的画面传回管理平台/手持控制终端
		360°无死角监控	轨道运动配合可动云台实现无死角监控功能
		可见光+红外监控	可见光和红外双目相机,适应各种光照环境
2	人员管理	人脸识别(后期)	识别画面内的人员身份,统计人员数据
		穿戴识别	识别人员是否穿戴安全帽、反光背心等
3	环境监测	动态实时监测	动态实时监测关键的环境数据,如温度、湿度、甲烷、氧气、二氧化碳、一氧化碳、$PM_{2.5}$、烟雾、噪声等
4	双重工作模式	自动巡检模式	机器人自主进行巡检任务,无须人工巡检
		手动巡检模式	可通过手持控制终端/管理平台,手动控制机器人完成巡检工作
		模式切换	自动模式和手动模式可以自由切换
5	精准定位	编码器计数	根据编码器记录的数据计算当前位置
		位置校准	结合 RFID(射频识别)定位技术和光电开关校准,实现高精度的定位,并且校准编码器的误差
6	本机状态显示	本机自检	自动检测各个模块是否正常,如发现故障本体显示屏显示故障代码
		电池电量	本体屏幕实时显示当前电池电量、充电状态
		机器人状态	本体屏幕实时显示当前机器人的状态
7	实时告警	本体告警	发现异常情况时,本体及时触发本体声光报警器、状态灯、语音告警提示等告警提示
8	辅助照明	补光灯	环境光线较差或紧急情况下,补光灯可以提供临时紧急辅助照明
9	语音交互	远程通话	管理人员可通过后台与本体通话,进行远程沟通和指导现场情况
10	无线充电	无线充电	采用无线充电方式,更适用于各种施工生产环境

该产品的特点如下。

①兼容性强：机器人体积小、重量轻，可通过各种狭小的空间，挂轨式设计不影响正常作业区域和人员活动区域，空间改造成本低，有效提高巡检效率，降低巡检成本。

②超长续航：挂轨式巡检机器人搭载大容量电池，待机时间超过 8h，工作续航时间超 4h。无线充电 2h 快速充满电量，保证长时间、高强度巡检需求。

③高精度定位：编码器计算累计里程数，配合 RFID 射频识别定位技术，能够实现厘米级定位精度。

④多传感器融合：挂轨式巡检机器人搭载高清工业相机、双光云台、环境传感器、IMU（空间姿态传感器）、超声传感器、光电传感器、防碰撞传感器等多传感器融合技术，可实现综合化的智慧巡检。

⑤实时告警：根据实时监测数据和图像识别技术，挂轨式巡检机器人可实时发现告警情况，并触发多级别、多平台告警响应，及时通知现场工作人员和远程管理人员告警情况。

⑥远程操作：施工员可通过管理平台远程下发巡检任务，支持管理平台和手持控制终端远程操作，灵活控制。

挂轨式巡检机器人施工现场应用图片详见图 3-43。

图 3-43 挂轨式巡检机器人现场应用图

3.5 长大区间盾构防溜、防撞技术

3.5.1 工程概况

布吉—石芽岭区间（布石区间）左线设计起点里程为 ZDK10+249.729，终点里程为 ZDK13+478.917，包含长链 1.987m，左线长度 3231.2m；右线设计起点里程为 DK10+249.729，终点里程为 DK13+478.834，包含短链 0.036m，右线长度 3229.1m。区间左线出布吉站后先沿向下纵坡 0.2%、2.9%，然后沿向上纵坡 2.9%、1.5%、2.9%、1.5% 及 2.9%，再沿下纵坡 2.1%、1.5%，最后沿上纵坡 2.9217% 至石芽岭站，区间右线出布吉站后先沿下

纵坡 0.2%、2.9166%，然后沿向上纵坡 0.9%、1.5%、2.9%、1.5% 及 2.9%，再沿下纵坡 2.1%、1.5%，最后沿上纵坡 2.9217% 至石芽岭站。

区间于 DK12+468.00 处设置布吉—石芽岭区间风井（以下简称"布石风井"）一座。布吉站—布石风井区间采用土压-TBM 双模盾构施工，盾构机自布石风井始发，于布吉站接收。区间全长 2203m。区间平纵断面图见图 3-44 和图 3-45。

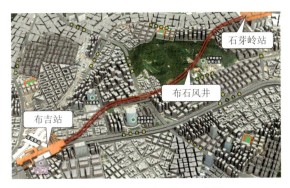

图 3-44 布石区间平面示意图

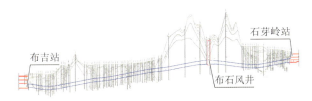

图 3-45 布石区间纵断面示意图

3.5.2 工程重难点

布吉站—布石风井区间长度大，沿盾构掘进方向为长距离大坡度下坡段，出渣方式采用机车编组水平运输至风井井口后采用门式起重机垂直运输，由于盾构掘进方向为下坡段，机车编组便空车下坡进洞而重车上坡出洞，防止机车溜车且保证盾构机组防撞是本工程的一项重难点。

3.5.3 技术措施与控制要点

1）盾构防溜防撞系统

盾构防溜防撞系统由洞口防溜车挡、洞内防溜车报警器、拖车被动车挡、机车主动防溜装置和监控系统组成。

（1）洞口防溜车挡

机车编组溜车一般发生于机车编组停车而制动系统出故障的状态下，而布吉站—布石风井区间为长下坡，因此，本工程在隧道口向内 100m 处设置洞口防溜车挡。洞口防溜车挡主要由 H 钢横挡、横挡支墩、驱动装置、进洞红外感应器、出洞红外感应器、警示灯带组成。H 钢横挡通过驱动装置实现打开和闭合，横挡支墩共 2 个，设于 H 钢横挡背后，分别置于隧道导轨两侧,用于固定 H 钢横挡,且当溜车至 H 钢横挡时为 H 钢横挡提供反力。洞口防溜车挡见图 3-46、图 3-47。

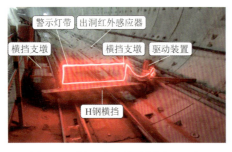 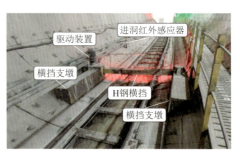

图 3-46　洞口防溜车挡图（正面）　　　　图 3-47　洞口防溜车挡图（背面）

进洞红外感应器置于防溜车挡前 10m 的导轨两侧,出洞红外感应器置于防溜车挡后 10m 的导轨两侧。当有机车通过时,红外感应装置检测到信号变化并响应,实现了对机车运行状态的监测。红外感应器如图 3-48 所示。

图 3-48　红外感应器

（2）洞内防溜车报警器

隧道内每 100m 设置一个防溜车报警器,报警器采用高频无线连接,互联互通、响应速度快,2000m 隧道互传时间在 5~9s,能够在第一时间提醒轨行区及拖车内作业人员及时避让。机车遥控及报警接收器如图 3-49 所示。

图 3-49　机车遥控及报警接收器

（3）拖车被动车挡

盾构机后配套拖车上设置两道被动车挡作为机车溜车时对盾构机盾体和作业人员的最后一道保障。一旦溜车发生于防溜防撞装置后方，被动车挡可以避免车辆冲入盾体伤人、损坏设备等事故的发生。拖车被动车挡由作业人员手动打开和关闭，只要机车驶离拖车，作业人员马上关闭被动车挡，使盾构机处于被保护状态，被动车挡设置如图3-50所示。

图3-50　拖车尾部设置两道被动车挡

（4）机车主动防溜装置

机车主动防溜装置由拦阻索和防溜抓钩组成。拦阻索设置于隧道内机车轨道之间，每100m设置3道拦阻索。防溜抓钩设置于机车机头，由高强度钢制挂钩和液压油缸组成。驾驶员在任意位置发现溜车情况，立即采取紧急制动装置制动，并放下放溜抓钩迫使机车强制停机。阻拦索及防溜抓钩如图3-51、图3-52所示。

图3-51　拦阻索　　　　　　　　图3-52　防溜抓钩

（5）监控系统

隧道内安装监控摄像头直连监控室。机车车头、驾驶室及平板车尾部均安装行车记录仪，能够实时监控驾驶员状态并作为事故调查依据。隧道内监控摄像头安装如图3-53所示，盾构机车全程视频监控如图3-54所示。

图3-53 隧道内监控摄像头

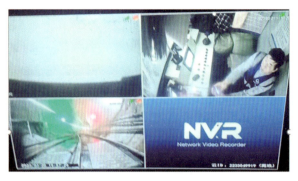

图3-54 机车全程视频监控录像

2）盾构防溜防撞工艺

（1）洞口防溜防撞工艺

机车进出洞防溜防撞工艺流程见图3-55、图3-56。

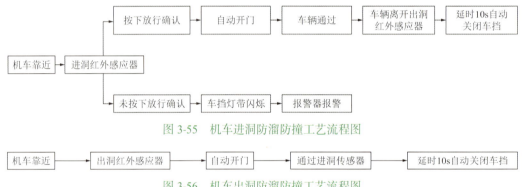

图3-55 机车进洞防溜防撞工艺流程图

图3-56 机车出洞防溜防撞工艺流程图

机车内设置放行遥控器，机车通过进洞红外感应器后，按下放行遥控器，洞口防溜车挡的H钢横挡打开，车辆通过洞口防溜车挡及出洞红外感应器后，延时10s后自动关闭车挡。当机车通过进洞红外感应器而驾驶员未按放行遥控器，此时系统判定机车为溜车状态，H钢横挡依旧保持关闭状态，防溜车挡上警示灯带闪烁，联动洞内防溜车报警器报警，防溜车挡处于阻止溜车状态。

机车出洞时通过出洞红外感应器，洞口防溜车挡自动打开，机车通过防溜车挡及进洞感应器后，延时10s自动关闭H钢横挡，即做到出洞机车无感通过防溜车挡，驾驶员无须任何操作。

（2）洞内防溜防撞工艺

驾驶员在任意位置发现溜车情况时，应第一时间按下机车配置的防溜车报警器遥控开关，临近报警器接收信号报警系统启动，同时发出信号给相邻报警器，直至隧道内所有报警器响应。同时采取紧急制动装置制动，放下溜车抓钩迫使机车强制停机。

拖车被动车挡处于关闭状态，可避免机车溜进盾构机内，保证盾构及作业人员的安全。

3.5.4 技术推广及应用建议

机车溜车是盾构施工过程中的较为重大的风险源，防止机车溜车及机车溜车时避免对作业人员、盾构机设备造成影响至关重要。布吉站—布石风井区间长度长、坡度大，应用防溜防撞技术后，未发生一起机车溜车事故，有效地保证了盾构施工的安全，值得推广和应用。

3.6 大盾构套小盾构施工关键技术

3.6.1 工程概况

14号线嶂背站位于大运站和南约站之间，平面如图3-57所示。在全线开工两年半后且大运—南约区间1号风井—2号风井段小盾构已始发并已完成掘进600m的情况下，14号线工程设计增加嶂背站，由于新增站位方案确定时间晚，无法提供盾构吊出条件，而小盾构停机等待车站大小里程竖井施工完成，将严重影响后续的盾构掘进任务，造成全线的试运行节点滞后、14号线延迟开通的后果。面对新的技术难题，技术团队经研究决定，开展"先隧道后车站"大盾构复推技术实验评估，先后多次邀请国内行业专家对施工方案进行论证，创造了"大盾构扩挖小盾构成型隧道快速建造车站施工工法"，该工法既不影响大运—南约区间原有盾构掘进任务，又能保证新增嶂背站的大盾构及时进场，并利用小盾构既有始发场地，进行盾构掘进，节约资源的同时快速有效地完成了新增车站主体施工。

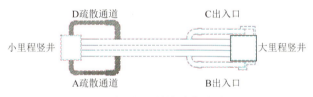

图3-57 深圳14号线嶂背站平面图

据钻探揭露及地区经验，炭质页岩、砂岩中存在不均匀风化现象，全风化、土状强风化中局部夹有少量块状强风化岩，局部出现土状强风化与块状强风化岩层位上下倒置的情况，嶂背站工程地质如图3-58所示。

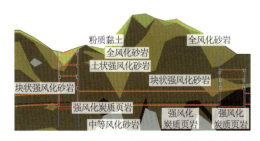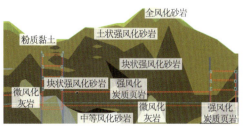

图3-58 深圳14号线新增嶂背站工程地质剖面图

3.6.2 工程重难点

（1）小盾构管片内采用混凝土回填，断面大、距离长，回填不饱满时会出现空洞，大盾构扩挖时会引起掌子面失稳和地面沉降。本工程采用分层分段回填方式解决回填不饱满问题。

（2）大盾构长距离切削玻璃纤维筋管片，管片箍筋采用钢筋加工，切削排土后会出现堵住螺机口、缠绕螺机现象。为解决这一问题，掘进中及时开仓或打开螺机观察口清理钢筋。及时对刀具进行检修，做到勤检查、勤更换，特别是边缘滚刀更要及时更换，以保证盾构的开挖洞径。

（3）盾构穿越由玻璃纤维筋管片、回填材料及周围岩土体组成的软硬不均地层过程中易发生盾构机偏移或被卡住、蛇行推进的情况（管片厚度内外地层强度远低于管片强度），渣土改良、参数控制方面需进行针对性调整。为应对这一问题，盾构机穿越软硬不均地段以硬岩的强度来进行刀具配置，掘进过程中根据隧道顶部地质情况选择合适土压力。穿越软硬不均地段盾构姿态易上抬，为保持正确的掘进线路，合理控制上下千斤顶的推进油压，加大发泡剂比例，改善土体的流动性和土仓的温度，减小刀具磨损。掘进时应以盾构机进尺来控制出土量，同时保证盾尾回填注浆，防止盾构超挖。

（4）大盾构切削C40混凝土管片，对刀具要求高，盾构掘进时需减小刀具磨损和换刀次数。为此，小盾构管片和刀盘根据相对位置优化刀具配置，盾构机采用加强型刀具，提高切削效率。由于边缘滚刀承受最大的破岩压力，盾构机选用重型破岩刀具。盾构机采用低转速，以减少滚刀与岩土分界面的冲击。

3.6.3 大直径盾构扩挖施工方案

1）施工特点

（1）模型试验和数值模拟探路。在实验室模拟盾构掘进过程，对新工艺中采用的新型材料、新工况进行模拟，指导现场施工。

（2）避免盾构机长时间停机，缩短整体工期。小盾构先行通过新增车站，继续后续掘进任务，并同步进行竖井开挖，既减少了盾构停机时间，缩短了竖井对总工期的影响，可大大地节约工期，又可以减少大型设备闲置的费用。

（3）安全可靠，施工效率高。采用盾构机完成车站施工，相比暗挖和明挖工法，安全性能高，施工效率有保障。

2）适用范围

本技术适用于新增车站方案稳定滞后，车站地面环境和地质条件差，整体工期紧和既有车站改造不适宜工期时间长，车站可如期提供始发条件的情况。

3）施工工艺流程

大直径盾构扩挖施工工艺流程如图 3-59 所示。

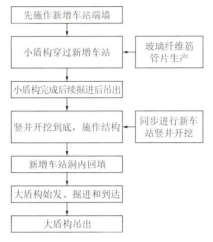

图 3-59　大直径盾构扩挖施工工艺流程图

3.6.4　盾构始发前施工准备

（1）玻璃纤维筋管片

小直径盾构在车站区段内采用玻璃纤维筋管片，如图 3-60 所示。该段正常设计管片混凝土强度等级为 C50，为减小与周边强风化砂岩的强度差值，同时考虑到玻璃纤维筋管片仅作为临时结构，经验算，本段采用 C40 混凝土，混凝土抗渗等级为 P12。环向受拉主筋采用等直径的玻璃纤维筋替换；同时考虑统一玻璃纤维筋直径类型，纵向受拉钢筋采用直径 22mm 的玻璃纤维筋替换钢筋，内外侧主筋采用双排直径 14mm U 形钢筋连接；分布筋采用直径 12mm 的玻璃纤维筋替换钢筋，内外侧分布筋采用直径 12mm U 形钢筋连接；环向受拉玻璃纤维筋与钢筋、玻璃纤维筋与玻璃纤维筋之间的搭接应采用 U 形钢筋两端绑扎固定。管片环纵环缝采用弯螺栓连接，为方便后续拆除和管片稳定，螺栓采用较小规格级别（正常为 M30），包括 16 个 M24 级环向、12 个 M24 纵向弯螺栓。

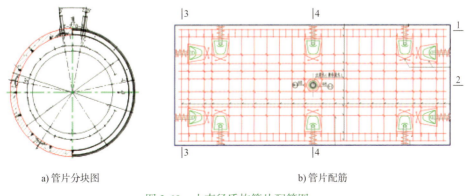

a) 管片分块图　　　　　　　　　　b) 管片配筋

图 3-60　小直径盾构管片配筋图

（2）小断面隧道回填

嶂背站小断面盾构隧道回填采取分层分段的方式进行，回填材料选用流动性较好的C15混凝土。回填分3层进行，第一层回填至隧底以上1.5m处，第二层回填至隧底以上4m处，第三层回填至隧底顶部。一层回填不分段，一次浇筑到位；第二、三层回填采取分段形式进行，整个回填区间分为4段回填，每段长约33环（50m）。回填前拆除管片螺栓，回填一段拆除一段。

地泵布置在小里程地面，从地面使用地质钻机开一个直径325mm的孔，孔内埋设一根钢管作为混凝土输送泵管下管通道。回填前将泵管通过钻孔连接至隧道内，钻孔位置泵管采用焊接连接，混凝土从搅拌站运送至小里程井后，通过地泵将混凝土泵送至回填处。现场布置如图3-61所示。

隧道回填前，首先将隧道10点位安装的走道板及支架往上抬高至11点位（图3-62），支架腿采用ϕ16mm钢筋焊接延长支撑在管片上，同时将回填范围内的水管、轨道、电缆线等杂物清理干净。

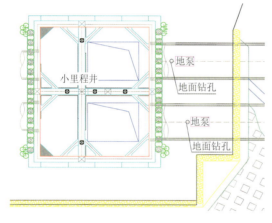

图3-61　现场布置图

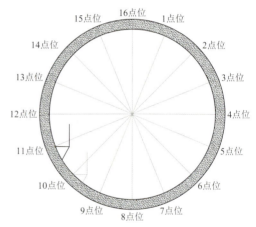

图3-62　泵管布置图

第一层回填进行前，将走道板及泵管先按照图3-63所示预铺设到位，然后在回填范围两端用标准红砖砌筑两堵49墙作为回填时的封堵墙，墙高1.5m。

第一层从大里程端（左线592环、右线583环）开始回填，每隔20m设置一个浇筑点，边回填边拆除泵管，直至回填到小里程端墙处（左线723环、右线714环），第一次回填1.5m高，至走道板支架下方（图3-64）。第一层回填总方量为1200m³。第一层混凝土回填断面如图3-64所示，现场施工情况如图3-65所示。

图3-63　砌筑封堵墙

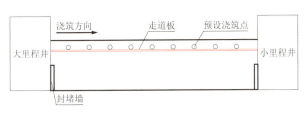

图 3-64　第一层回填纵断面图　　　　　图 3-65　第一层混凝土回填

第二层回填在第一层回填混凝土终凝后进行，先将第一层回填时布置的走道板及支架全部拆除。将大里程端的封堵墙加高至 4m，同时在左线 625 环、右线 616 环位置砌筑一道 49 封堵墙，待墙体达到一定强度后，进行第二层第一段的回填，泵管料口放在左线 625 环、右线 616 环封堵墙上方。

后续三段依照第一段回填方式进行，封堵墙位置依次设置在左线 658 环、691 环、723 环，右线 649 环、682 环、714 环（图 3-66）。每段回填方量约 700m³，第二层回填总量约 2800m³（图 3-67）。

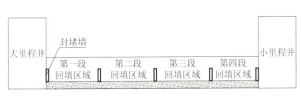

图 3-66　第二层回填纵断面图　　　　　图 3-67　第二层混凝土回填

第三层回填分段方式同第二层回填，第三层回填在每段隧道顶部预留一个直径 100mm 的排气孔，在回填至排气孔位置后将排气孔封堵。在每段回填至泵管高度后，在泵管前安装一根长 20m 的软管，将软管伸至每段回填位置中部，确保顶部回填密实。第三层第四段回填料直接通过地面钻孔下料回填（图 3-68）。每段回填方量约 400m³，第二层回填总量约 1600m³（图 3-69）。

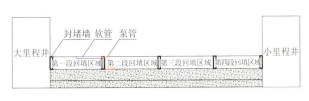

图 3-68　第三层回填纵断面图　　　　　图 3-69　第三层混凝土回填

(3) 小直径盾构线路调整

由于大小直径盾构的线路中心未完全重合，部分小直径盾构管片未在大直径盾构刀盘切削范围内，掘进过程中会加剧对地层的扰动，且管片堆积后，会形成孤石效应，需将小直径盾构线路调整后在大直径盾构刀盘切削范围内（图3-70），扩挖施工时理论上可将小直径盾构管片整体切削。

在靠近竖井的小盾构隧道范围内，平面上调整46cm（0.88cm/环），使大直径盾构刀盘能整体切削小直径盾构管片，保留约30cm的富余量，减小管片扭转移位和对周边地层的扰动范围。

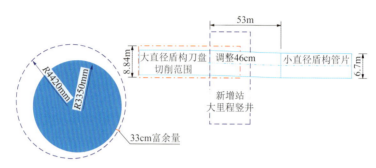

图3-70 线形调整示意图

(4) 渣土运输通道改造

嶂背站受始发井口尺寸影响，盾构机只能采取大分体始发方式始发，并且地面场地有限，只能沿用原有小直径盾构隧道作为渣土运输通道。然而由于大小直径盾构中心线偏差过大，导致在连接桥吊装下井后，无法满足电瓶车通行要求，而盾体与连接桥偏角也不能过大，否则连接桥无法与盾构机进行有效连接，连接桥上皮带无法运转。

在考虑各种影响条件后，本工程决定对小直径盾构隧道电瓶车轨道进行提升，然后将电瓶车轨道向大直径盾构中心靠拢，减小大小直径盾构中心线的偏差，在满足连接桥皮带正常运转的情况下，使得电瓶车也能正常通行，具体调整如图3-71、图3-72所示。

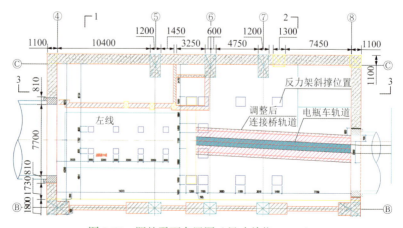

图3-71 调整平面布置图（尺寸单位：mm）

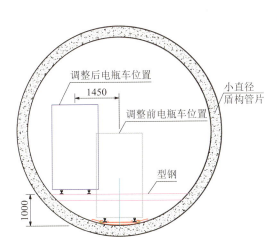

图 3-72 电瓶车轨道抬升（尺寸单位：mm）

3.6.5 盾构设备改造

（1）皮带延伸架

在分体始发掘进的过程中，皮带架安装在设备桥尾部，此时编组土箱数太少，每环掘进编组数多，为保证掘进效率以及日掘进环数，需要增加编组土箱数量，从而降低每环编组数，减少因为进出车而耽误的时间，所以在设备桥尾部增加两节空台车，将皮带架延伸。

两节空台车由小直径盾构 6、7 号台车改造而成，盾体与连接桥掘进至 7 环后，将 6、7 号台车下放至吊井下，在两节台车上安装皮带架以及滚筒，调整皮带架位置，安装皮带张紧轮及张紧油缸，与设备桥连接。

此时每个编组的土箱数至少为 3 个，进车次数为 2 次，即推完一环只需要 2 个编组，与之前需要 3 或 4 个编组相比提高了掘进效率。

（2）注浆设备

分体始发过程中，由于砂浆罐位于 1 号台车，故分体始发时无法使用砂浆罐和注浆泵进行同步注浆，并且设备桥右侧所配套的二次注浆泵损坏无法使用，需要对注浆系统进行改造，以达到同步注浆的目的。

（3）拼装机吸盘

拼装机配套吸盘为 1.6m 宽，由于管片宽度为 1.5m，则需要对吸盘进行改造处理，满足 1.5m 宽管片的使用需求。

3.6.6 盾构始发掘进接收方案

1）始发阶段

由于大小断面隧道偏心及始发井口尺寸影响，因此大直径盾构分体始发分为四阶段进行（图 3-73）。

第一阶段：竖井内放置盾体和连接桥，小断面隧道电瓶车轨道抬高1m，电瓶车向大直径盾构中线方向偏移1.45m，连接桥尾端偏移0.85m，保证电瓶车运输通道，前面两环出土采用小土斗从螺旋输送机口出渣，通过在电瓶车管片小车上放置3个小土斗运输至井口出渣。

第二阶段：待连接桥尾部有一定位置后，在连接桥尾部加装出土口及皮带主驱动，然后改用1个大土斗从连接桥尾部出渣，电瓶车采用两个小编组运行（2个土斗＋1个机头）。

第三阶段：待盾构机向前掘进23m（即拼装完成10环）后，将两节皮带延伸架从小井口吊装下井，电瓶车采用两个小编组运行（1个浆车＋3个土斗＋1个机头/2个板车＋3个土斗＋1个机头）。

第四阶段：待掘进至50环后进行负环拆除和1~5号台车下井，盾构机进行整体始发，电瓶车采用两个整编组运行（2个板车＋1个浆车＋4个土斗＋1个机头）。

图3-73 盾构机下井安装

2）掘进阶段

（1）掘进参数

①0~117环（强风化砂岩、强风化碳质页岩，C40玻璃纤维筋管片，C15混凝土）

a. 盾构掘进推力：10000~22000kN。

b. 土仓压力：0.1~0.5bar（1bar=0.1MPa）。

c. 推进速度：贯入度在5~10mm/r，掘进速度控制在15~30mm/min。

d. 出土量：112~120m³/环。

e. 注浆压力：1.0~4.0MPa。

f. 刀盘最大扭矩：4000kN·m。

g. 刀盘转速：1.5~1.8r/min。

②118~133环（土状强风化砂岩、C40玻璃纤维筋管片、C15混凝土）

a. 盾构掘进推力：10000~16000kN。

b. 土仓压力：0.1~0.5bar。

c. 推进速度：贯入度为5~10mm/r，掘进速度控制在5~15mm/min。

d. 出土量：114~116m³/环。

e. 注浆压力：1.0~4.0MPa。

f. 刀盘最大扭矩：3500kN·m。

g. 刀盘转速：1.7~1.8r/min。

③参数分析

盾构始发至50环左右时，刀盘掘进范围内地层大部分为回填的C15混凝土，因此盾构机的推力和刀盘的扭矩都比掘进原地层更大，渣土改良也主要是对混凝土的改良，泡沫系统采取半自动的方式，原液比例设置为3%，膨胀率调为10%，流量调为250L/min，在掘进过程中，根据螺旋输送机口出渣情况适当地上下调整泡沫的流量。

盾构掘进至51~65环时，除了硬度较高的回填混凝土，掘进地层下方位置出现了微风化灰岩及微风化砂岩这些强度较高的硬岩，因此在掘进过程中，为防止刀盘过度磨损，泡沫原液比例调整为5%~10%。从掘进参数可以发现，提高泡沫原液比例对于刀盘的保护效果较好，在地层硬度增加的情况下，盾构掘进推力、刀盘扭矩反而小于0~50环。

（2）同步注浆

首先，重新安装二次注浆泵当作同步注浆泵使用，测试注浆泵能否正常使用；拉注浆管路从泵口到盾尾，检查注浆管路是否堵塞，并对堵塞的管路进行更换等。将设备桥配套的二次注浆罐用作砂浆罐，需要对二次注浆罐下料口进行修改并接入新的二次注浆泵。

完成后通过向盾尾注入水，测试注入速度、压力等情况，满足使用条件后再开始在推进过程中进行同步注浆。

（3）管片拼装

与传统的管片拼装机相比，大直径盾构采用拼装方式更加优良的真空吸盘拼装机，并且在管片拼装安全控制上，改进了原真空吸盘管片抓举，即在原真空吸盘的基础上，优化了吸附面积比，提高了管片抓举力，间接提高了管片拼装效率，如图3-74所示。

图3-74 真空吸盘拼装

（4）渣土

与正常地层掘进出渣相比，大直径盾构扩挖渣土较为复杂，在掘进中通过观察皮带输送机上渣土可发现存在大量切断的小直径盾构玻璃纤维筋管片中的小直径钢筋，小直径钢筋经过刀盘反复切磨后挤压成团并通过螺旋输送机排出土仓。而玻璃纤维筋管片中的玻璃纤维筋则切削得较为完整，排出土仓时基本呈碎屑状，偶尔会有10～20cm长的玻璃纤维筋排出，如图3-75所示。

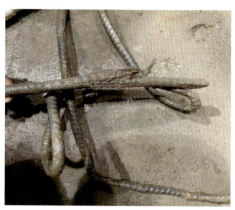

图3-75　渣土中的石块、钢筋及玻璃纤维筋

（5）开仓

由于小直径盾构玻璃纤维筋管片中的小直径钢筋的存在，在掘进一段距离后，大量未切断的小直径钢筋会缠绕在刀盘上，使得刀具切削能力变差。在掘进过程中，盾构机推挤力及扭矩显著增大，同时出土量会明显变多。在正常情况下，一环（1.5m）的掘进距离出土量在7斗左右，在刀盘上缠绕的钢筋量变多的情况下，出渣量将达到8斗左右，超方量较为严重。在出现推力、扭矩、出土量异常增加等情况时，表示需要开仓人工清理刀盘上的钢筋。

大直径盾构开挖直径为8.84m，小直径盾构管片外径为6.7m，掌子面大部分为回填的C15混凝土及管片，掌子面较为稳定，风险较小。通常情况下，开仓方式一般采用常压开仓。嶂背站单线共133环，累计开仓次数为5次，平均每掘进25环开仓清理一次刀盘上的钢筋，如图3-76所示。

图3-76　刀盘缠绕钢筋

3）接收阶段

大直径盾构扩挖接收与普通盾构接收的区别在于大直径盾构接收洞门没有完整的围护结构；小直径盾构先行通过围护结构后，将完整的围护结构切割成为上下两部分。而后续拼装的管片与原地层之间的黏结性较差，在大直径盾构向前推进的过程中，太大的推力及较快的掘进速度将导致小直径盾构管片无法得到充分的切削，会被慢慢顶出原有位置，直至掉落至底板。

因此盾构机最后出洞前，盾构掘进应适当减小推力、降低速度，控制刀盘扭矩，避免刀盘前方管片被顶出洞门，如图 3-77 所示。

图 3-77 顶出洞门但未切削完全的管片

3.6.7 施工总结

（1）大盾构管片对于拼装及注浆要求较高，在始发盾体未完全进入土体及接收盾体将要脱离土体时，由于管片壁后无法及时进行注浆，管片易发生掉落产生错台，在始发及接收阶段需采取加强管片螺栓复紧、管片拉结、同步注浆饱满等措施预防错台的产生，如图 3-78 所示。

图 3-78 管片复紧及管片拉结

（2）玻璃纤维筋管片中的钢筋易缠绕在刀盘上影响盾构掘进，根据盾构机在嶂背站掘进情况分析，在软弱不均的地层每隔 25 环左右需开仓清理一次刀盘上钢筋。而在原地层强度与管片强度相近的情况下，管片中的钢筋能得到比较完全的切削，刀盘上缠绕钢筋数量将会有一定的减少，开仓清理次数会变少，如图 3-79 所示。

图 3-79　钢筋清理

（3）在扩挖掘进过程中，玻璃纤维筋管片对刀具磨损量较小，在掘进中未发生刀圈脱落、刀具偏磨严重现象，正常配置刀具可满足掘进需求。

（4）盾构接收阶段需加强管片内部回填饱满程度，对于含水率较高地层需加强端头加固质量，在最后 5 环左右掘进时，管片将被顶出洞门，需采取一定措施对小盾构管片进行支撑，如图 3-80 所示，防止管片被顶出，否则在含水率较高地层易发生涌水涌泥现象。

图 3-80　管片支撑

第 4 章

场、段施工关键技术

4.1 超大地下停车场施工关键技术

4.1.1 工程概况

1）地理位置

福新停车场位于深圳市中心公园内,北侧为深南大道,南侧为滨河大道,东临福田路,西临皇岗路,工程位置如图 4-1 所示。

图 4-1 福新停车场工程位置示意图

2）设计概况

（1）基坑设计概况

福新停车场最宽 173.95m,总长 984.07m,基坑面积 10.7 万 m²,开挖深度 13.0～14.30m,为地下一层（局部两层）结构。基坑围护结构采用 $\phi 1000mm@800mm$ 钻孔咬合桩。咽喉区第一道及第二道支撑 111～121 轴均采用钢筋混凝土支撑,其他区域采用钢支撑;车库区采用先行施工基坑周围环板及预留环板反压土支撑形式。

停车场主要工程数量见表 4-1。

停车场主要工程数量表　　　　　　　　表 4-1

站点	施工内容	分项工程	单位	工程量
福新（原公园南）停车场	主体工程	土石方开挖	m³	1540175.2
		主体混凝土	m³	328554.0
		围护混凝土	m³	63165.2
		用钢量	t	80269
		结构柱	根	1247
		咬合桩	根	2882
		抗拔桩	根	1616

（2）工程地质

停车场上覆第四系全新统人工素填土，第四系全新统冲洪积淤泥质黏性土、粉质黏土、粉细砂、粗砂、残积砾质黏性土；下伏燕山期花岗岩，全风化～中等风化。工程地质断面如图 4-2 所示。

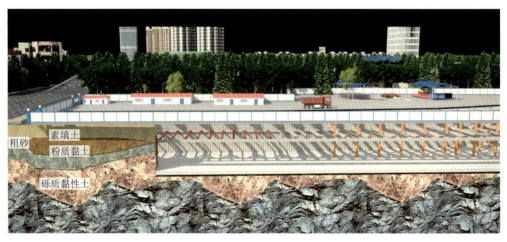

图 4-2　工程地质断面图

（3）水文地质

地下水类型主要为第四系松散岩类孔隙水和基岩裂隙水，砂层为主要含水层，透水性强，含水丰富。地下水对混凝土具中等腐蚀性。

（4）周边环境

①周边道路、交通及建（构）筑物状况

停车场位于深圳市福田区中心公园的绿地内。停车场东侧为福田河，停车场南侧为滨河皇岗立交匝道，西侧为田面 110kV 变电站，北侧为既有 1 号线区间隧道。具体如图 4-3 所示。

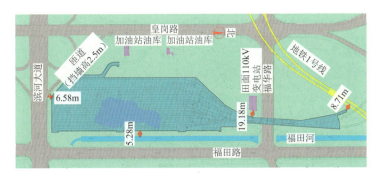

图 4-3　福新停车场周边建（构）筑物平面示意图

②地下管线

停车场主体围护结构两侧有电力、雨水、给水等地下管线，走向与围护结构平行埋设，现状管线平面如图 4-4 所示。

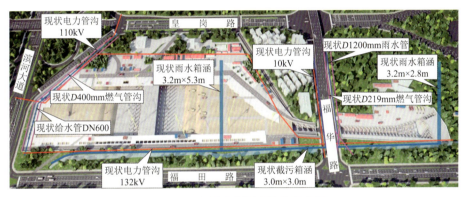

图 4-4　基坑周边范围内管线分布图

（5）工程重难点

①工程体量大、施工组织难度大、文明施工要求高

停车场基坑开挖土方量达 154 万 m^3，但工程现场周边环境复杂，地下管线种类多、工程体量大。安全文明施工、环境保护、噪声控制要求高，地处市中心区繁华地段，外界关注度高等因素均增加了施工组织难度。

②土方外运能力要求高

停车场距离最近的卸土点每天卸土能力仅 4000m^3，卸土点需排队卸土，分摊到停车场每天卸土能力不足 2000m^3，当现场工作面全开时不能满足现场土方外运需求，现场施工进度受到严重制约。

4.1.2　施工方案优化

1）支撑体系优化

（1）项目面临挑战

停车场建设规模越来越大，基坑支护采用传统混凝土支撑体系时，支撑体系密集、立柱多、土方开挖空间有限、功效低,且后期支撑拆除与主体结构施工交叉进行制约了施工进度。

(2)解决方案

停车场第一道支撑采用环板支撑体系,基坑中间无支撑体系,大型机械直接进入坑内作业,与其他内支撑相比,土方开挖的费用工期可减少一半;同时提供了作业空间,便于地下施工,材料的吊运不受限制。环板支撑体系如图4-5所示。

图4-5 环板支撑体系

2)地下空间再利用优化

(1)项目面临挑战

传统的停车场建设模式用地往往达十几公顷,其城市空间形态类似大型厂区,具有占地面积大、建筑密度较小、用地强度低等特征,与日益紧缺的城市土地资源产生难以调和的矛盾,是制约地铁建设的重要因素。

(2)解决方案

福新停车场采用城市中心繁华区域全地下停车场+恢复公园绿地建设模式(图4-6),停车场设置在中心公园地下空间内,后期需要对公园进行还建,复绿高品质公园。

①全地下停车场+恢复城市景观(国际友城公园)建设模式,将地下停车场与城市整体规划结合、集约利用土地资源,优化城市布局并改变停车场周边环境。

②地下停车场人防、停车场各系统的接口与地下空间的综合利用,优化资源做好平战结合,节约建设投资。

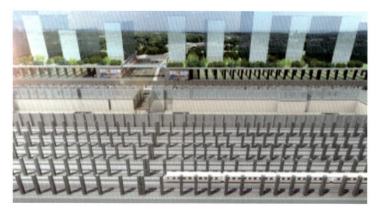

图 4-6

a)   b)

图 4-6　全地下停车场＋恢复公园绿地建设效果图

3）底板回填施工设计优化

（1）项目面临挑战

福新停车场设备及管理用房区、运用库区及消防车道等共计回填面积约 55000m²。回填材料采用级配碎石，厚度 400mm，采用人工配合机械夯实。停车场轨道柱共计 9644 根，轨道支撑柱间距离为 2.1～2.9m，空间狭小，不便于材料的运输，且碎石需摊铺及分层压实，受柱空间限制，无法采用大型设备进行压实。按上述方案施工工期需要 5 个月（施工进度为 150m³/d），不满足停车场工区站后工程移交策划需求。

（2）解决方案

底板回填采用预拌流态固化土填筑施工，流态固化土采用粒径不超过 2cm 的优质黏土，加入固化剂和水，搅拌成具有一定流动性的混合料，通过浇筑和养护，硬化后形成具有强度的固化土。

（3）经济效益

固化土浇筑流距大、自密实，无须人工振捣，施工效率高、速度快。施工工期需要 1 个月（施工进度为 1000m³/d），相比原设计方案可节约工期 4 个月。底板固化土回填及强度检测报告如图 4-7、图 4-8 所示。

图 4-7　底板固化土回填

图 4-8　固化土强度检测报告

4）抗拔桩施工设计优化

（1）项目面临挑战

福新停车场抗拔桩1616根，中心岛区域抗拔桩845根。设计方案为从基坑底施作，需围护结构封闭，基坑降水达到设计要求，基坑开挖至基底预留土时才能开始施工，抗拔桩施工后混凝土需要达到龄期要求才能进行检测。基坑内需同时进行主体结构、抗拔桩、土方开挖施工，工序干扰大，工效低。

（2）解决方案

通过与从地面施工方案对比，项目发现从地面施工的方案优势明显，估算造价增加73万元，但工期可减少3个月。

5）土方开挖施工设计优化

停车场76~91/A~G轴为地下一层结构，围护结构采用1000mm×1000mm冠梁+两道800mm×1000mm混凝土支撑形式。混凝土支撑形成支撑前需硬化周期，施工完成后还需拆除，不利于加快进度施工。现场结合环板支撑下预留反压土监测数据及周边环境，经过设计复核验算后，取消第二道混凝土支撑，采用预留反压土支护形式。设备直接进入坑内进行土方挖运，节约工期20d，保证了施工进度。

4.1.3 施工方案及策划

1）总体施工方案

A区开挖方案：车库区土方采用中心岛盆式开挖，横向由基坑中间38轴向两侧分南北区两个工作面整体推进。竖向分层分台阶整体退挖，竖向沿基坑两侧设运输马道，泥头车直接开到基坑开挖面装土外运。

基坑分为顶板以上开挖和顶板以下开挖，顶板以上沿基坑四周分区分段依次先拉槽放坡开挖至第一道冠梁、第二道冠梁、基坑周围环板支撑底以下1.5m位置，随开挖高度紧跟施工第一道冠梁、第二道冠梁、基坑周围环板支撑。在基坑四周环板支撑施工完成后，进行中心岛区域范围的基坑开挖及结构施工，待中心岛结构与基坑周围环板形成对撑后进行周围环板下盖挖结构施工。

B区开挖方案：因B区为常规单层明挖基坑，不进行详细描述。

2）施工步骤

A区施工步骤见表4-2。

A区施工步骤　　　　　　　表4-2

施工步骤	施工说明	半断面示意图
第一步	1. 进行场地平整、围蔽等准备工作。 2. 施作围护结构、冠梁及冠梁上的挡板、抗拔桩、格构柱、降水井等。 3. 进行预降水	

续上表

施工步骤	施工说明	半断面示意图
第二步	1. 明挖法进行基坑开挖，同时降水。 2. 开挖至基坑周围环板支撑以下1.5m，施作环板支撑	
第三步	1. 先行施作环板支撑，然后开挖中心岛土方。 2. 开挖顺序为从基坑中部向、北两端同时进行，采用台阶分层的开挖方式，竖向分两层全宽范围开挖，通过设于两侧的马道出土，顺序施工开挖形成流水作业。 3. 施作中心岛底板、立柱及顶板混凝土	
第四步	1. 顶板与中心岛形成对撑混凝土，混凝土达到设计强度后，放坡开挖盖挖段预留反压土。 2. 边坡喷浆加固。 3. 施作底板、立柱混凝土	

3）围护结构桩基础施工

（1）桩基础施工设备选型

停车场桩基工程体量大、工期紧，能否快速有序完成围护结构实现基坑封闭并进行基坑土方开挖、结构施工是项目成败的关键。根据项目桩基结构工程特点，现场配置国内先进的旋挖钻机进行围护结构咬合桩、抗拔桩、降水井施工，可实现咬合桩快速钻孔成孔，较大程度实现了机械化施工。桩基础施工设备选型对比如表4-3所示。

桩基础施工设备选型对比表　　　表4-3

围护结构	设备名称	进尺速度	优点	缺点
钻孔咬合桩 ϕ1000mm	旋挖钻 （XR360）	素桩2h/(根·机) 荤桩3.5h/(根·机)	1. 施工速度快、效率高。 2. 移动方便	1. 自重大场地要求高。 2. 软土地层孔壁护壁差
	全套管全回旋钻机	素桩2d/(根·机) 一般地层钻进1m/h	1. 成孔质量高。 2. 采用管内灌注混凝土，桩基缩颈鼓包现象减少，有效控制了桩身质量	1. 施工效率低。 2. 机身自重大、吊装风险大

（2）围护结构桩基础施工策划

车库区咬合桩及抗拔桩的施工，以横跨41轴便道将整体分为南北2个施工区域。2个桩基班组分别往南北两端组织施工，每个班组配置旋挖设备8套，咬合桩进度指标为7根/(d·机)，抗拔桩进度指标为3根/(d·机)。围护结构桩基础施工组织如图4-9所示。

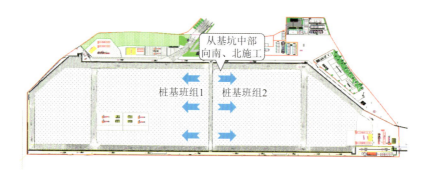

图 4-9　围护结构桩基础施工组织图

（3）围护结构桩基础施工场地布置

停车场东邻福田河，西侧箱涵改迁与主体围护结构共围护，整个围护结构施工期间场地利用率不高。施工便道沿围护结构内环向布置，宽 8～10m，横向布置 3 条横跨基坑便道，将基坑整体分为 4 个区域，每一区域内配置移动式泥浆箱，随施工需要进行移动放置使用，围护桩及抗拔桩施工产生的渣土采用集中渣土坑集中外运，钢筋笼采用平板车运送，以满足围护结构的施工要求。围护结构桩基础施工场地布置如图 4-10 所示。

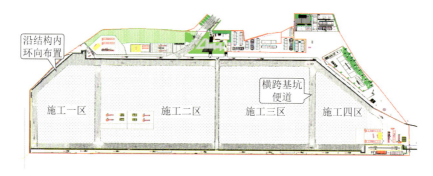

图 4-10　围护结构桩基础施工场布图

4）环板支撑施工

（1）环板支撑施工组织

环板施工由东西两侧中部分别向南、北两个方向同步施工。环板采用矮支架法施工，模板支架采用盘扣式钢管支架 + 18mm 厚黑漆竹胶合板模板。单个作业段施工顺序：施工准备→土方开挖至设计高程→冠梁施工→支架基础垫层施工→支架体系搭设→环板模板安装及加固→钢筋绑扎→混凝土浇筑→混凝土养护→下一段施工。

（2）环板支撑土方开挖

首先沿基坑四周拉槽开挖至第一道冠梁（冠梁Ⅰ）底，破除咬合桩桩头，施工第一道冠梁。然后放坡开挖至第二道冠梁（冠梁Ⅱ）底，施工第二道冠梁。继续向下整层开挖至顶板底以下 1.5m 位置，采用矮支架施工环板支撑。环板支撑放坡开挖如图 4-11 所示。

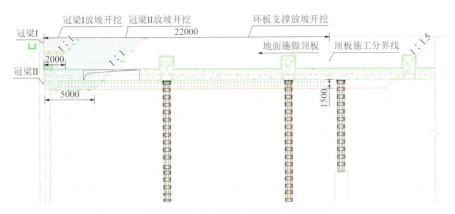

图 4-11　环板支撑放坡开挖示意图（尺寸单位：mm）

（3）桩基桩头快速破除

停车场围护结构咬合桩、抗浮结构抗拔桩设计近 5000 根，数量巨大。采用桩头快速破除处理方法，对工程的施工进度和成本控制有着重要影响。现场根据以往施工经验，采用桩头钢筋套管隔离、桩头保护层剥离、膨胀剂挤压截断、吊车整体吊离等施工技术，安全、经济、高效地完成了桩头破除工作。桩基桩头快速破除工艺流程如图 4-12 所示。

①安装隔离套管

隔离套管作为包裹钢筋的材料，要有一定的厚度。本工程中选用泡沫管作为保护套管，套管在钢筋笼加工制作好后在钢筋加工场直接安装。套管底部和顶部均使用扎丝绑扎紧固，使其与钢筋裹紧，防止渗进水泥浆，使桩头不易脱落。钢筋笼锚固主筋隔离如图 4-13 所示。

②桩头分离吊装

凿除桩头高程位置使用风镐将混凝土保护层剥除一圈高约 5cm 的环带，至露出外围主筋为止。沿环带在桩周围均匀布眼打孔，将配制好的破碎剂注入孔内并封堵，通过化学反应，桩头混凝土产生裂缝并断开。用挖机小幅度晃动桩头，采用塔式起重机将桩头混凝土整体吊离。桩头整体分离如图 4-14 所示。

图 4-12　工艺流程图

图 4-13　钢筋笼锚固主筋隔离

图 4-14　桩头整体分离

（4）环板支撑施工

①模板支架搭设

环板采用矮支架法施工，克服了传统"地模"造成的混凝土表面缺陷问题。模板支架采用承插型盘扣式钢管支架+18mm厚黑漆竹胶合板模板。承插型盘扣式钢管支架操作简便，工效高，支架搭设灵活多变。环板支撑矮支架施工如图4-15所示。

图4-15　环板支撑矮支架施工

②盖挖法墙柱节点施工

盖挖顶板矮边墙模板采用15cm厚竹胶板，为了方便矮边墙下部施工，在墙角下做成800mm×300mm的倒三角。下方用方木和模板进行加固。腋角侧墙施工时在腋角预埋ϕ200mm的PVC管，作为后期侧墙混凝土浇筑的进料口。

盖挖顶板矮支架模板搭设时，结构柱位置向下预留深度400mm的凹槽，预留凹槽下部200mm回填中砂后用砂浆抹平将结构混凝土进行隔离。开挖过程中中砂自然脱落漏出柱接茬。盖挖环板预留柱及矮边墙节点施工如图4-16、图4-17所示。

图4-16　盖挖环板预留柱节点施工

图 4-17　盖挖环板矮边墙节点施工

③环板混凝土浇筑

福新停车场结构长 987.66m，宽 175.28m，将停车场超长超宽混凝土块体划分为较小浇筑"仓块"，按"品"字形顺序浇筑，再按倒"品"字形顺序完成封仓。相邻两仓位间隔浇筑时间不小于 42d，以保证结构温度收缩应力得以释放，有效控制由水化热和收缩引起的温度收缩裂缝。

5）中心岛结构施工

车库区中心岛土方开挖至基底后，开始中心岛主体结构施工，两个主体作业队伍以基坑中间 38 轴分为南北两个区。每个队伍各类工种共计 300 人，配有铝合金模板支架体系 8 套。底板整体由中间向两侧逐步完成结构施工，然后施工结构柱及顶板，顶板封闭完成形成支撑体系后，采用盖挖法进行反压土开挖及侧墙施工。

（1）中心岛结构施工场地布置

主体阶段施工由于场地体量大，基坑范围内设置 10 台塔式起重机以满足结构内大量材料的吊运，同时由于场地面积大，限制小，考虑将钢筋成品堆放场、材料堆放场、模板支架堆放场等场地进行多处设置，尽量减少塔式起重机转运次数，提高施工效率。

（2）基坑土方开挖

基坑开挖采用钢板组合铺设上下基坑马道（图4-18），较施作传统钢筋混凝土作为行车载体具有拆装便捷、灵活铺设运用、成本投入低、重复利用等优势。泥头车通过设置马道直接下基坑到开挖面装土外运，可以加快挖土和运土的速度，具有安全可靠、方便施工、施工工期短等优点，是土方施工的优选方法。

图 4-18　钢板组合铺设上下基坑马道

（3）底板模板施工

传统停车场腋角施工采用木胶合板和方木背楞为主模板支撑方式，存在施工效率低、质量安全难以控制等缺点。福新停车场底板腋角部位采用组合钢模板施工，钢膜顶部设置保护层定位槽钢，保护层大小控制精确，施工方便，操作简单。大大提高了施工效率，可防止混凝土浇筑时发生爆模。腋角部位组合钢模施工如图4-19所示。

图4-19 腋角部位组合钢模施工

（4）结构柱模板施工

福新停车场结构柱采用定型钢模板。立柱定型钢模板可灵活组装，装拆方便，组装快，刚度大，尺寸精度高，接缝严密，表面光洁，可组合拼装成大块，实现机械化施工，极大提升施工效率，减少结构柱混凝土的涨模现象，而且保证了立柱施工及工艺质量。结构柱定型钢模施工如图4-20所示。

图4-20 结构柱钢模施工

（5）中隔墙模板施工

目前市场上应用最广泛的是木模板，但其存在成型质量差、易错台和鼓胀，且倒用两次后变形及损耗大的问题，逐渐被新材料取代。组合型钢模板自重大、吊装工效低，施工搬运不便；复合材料模板（纤维热塑性复合材料）自重轻、强度高、易拆装、防水耐腐周转次数高，经过模板材料比选，福新停车场中隔墙施工采用复合材料模板。

中隔墙模板选用尺寸为 800mm×1800mm 的墙体模板,单块模板质量为 21.6kg,可由人工搬运安装。模板采用 L80 连接手柄,旋转手柄 90°进行模板间连接和拆卸。模板中间预留对拉螺栓加固孔洞,墙体模板拼接完成后采用对拉螺杆进行加固。复合材料模板安装如图 4-21 所示。

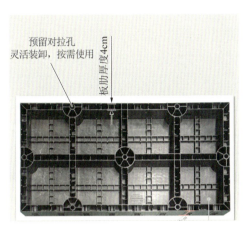

图 4-21 塑料(复合材料)模板安装

(6)顶板支架施工

结构顶板厚 1000mm,高支模支架采用模块化、构件少、搭拆快捷的承插型盘扣式钢管支架,节省了搭建和拆除的时间,且高承载力的盘扣架搭设密度远低于传统架,节约了钢管用量,并有效降低了施工成本及各项配套费。承插型盘扣式钢管支架施工如图 4-22 所示。

图 4-22 承插型盘扣式钢管支架施工

(7)盖挖侧墙模板与支架

侧模安装采用自动行走大块定型不锈钢模板,全高由基准板和调节模板组成。模板加固方式为内侧采用三角支架 + ϕ28mm 拉杆地脚螺栓。侧墙不锈钢模板施工如图 4-23

所示。

图 4-23　侧墙不锈钢模板施工

4.1.4　施工技术创新

1）防超灌智能提醒仪

（1）现状分析及调研

模板停车场围护结构桩基础数量庞大，整个项目设计ϕ1200mm钻孔灌注桩近1616根。桩顶高程采用传统人工测绳及施工经验判断，普遍存在超灌和出桩不齐现象，造成混凝土浪费、施工效率低下，影响工程进度。选择经济快速的处理方法合理控制超灌高度，对本项目的施工进度和项目成本有着重要意义。

（2）防超灌智能提醒仪简介

防超灌智能提醒仪通过传感器检测周边环境水泥浆和不同强度等级的集料的密度精准控制桩顶高程。超灌仪实施流程图如图4-24所示。

图 4-24　防超灌智能提醒仪实施流程图

（3）防超灌智能提醒仪可视化管理

现场设备通过智能传感器实时掌控灌注桩进度及浇筑质量，云平台通过现场传输的数据进行统计、分析、整理，并将数据发送至手机。管理人员通过手机实时掌握工程进度及施工质量。超灌仪可视化管理如图4-25所示。

图 4-25 防超灌智能提醒仪可视化管理

（4）经济效益

桩基础可通过防超灌智能提醒仪有效判断混凝土设计高程，减少混凝土的浪费和对超灌混凝土的处理，共计节约成本 120 万元。

2）施工缝缓凝剂施工

（1）现状分析及调研

混凝土结构施工缝处理一直以来都是困扰工程技术人员的一个难题，也是对施工进度制约较多、施工质量难以控制的部位，是质量"通病"多发部位和施工的薄弱环节。

福新停车场混凝土约 40 万 m^3，用钢量 8 万 t，工程规模大，施工缝数量多。能否做到对施工缝凿毛快速处理，将对项目的快速推进和质量控制起到至关重要的作用。

（2）混凝土缓凝剂的推广使用

混凝土缓凝剂为无色胶体状，涂刷于施工缝模板面或直接涂刷在需要毛糙面的混凝土表面上，在一定时间内阻止混凝土的凝固，不会降低混凝土的远期强度。待混凝土达到初凝状态时用水枪即可冲洗出集料面层。施工缝缓凝剂施工如图 4-26 所示。

图 4-26 施工缝缓凝剂施工

（3）经济效益

混凝土缓凝剂的使用具有诸多优点，包括凿毛构造深度均匀、新旧混凝土结合表观质量美观、与传统机械凿毛相比不产生噪声且不会对结构混凝土造成损伤、大大降低劳动力强度、施工效率提高 5 倍以上。

3）渣土资源化利用

项目根据基坑内粗砂层广泛分布的特点（基坑开挖后揭露平均厚度达到 3.5m，约 50 万 m³，占基坑土总量的 1/3），投入水洗砂生产线将基坑内砂层、粉细砂、粗砂、砾砂等进行筛分、清洗、回收，用于基坑边坡喷锚。

便道硬化及混凝土支撑通过破碎加工用于碎石回填，通过渣土资源化利用大大减少弃土。渣土资源化利用如图 4-27 所示。

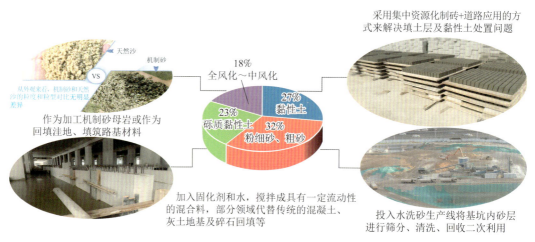

图 4-27　渣土资源化利用

4.1.5　施工总结

福新停车场地处市中心区繁华地段，管线（绿化）迁改、土石方工作量大，涉及土建、轨道、常规机电、上部公园待建、场内道路、系统机电、工艺设备等十几个专业接口，协调问题多，施工时间短，工期紧。项目组编制施工策划方案，综合考虑各专业工程的特点及工序衔接问题，管理过程中重点把控现场的施工组织，确保项目管理目标的实现。

4.2　超大型车辆段盖体高效施工关键技术

4.2.1　工程概况

昂鹅车辆段位于坪山区坑梓街道沈海高速公路以北、秀沙路以西、淡水河南岸区域内，北侧隔淡水河与惠州市惠阳区毗邻，线路终点附近与终点站沙田站接轨，占地面积 37.24 万 m²，总建筑面积 32.78 万 m²。车辆段盖体平台地基基础有钻孔桩＋承台基础、独立基础等基础形式，主体结构为钢筋混凝土框架结构，梁板面积约 25.6 万 m²，立柱 3099 根。昂鹅车辆段平面布置如图 4-28 所示。

图 4-28 昂鹅车辆段平面布置图

4.2.2 工程特点

（1）工程量大、机械设备人员投入大、工期紧迫

昂鹅车辆段体量大，是标准车站的 10 倍，其中盖体平台钻孔灌注桩 9999 根，结构柱 3099 根，土 83 万 m^3，高支模 25.6 万 m^2，消耗 7.1 万 t 钢筋、55.7 万 m^3 高强度等级混凝土。昂鹅车辆段施工期间，在高峰期投入 38 台大型旋挖钻、32 座塔式起重机、2600 余人同步作业。由于选址方案方面的因素，本工程实际开工日期为 2018 年 6 月 10 日，比合同开工工期晚了约 5 个月。

（2）安全文明施工、环境保护要求高

受前期征拆影响，本工程施工场地紧张，施工现场总平面布置力求安排紧凑有序。本工程在施工时需要突出文明施工及环境保护，需要采取完善的措施减少施工对周边环境的影响，严格控制施工废水、施工噪声、施工粉尘、建筑垃圾的产生，坚持安全文明和绿色施工。施工中发生安全事故、出现不文明举措以及施工机械产生的废气和产生的噪声等对周围环境造成污染，都将会影响建设单位形象，因而，本工程对安全生产及文明施工程度要求很高。

4.2.3 工程重难点

（1）房屋拆迁难度大

车辆段房屋拆迁面积大，影响范围主要包括运用库、咽喉区，影响面积约 11.9 万 m^2，总拆迁面积 18.7 万 m^2，共计 343 栋楼，涉及行政村较多，整村统筹难度大，导致拆迁工作启动难度大，严重影响工期目标的实现。

（2）工期目标要求紧

为实现 14 号线按时建成通车，确保本工程在合同限定的工期内按期竣工是项目管理的重点。盖体平台是本项目的控制性工程，在工程施工过程中，如何在保证施工质量、安全生产、环境保护的前提下,强化各种资源的合理配置,确保建设单位确定的关键工期、阶段工期及总体工期目标的实现,是本工程施工项目管理的重点。

(3)高支模、起重吊装的安全控制要求高

联合检修库、焊轨基地结构高度14m,运用库、物资总库、咽喉区结构高度9m,模板支架搭设高度超过8m,均属于危险性较大的工程,施工安全管理要求高。本工程的土建工程量大,投入群塔及汽车起重机等起重吊装设备多,交叉作业安全管控难度大。

4.2.4 施工关键技术

1)结构立柱装配式一体化操作平台快速施工技术

(1)立柱操作平台方案对比

原设计方案:①采用盘扣式灯笼架,搭设一套需要7~8人,搭设时间约0.5d(含防护网、水平网、踢脚板等),操作架无法直接吊装周转;②采用移动式灯笼架,周转方便,但灯笼架骨架在使用过程中极易碰坏、上下节连接部位不牢固且维护困难。

优化方案:采用装配式一体化操作平台,搭设一套需3~4人,搭设时间为2~3h,两节(4m)标准节不超过1t,采用塔式起重机即可吊装。

(2)装配式一体化操作平台应用

①技术要求

装配式一体化操作平台标准节尺寸为4.3m×3.6m×2m,内净空尺寸为2.8m×2.8m,过道宽度为580mm,其主要构件有底座、连接横梁、底座横梁、架体侧框、系梁侧框、脚踏板、镀锌踏板、楼梯、楼梯扶手、底座连接横梁、护网立柱、安全防护网、系梁侧框网等。

②拼装及使用

拼装流程:底座横梁安装→系梁、侧梁拼装固定→架体侧框安装→楼梯及扶手安装→护网立柱安装→安全护网连接。

装配式一体化操作平台在拼装时,将底座横梁插入底座的垂直导向管内并调整水平;将架体侧框和系梁侧梁与横梁连接,用配套的M16mm×100mm高强螺栓将两个构件连接固定在一起;将安装好的侧框架体放在两个底座横梁上,用配套的M16mm×100mm高强螺栓将两个构件连接固定在一起;将楼梯使用挂钩安装在框架内靠右侧上下横梁上;将扶手安装在楼梯预留的安装孔内,并用配套的M12mm×50mm螺栓连接固定;将踏板安装在两条底座横梁上面;将护网立柱安装在上下横梁的连接板上,并用配套螺栓连接固定;将安全护网连接在侧框与护网立柱中间并用配套的M12mm×30mm螺栓连接固定,最后将拼装好的标准节(图4-29)吊装拼接成品操作平台(图4-30)。

第4章 场、段施工关键技术

图 4-29 标准节

图 4-30 成品操作平台

作业人员在操作平台上作业时，立柱钢筋绑扎须满搭脚踏板（脚踏板每块宽30cm），具体见图4-31；在柱模安装时须拆除1～2块脚踏板，具体见图4-32，为柱模安装提供空间。取下的踏板应在地面上整齐堆放，严禁堆放在操作平台上。

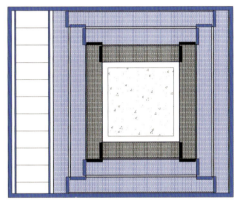
图 4-31 柱钢筋绑扎时满搭脚踏板

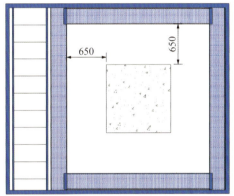
图 4-32 柱模板安装时拆内侧2块脚踏板
（尺寸单位：mm）

（3）应用效益分析

装配式一体化操作平台主要投入物资总库及咽喉区立柱施工，单套（10m）成本约5万元，一次性搭设长期使用，每次周转仅需4人，周转一次仅需4d，具有安装简单、吊装方便、周转次数多、维护成本低、安全性高等显著特点。各类型操作架效益对比见表4-4。

操作架效益对比表　　　　　　　　　　　表 4-4

操作架类型	成本（万元/套）	人工（人）	周转次数（次）	周转时间（d）	吊装设备	安全性	备注
盘扣式灯笼架	0.32	8	1	5	无法吊装	高	
移动式灯笼架	0.88	4	6～8	4	吊车	较高	
装配式一体化操作平台	4.8	4	循环使用	3	塔式起重机	高	可拆卸

2)大跨度预应力梁板后张法施工

(1)方案选定

盖体平台预应力梁板总面积约 30312m²,涉及预应力梁 236 根,分布联合检修库 G~J 轴交 1~59 轴、焊轨主厂房 Q~R 轴交 1~49 轴及咽喉一区 B~C 轴交 5~26 轴,均为后张有黏结预应力结构,单跨梁最大跨度 23m、双跨梁 42m,单跨预应力梁均为单端张拉,双跨预应力梁为两端张拉。

本预应力工程采用预应力梁板下后张拉施工技术,有效地杜绝了"常规施工中需在板面预留 270 个 1.5m×1m 洞口用作预应力梁张拉时人员、设备进入,从而造成后期洞口封堵成本高、施工缝渗漏"的问题,常规做法详见图 4-33。

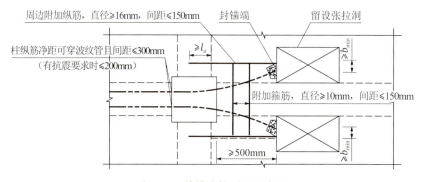

图 4-33 单排张拉平面示意图

(2)技术创新点

①项目团队针对车辆段连续大跨度预应力梁难题,分析了其常规施工板面需预留张拉孔洞引发的弊端,并进行优化,在板下进行张拉作业,确保了主体结构的完整性,减少了板面渗漏的可能性。

②项目团队发明了一种用于板下张拉的改进型手推式液压升降平台车(以下简称"手推车"),有效地改善了板下狭窄空间张拉困难的境况,确保了预应力索的力线垂直可控性,保证了张拉质量,加快了张拉进度,缩短了工期。手推车加工模型如图 4-34 所示。

(3)现场应用成效

昂鹅车辆段盖体平台预应力梁浇筑前,波纹管接口及曲线固定牢靠,张拉端及固定端配筋满足设计要求;浇筑过程中密切注意振动棒与波纹管的距离,避免破坏波纹管;预应力张拉前应与监理单位共同确认混凝土的强度是否达到 100%。张拉时采用手推车进行板下张拉作业,调整好角度后移动液压油顶,快速控制预应力索的力线垂直,平均每天张拉 3~4 条梁,较传统板面预留洞口张拉时效提升 35%,有助于加快模板支架周转,总工期节约 27d。手推车现场应用情况如图 4-35 所示。

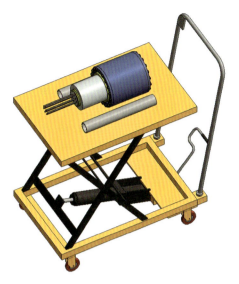

图 4-34　手推车加工模型图　　图 4-35　手推车现场应用情况

（4）经济效益

本施工技术在昂鹅车辆段大库盖体预应力梁板的应用，有效地提高了预应力梁的张拉质量，降低了张拉作业的操作难度，从而加快了预应力梁的施工进度。同时，避免了板面的大量封堵工作，减小了裂缝形成的客观条件，减少了后期的防水堵漏工作。经济效益分析如下：

①工程共 270 处孔洞，每处减少后浇孔洞凿毛 1 人工，钢筋 0.5 人工，模板 0.5 人工，浇筑 3 人工，每人工 350 元/d，合计 270 × (1 + 0.5 + 0.5 + 3) × 350 = 472500 元。

②预留孔洞尺寸为 1.5m × 1m × 0.2m，体积为 0.3m³，C40 微膨胀混凝土与 C35 混凝土价格相差 45 元，合计 270 × 0.3 × 45 = 3645 元。

③每个洞口止水钢板长度 5.8m，单价 15 元/m，合计 270 × 5.8 × 15 = 23490 元。

以上三项合计节约直接成本约 50 万元。

3）轻集料混凝土屋面快速施工

（1）找坡层轻集料混凝土集料比选

常规施工的轻集料主要包含黏土陶粒、页岩陶粒、膨胀珍珠岩、粉煤灰陶粒以及煤渣等。其中黏土陶粒难以在搅拌站直接搅拌生产，不利于施工大面积找坡屋面；页岩陶粒生产厂家主要在湖北、安徽等地，料源紧张，施工中材料难以保供；粉煤灰陶粒和煤渣由于产量少及环保等因素基本难以使用；膨胀珍珠岩可用于轻集料混凝土，但强度要达到 5.0MPa 需对其配合比进行优化。

为解决此问题，项目部联合广东省建筑科学研究院集团股份有限公司科研团队开展专项攻关，利用膨胀珍珠岩优化轻集料进行配合比，并委托具有检测资质的广东省质检总站进行配合比验证，验证结果：为干密度为 956kg/m³，7d 强度为 5.2MPa，均满足设计要求（轻集料混凝土强度等级不低于 LC5.0，干密度不大于 1000kg/m³），最终确定采用膨胀珍珠岩作为找坡层轻集料混凝土的集料。轻集料混凝土配合比检验报告如图 4-36 所示。

图 4-36　轻集料混凝土配合比检验报告

（2）工艺方法优化

传统施工方案：在板下面设置发泡机及配套的搅拌料斗，将搅拌站生产的轻集料混凝土半成品与发泡剂共同加入搅拌料斗并充分搅拌 4min 后，泵送至屋面进行找坡层浇筑，浇筑后的强度及干密度均能满足设计要求，但由于屋面无预留孔洞，泵管仅能从盖体边缘进行铺设，泵管铺设过长易导致轻集料混凝土浇筑时堵管，影响工期。

施工方案优化：引进小型混凝土搅拌运输车吊装至板面用于成品轻集料混凝土的搅拌制作、运输、浇筑，同时，将发泡机设置在板面边缘处，采用天泵或地泵将半成品轻集料混凝土泵送至混凝土搅拌运输车内，再按设置好的参数加入发泡剂，混凝土搅拌运输车高速搅拌 90s 即可运输至浇筑点直卸浇筑。

（3）总体施工组织

车辆段盖体屋面面积共 25.6 万 m²，屋面找坡层轻集料混凝土约 5.7 万 m³，考虑到深圳 9—12 月为屋面防水施工的黄金季节，屋面防水施工整体划分为三个施工区域：联合检修库东侧、物资总库、咽喉区 7～10 区、塔楼；焊轨主厂房及联合检修库西侧、咽喉区 1～6 区；运用库。屋面防水施工区域划分如图 4-37 所示。

轻集料混凝土找坡层及砂浆找平层均采用小型混凝土搅拌运输车直卸浇筑；聚合物水泥防水涂料在找平层强度满足要求后开始滚刷，滚刷厚度不低于 2mm；聚乙烯丙纶防水卷材在涂刷聚合物水泥胶结料后立即开始铺设，铺设时避免空鼓，节点位置重点压实防止渗漏；聚酯无纺布隔离层及钢丝网铺设完成后开始浇筑细石混凝土保护层，浇筑采用小型改装翻斗车，行车路径防水在相邻保护达到规定强度后再开始施工。

图 4-37 屋面防水施工区域划分平面图

（4）施工工艺流程图

屋面防水施工工艺流程如图 4-38 所示。

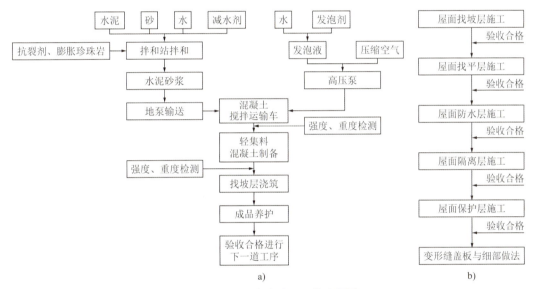

图 4-38 屋面防水施工工艺流程图

（5）主要施工方法

①轻集料找坡层：搅拌站制备半成品轻集料混凝土，泵送至板面小型混凝土搅拌运输车内并加入发泡剂，高速旋转搅拌 90s 后运输至浇筑点直卸，如图 4-39 所示。车辆段屋面面积大，排水纵坡度向为 2%、横向为 3‰。找坡层施工以分水线、汇水线以及两线中线为分界线分块施工，根据分界线高程点拉线做找坡墩，找坡墩尺寸为 30mm×30mm，间距 2m，表面平整并与基层粘贴牢固。找坡墩顶高程较轻集料混凝土设计高程低 5cm，上方安装一条 50mm×50mm 方钢用于高程控制，自制铝合金拖板放置在方钢滑槽上，坡度一次成型，确保坡度精确。轻集料混凝土收面找坡如图 4-40 所示。

②水泥砂浆找平层：找平层设计为 M15 水泥砂浆，厚度 2cm，坡度与找坡层一致，横

向2‰，纵向3‰，找平层应设置分隔缝，间距不大于6m×6m。找平层施工前对上一层找坡层进行验收。主要施工步骤为：基层清理→管根封堵→高程坡度弹线→洒水湿润→施工找平层→（水泥砂浆找平层）→养护验收。施工应重点关注砂浆收面与养护及时性，避免混凝土表面出现裂纹。

图4-39　轻集料混凝土板上直卸浇筑　　　　图4-40　轻集料混凝土收面找坡

③防水涂料：涂料层设计为Ⅱ型聚合物防水涂料，厚度2mm，涂料施工前应对找平层进行处理与验收，保证基层表面平整光滑。若基层有缺损或跑砂现象，需重新修整，阴阳角部位需做成5cm圆弧形。

④防水卷材：采用聚乙烯丙纶防水卷材，厚度0.7mm，黏结剂为聚合物水泥胶结料，厚度1.3mm。主要施工步骤为：基层清理→聚合物水泥胶结料施工→附加层施工→铺设卷材→卷材搭接缝及收头处理→防水层蓄水试验。施工时，卷材与基层间、两道叠铺卷材间均采用满贴法铺贴，找平层的分格缝处采用空铺法铺贴。铺贴时应先进行细部构造处理，然后由屋面最低高程向上铺贴，搭接缝应顺水流方向。防水层施工完成后应进行蓄水试验，对板下渗漏水情况进行检查记录。

⑤隔离层：采用聚酯无纺布，材料质量不小于200g/m²。

⑥细石混凝土保护层：采用C25细石混凝土浇筑，厚度5cm内含φ4mm双向钢筋网片，变形缝两侧1m范围内设置φ8mm双向钢筋网片，钢筋网片应采用垫块支垫，确保钢筋网片位于保护层中间偏上部位，防止开裂；保护层应设置分隔缝，分格缝用木条隔离，间距不大于6m×6m，混凝土初凝后及时取出分格缝木条；浇筑应及时养护，养护时间不少于7d，避免混凝土表面出现裂纹，养护完成后清理分格缝、嵌填密封材料进行封闭。

4.2.5　施工总结

（1）本工程针对结构立柱多、截面尺寸多、工序复杂、质量要求高、工期紧等问题，采用装配式一体化操作平台替代传统灯笼架，实现快速安全施工。装配式一体化操作平台具有拼装简单、安全性高、使用方便、易于吊装、周转快等特点，极大加快了立柱施工进度，为立柱向梁板转序提供了安全保证，具有极大的应用价值。

（2）车辆段盖体大跨度预应力梁板板下张拉施工，在保证预应力梁张拉质量的情况下降低了张拉作业的操作难度，提高了预应力梁的施工进度。同时，避免了板面的大量封堵工作，减小了裂缝形成的可能性，减少了后期的防水堵漏工作。

（3）针对车辆段盖体屋面轻集料混凝土找坡层的施作，项目团队找到了一种能够用于大面积屋面施工的轻集料混凝土配合比及一种坡度精确控制方法，确保了屋面找坡层的施工质量；创新性地采用了屋面直卸浇筑施工工艺，有效提高了屋面的施工效率，为类似工程提供了宝贵的经验。

4.3 超大规模综合性车辆段防水质量关键技术

4.3.1 工程概况及现状

（1）工程概况

昂鹅车辆段盖体平台投影面积约 25.6 万 m^2，按功能要求划分为联合检修库及焊轨主厂房、运用库、物资总库、咽喉区四个单体，单体之间以变形缝隔开，各单体盖板再设置变形缝、后浇带分隔成长 400～500m、宽 200～300m 的施工单元。大库盖体变形缝总长度 1902m，后浇带 8374m，其中物资总库选取两块面积相近的梁板用于钢纤维混凝土在超大尺寸结构的应用技术研究。昂鹅车辆段盖体平面布置如图 4-41 所示。

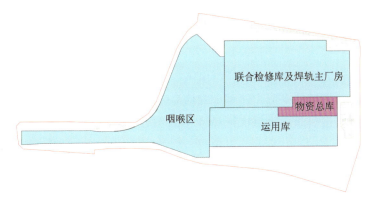

图 4-41 昂鹅车辆段盖体平面布置图

（2）车辆段防水质量现状

现代混凝土具有普遍采用化学外加剂和工业废渣的特征，降低了资源及环境消耗，提高了材料耐久性，并满足了现代土木工程设计和施工的性能要求。然而，材料组成日趋复杂、流动度加大、早期强度发展加快的材料特性，以及高温、干燥等严酷的施工环境，导致收缩开裂问题突出，严重影响了构筑物的耐久性。现代混凝土自收缩、温度变形和大部分的干燥收缩发生在"早期",其中普通混凝土的收缩时间为28d,这使得早期开裂问题突出。混凝土一旦开裂,裂缝会加速有害介质传输速率,加剧材料自身性能劣化和钢筋锈蚀,尤其在高温、高盐等严酷腐蚀环境下,混凝土服役寿命将进一步大幅缩短。

车辆段盖体单块梁板长、宽和平面尺寸均较大,受混凝土的收缩应力和后期年度温度应力影响,混凝土结构开裂风险大。此外,按照混凝土设计规范设置变形缝,使得中埋式止水带在变形缝侧墙中很难固定,不同材质之间无法做到密切连接,这可能导致后期变形缝处渗漏。

4.3.2 技术研究内容

1) 研究目的

混凝土开裂的质量问题,直接影响到主体结构的安全性和耐久性。混凝土抗裂是一项系统工程,涉及混凝土材料、外界环境条件、所处的约束条件、施工条件等诸多因素。现有相关规范及设计研究深度尚无法全面解决工程实际实施中存在的不足,需要进行深入的研究和探索,对混凝土开裂的机理及产生开裂的应力进行分析,对降低开裂应力、应力释放和应力约束方面进行研究,通过建模计算、检测、试验,以及依托项目实施、跟踪测量、回归校核等系列措施,实现最优化设计。

受天气变化和紫外线影响,盖体防水层的耐久性有限,故盖体防水不能完全依靠防水层,必须加强混凝土自防水功能。因此,盖体的混凝土抗裂技术研究特别重要。如何解决超大规模综合性车辆段复杂结构的渗漏水问题以及在既有变形缝结构进行防水加强,最大限度地降低渗漏风险,以获得较好的社会效益和经济效益,并在技术上能有所创新,是本技术研究的主要目的。

2) 主要研究内容

(1) 通过物理降温的方法控制预拌混凝土的出槽温度,从而降低混凝土的入模温度,减小混凝土浇筑时产生的温度应力,减小裂缝形成的概率。

(2) 在混凝土强度等级不变且保证经济性和可靠性的平衡条件下,进行钢纤维混凝土配合比优化和施工;进行钢纤维混凝土和普通硅酸盐混凝土早期抗裂性能对比试验。

(3) 后埋式止水带应用。

4.3.3 关键技术方案优化及实施

1) 混凝土冷水降温技术

(1) 技术背景

夏日天气炎热,日照充足,导致预拌混凝土前存储在筒仓内的胶凝材料,如水泥、粉煤灰及矿渣粉等温度较高,直接影响预拌混凝土的出槽温度,即使在有遮挡的条件下,预拌混凝土的出槽温度仍高出环境温度 5~10°C,导致运输后的混凝土入模温度过高,形成的混凝土浇筑体产生的温度应力较大，易造成混凝土开裂和漏水现象。

现有技术中为了减小混凝土浇筑体的温度应力，通常在形成预拌混凝土后采用传统的冰水降温，或者在浇筑混凝土时采用冷却水系统降温或加大混凝土保温层厚度的方式延长保温时间，但该方法影响下一道工序的开展，且现场施工费用较高。而在降低预拌混凝土的出槽温度方面，现有技术通常使用在筒仓表面包裹保温面或设置隔热板等手段，以起到隔热作用，但该方法安装可靠度低，耐久性差，清洗难度大，且保温效果不理想。

为了克服现有技术的不足，本工程研究了一种预拌混凝土原料仓降温隔热系统用于降低出槽温度。

（2）技术原理

预拌混凝土原料仓降温隔热结构系统包括筒仓与冷却水系统。冷却水系统由储水器与环绕筒仓表面的冷却水管组成，储水器与冷却水管通过进水管与回水管形成循环水路，筒仓外表面与冷却水管外表面均设置反光隔热层。其原理是通过在筒仓、冷却水管表面涂刷反光隔热漆隔绝热量传递和阻挡或反射红外线，同时在筒仓表面环绕冷却水管进行冷水传热，降低筒仓内部温度，防止筒仓内部温度升高，以降低预拌混凝土的出槽温度，减小混凝土浇筑时产生的温度应力。冷却水系统如图4-42所示。

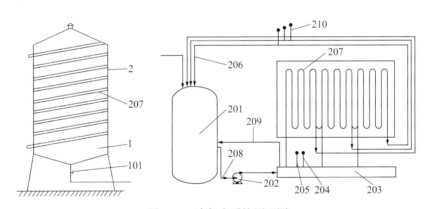

图4-42　冷却水系统原理图

1-筒仓；101-进出料口；2-冷却水系统；201-储水器；202-水泵；203-稳压装置；204-第一温度计；205-压力表；206-回水管；207-冷却水管；208-进水管；209-溢流管；210-第二温度计

冷却水系统原理：储水器201为地下水箱或水池，其内部储存的冷却水在水泵202的带动下，自进水管208经稳压装置203进入冷却水管207，该过程中因压力不稳溢流的冷却水经溢流管209回流至储水器201中，并通过第一温度计204与压力表205监测水流情况。冷却水管207环绕筒仓表面，与筒仓进行热交换，降低筒仓表面温度，冷却水升温，经回水管206回流至储水器201，其中设置第二温度计210监测冷却效果。

反光隔热层包括反光层与隔热层。反光层选择如氮化硼、金红石型二氧化钛、超细铝箔等球形或菱形物质，有利于提高光照中红外线的反射率或折射率，使反光层对红外线热反射率达到 90%，从而把大部分的日照热量反射至空气中，大幅度降低到达筒仓和冷却水管 207 的热量，保证筒仓内部的预拌混凝土与冷却水管 207 内的冷却水不因环境影响而升温，进而降低混凝土出槽温度。JA-2020 超薄隔热涂料参数见表 4-5。

JA-2020 超薄隔热涂料参数表 表 4-5

涂料组分	单组分	耐温幅度	≤148℃
涂料性质	水性、环保	层外观	白色
热反射率	0.90	防水性能	防渗透
导热系数	0.042W/mK	反射红外线	0.1~18um
附着力	1 级		

（3）主要施工方法

①筒仓上设置反光隔热层，即反光隔热涂料，可采用刷涂、滚涂、抹涂及喷涂的方式，使用前先搅拌均匀，建议使用机械强力搅拌，以达到更好的效果。

②在涂刷涂料前，需对待涂刷物体进行预处理，需保证待涂刷物体表面没有灰尘、油污、碎片、锈、水分和其他可能影响附着力的异物，待涂刷物体的表面及涂刷设备表面温度均在 8~60℃范围内即可涂刷，超过此温度范围不能直接涂刷物体表面。

③涂刷环境要求空气的相对湿度小于 58%，气温在 12℃以上，涂刷处通风干燥。若施工环境的空气湿度较大，环境温度较低，可通过热源加热空气温度以使涂料固化，加热后涂料表层温度不得超过 60℃，避免涂层产生汽化鼓泡现象，影响其反光、隔热功能。

④涂刷涂料时，将待涂刷物体表面涂刷 3 遍，涂刷的间隔时间在 25min 左右。

⑤表面设置有反光隔热层与没有设置反光隔热层的筒仓，在同样的环境与条件下，其内部温度相差 28℃。

（4）应用情况

昂鹅车辆段场内搅拌站采用预拌混凝土原料仓降温隔热系统，通过冷却水系统间的冷水循环，通常可使混凝土拌合物降温 15℃左右，使混凝土出槽温度保持在合理温度范围内，减小混凝土浇筑时产生的温度应力，降低裂缝的产生概率。现场应用情况如图 4-43 所示。

图 4-43 预拌混凝土原料仓降温隔热系统

2）超大尺寸结构钢纤维混凝土的应用研究

（1）钢纤维混凝土配合比优化原则

昂鹅车辆段盖体平台结构顶板厚度 200mm，水化热引起的混凝土内部温度由于散热条件好，最高温度不高，与环境温度的温差小，里表温差和降温速率都不大，因此温度应力不是产生裂缝的主要原因。但大尺寸结构收缩应力大，为了减少大尺寸混凝土产生较大的收缩应力裂缝，需要控制混凝土的早期收缩变形，提高早期的抗拉性能，保证混凝土具备足够的耐久性。

因此，车辆段盖体超大结构的混凝土配合比优化设计研究的思路，主要集中在减少初期应变量、控制裂缝的扩展、提高抗裂性、提高工作性等方面。混凝土的配合比优化原则如下。

①满足结构设计强度要求：现浇钢筋混凝土结构强度设计等级为 C35；钢纤维混凝土中钢纤维含量贴近规范规定的普通钢纤维混凝土中的纤维体积率下限要求 0.35%，保证经济性和可靠性的平衡。

②满足钢筋混凝土 100 年耐久性指标要求：标准养护条件下 28d 混凝土试件氯离子扩散系数（RCM 法）< $4.0 \times 10^{-12} m^2/s$；标准养护条件下 56d 混凝土试件抗硫酸盐侵蚀性能 ≥ KS150；标准养护条件下 28d 混凝土试件 60d 快速碳化深度 < 20mm。

③混凝土工作性最优。

④混凝土抗裂性最好。

（2）钢纤维混凝土配合比弯曲试验

为研究含有临界规范含量的钢纤维配合比的混凝土力学性能，本项目设计了钢纤维混凝土弯曲试验，该试验主要考虑钢纤维掺量对结构性能的影响，测试了钢纤维混凝土的初裂挠度、初裂强度、抗压强度和劈裂抗拉强度。选取的钢纤维含量分别为 $30kg/m^3$、$60kg/m^3$、$90kg/m^3$；

原材料如下：

①水泥：P·O 42.5 级普通硅酸盐水泥，其 28d 抗压强度为 58.4MPa。

②细集料：中砂、细度模数 2.7。

③粗集料：粒径为 5~25mm 的碎石。

④钢纤维：端钩型钢纤维。纤维长度 35mm，直径 0.55mm，长径比 65。

为了真实地反映钢纤维预拌混凝土的韧性，本试验混凝土拌合料直接由强制搅拌机搅拌、浇筑成型。抗压强度试件为 150mm×150mm×150mm 的立方体；劈裂抗拉强度试件为 100mm×100mm×100mm 的立方体；弯曲试验试件尺寸为 150mm×150mm×515mm，按三点弯曲进行加载。加荷速度为 0.05mm/min，试件成型后养护 24h 脱模放置标准养护室进行标准养护 28d，然后取出进行试验，采用伺服式液压万能试验机进行加载。钢纤维混凝土配合比见表 4-6。

钢纤维混凝土配合比 表 4-6

材料	水泥	砂	碎石	粉煤灰	外加剂	水	钢纤维		
原材料产地	英德海螺	惠州	惠州	河源发电厂	深圳五山	深圳	广东		
钢纤维混凝土（kg/m³）	295	783	1040	88	7.66	147	30	60	90
比例（%）	1.00	2.65	3.53	0.2983	0.0260	0.50	0.1017	0.2033	0.3051

试件制作和养护方法参考《纤维混凝土试验方法标准》(CECS 13—2009)、《混凝土物理力学性能试验方法标准》(GB/T 50081—2019)。

纤维混凝土采用强制式搅拌机拌和。现场浇筑混凝土试件步骤如下：

①将河砂和水泥加入搅拌机干拌 2min。

②将钢纤维分散后投入搅拌机中拌和均匀。

③将水和外加剂加入搅拌机中搅拌 2min。

④将粗集料加入搅拌机中，持续搅拌 3min。

⑤混凝土搅拌完成后，立即将混凝土拌合物加入塑料模具。

⑥将试件放置于振动台振动 3~5min 直到混凝土密实成型。

⑦将拌合物在试验条件下放置 24h，然后拆模编号。

⑧拆模后将试件放置于温度为 20℃±2℃、湿度为 95% 的标准养护室中，28d 后进行力学性能测试。

⑨在将混凝土拌合物倒入模具之前，在模具内涂上一层矿物油，以便于拆模。在试件放在振动台振动时，刮除模口多余混凝土，用抹刀抹平，直到表面出浆为止。

不同配合比的钢纤维混凝土弯曲韧性试验结果见表 4-7。

钢纤维混凝土弯曲韧性试验结果 表 4-7

钢纤维掺量（kg/m³）	抗压强度（MPa）	劈裂抗拉强度（MPa）	弯曲韧性试验			
			初裂荷载（kN）	最大荷载（kN）	初裂挠度（mm）	初裂强度（MPa）
30	37	4.61	33.25	35.60	0.047	4.43
60	39.3	5.26	32.37	34.62	0.051	4.32
90	42.7	5.97	38.09	45.81	0.054	5.08

从表 4-7 中可以看出：钢纤维使试件维持整体共同受力，最大荷载相对于初裂荷载有所增加，具备一定的变形能力，避免脆性破坏，呈现出来的是"假塑性"，试件变形能力提高。抗压强度及劈裂抗拉强度随钢纤维掺量的增加而增加，具有良好的抗压强度和弯拉强度。此外，钢纤维混凝土也具有良好的韧性指标，但钢纤维掺量在 30~90kg/m³ 范围内时，钢纤维混凝土的初裂强度增加未能和钢纤维掺量增加成正比，相差不明显。因此，对于初裂强度要求高的车辆段顶板工程，宜选用 30kg/m³ 的钢纤维掺量，保证工程的经济性和可靠度。

（3）设计配合比及分析

根据设计单位的建议值，昂鹅车辆段盖体平台梁板混凝土强度等级为 C35、抗渗等级为 P6。

对于钢纤维混凝土，考虑工程经济性，添加的钢纤维含量应满足并贴近《纤维混凝土应用技术规程》(JGJ/T 221—2010) 5.3 节钢纤维混凝土的纤维体积率下限要求，同时减少原材料中的胶凝材料，优化后的钢纤维混凝土配合比见表 4-8：胶凝材料用量从原配合比

336kg 调整到 295kg，粉煤灰占胶凝材料总量的 20%以内，根据钢纤维混凝土弯曲韧性试验结果，每立方米添加 30kg 普通钢纤维，纤维长度 20～60mm，直径 0.3～0.9mm，长径比在 30～80 之间，钢纤维体积率为 0.38%，贴近规范规定的普通钢纤维混凝土中的纤维体积率下限要求 0.35%。优化前后的水胶比相当，保证了混凝土强度相当；坍落度相当，保证了混凝土流动性相当；材料密度相当，保证了工程经济性；抗压抗折强度相当，保证了结构安全性。两种不同配合比的混凝土性能试验结果见表 4-9。

根据设计单位建议确定的钢纤维混凝土配合比 表 4-8

序号	原材料名称	原材料产地	原材料规格	原材料用量（kg/m³）（C35、P6）	
				钢纤维混凝土	普通混凝土
1	水泥	英德海螺	P·O 42.5	295	336
2	砂	惠州	中砂	783	729
3	碎石	惠州	5～25mm	1040	1045
4	粉煤灰	河源发电厂	F 类II级	88	69
5	外加剂	深圳五山	WS-PC	7.66	8.91
6	水	深圳	自来水	147	162
7	钢纤维	天津	—	30	/
8	砂率（%）			43	41
9	水胶比			0.4	0.42

根据设计单位建议确定的普通混凝土性能 表 4-9

序号	试验项目		设计要求	验证结果（C35、P6）	
				钢纤维混凝土	普通混凝土
1	拌合物出机坍落度（mm）		140～180	160	145
2	混凝土拌合物表观密度（kg/m³）		2360（允许偏差±2%）	2400	2350
3	泌水率（%）		—	0	0
4	混凝体早期抗裂性能[单位面积上的总开裂面积（mm²/m²）]			抗裂等级L-V 合格	抗裂等级L-V 合格
5	混凝土立方体抗压强度（MPa）	7d	—	26.6	44.4
		28d		35.7	41.7
6	混凝体抗折强度	7d		4.0	4.9
		28d		4.9	5.3
7	混凝土抗水渗透性能		P8	P8 合格	P8 合格
8	混凝土收缩率（×10⁻⁶）	3d	—	64	81
		7d	—	107	145
		28d	—	183	202
		90d	—	258	285

通过表 4-9 比对可以看出：3d 混凝土收缩率由 81×10^{-6} 降低到 64×10^{-6}，降低幅度 21.0%；7d 混凝土收缩率由 145×10^{-6} 降低到 107×10^{-6}，降低幅度 26.2%；28d 混凝土收缩率由 202×10^{-6} 降低到 183×10^{-6}，降低幅度 9.4%；90d 混凝土收缩率由 285×10^{-6} 降低到 258×10^{-6}，降低幅度 9.5%；可以看出，钢纤维混凝土对于抑制早期收缩效果明显。

试验表明：在混凝土开裂前，钢纤维没有桥接作用，因此钢纤维不影响混凝土的开裂应力；在混凝土开裂后，钢纤维在混凝土开裂面上形成纤维桥接，主要承担开裂后的荷载，钢纤维可以有效阻止混凝土裂缝的扩展。

（4）混凝土抗裂性能试验

导致结构混凝土产生裂缝的因素很多，除设计、施工及养护等因素外，混凝土自身抗裂性对结构裂缝的产生也有很大影响。影响混凝土抗裂性的因素很多，但从混凝土可测试的参数指标来看，主要有以下几个指标需在施工中加以控制和重视。

混凝土收缩率：混凝土收缩率是指在特定环境条件下，混凝土自身因水化及失水等产生变形收缩的大小。混凝土收缩率越小，则混凝土在约束条件下产生开裂的可能性越小。因此混凝土收缩率是控制混凝土抗裂性的一个主要指标。

泌水率：泌水率是混凝土拌合物的一个性能指标，混凝土泌水率过大，不仅影响混凝土施工性能，导致混凝土离析分层，也会对混凝土结构耐久性产生一定影响。混凝土施工浇筑后泌水会形成泌水通道，降低混凝土抗渗性。另一方面，泌水水分蒸发后，混凝土体积减小，会加大混凝土收缩。

早期抗裂性：混凝土早期抗裂性是拌合物早期水化塑性变形及硬化过程体积缩减的一个指标，早期产生的裂纹不加处理也会发展成有害裂缝。

①混凝土收缩率试验

减小混凝土的收缩是减少裂缝的重要方法之一。混凝土在空气中硬结时体积减小的现象称为混凝土收缩。混凝土在不受外力作用自发变形时，若受到外部约束（支承条件、钢筋等），将在混凝土中产生拉应力，使得混凝土开裂。引起混凝土开裂的收缩主要有自收缩（由化学收缩造成）和干燥收缩，如图 4-44、图 4-45 所示。在硬化初期主要是水泥水化凝固结硬过程中产生的体积变化，后期主要是混凝土内部自由水分蒸发而引起的干缩变形。

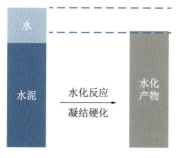

图 4-44 化学收缩图

图 4-45 干燥收缩

车辆段盖体的施工缝处是产生裂缝的主要部位。参考《普通混凝土长期性能和耐久性能试验方法标准》（GB/T 50082—2009）第 8 章收缩试验，本项目暂定采用接触法进行测量，拟在所测板区域两端部区域布置测点，以专业激光测距仪测定两水平点距离。拆模后，立即布置测点进行测距，并以此作为初始值。

每次测量时，仪表保持相对固定位置和方向，标明方向记号，宜保证专人测量。此后应按下列规定时间间隔测量距离：1d、3d、7d、14d、28d、45d、60d、120d、150d、180d、360d（以拆模后开始计时）。

测量过程中至少复核 1~2 次，其中一次应在全部测量完成后进行。当复核发现偏差较大时，应查找原因，解决后重新测量。

②混凝土泌水率试验

混凝土在运输、振捣、泵送的过程中出现粗集料下沉、水分上浮的现象称为混凝土泌水。新拌混凝土现场从运输车或构件取样时，均需从 3 处以上的不同部位抽取大致相同分量的代表性样品（不要抽取已经离析的混凝土），集中用铁铲翻拌均匀，而后立即进行拌合物的试验。拌合物的取样量多于试验所需数量的 1.5 倍，其体积不小于 7.5L。为使样品具有代表性，宜采用多次采样的方法。从第一次取样到最后一次取样不宜超过 15min，取回的混凝土拌合物应经人工再次翻拌均匀，而后进行试验。参考《普通混凝土拌合物性能试验方法标准》（GB/T 50080—2016）第 12 章泌水试验要求，试验步骤如下：

a. 用湿布润湿容量筒内壁后应立即称量，并记录容量筒的质量。

b. 混凝土拌合物试样应按下列要求装入容量筒，并进行振实或插捣密实，振实或捣实的混凝土拌合物表面应低于容量筒筒口 30mm±3mm，并用抹刀抹平。

混凝土拌合物坍落度不大于 90mm 时，宜用振动台振实，应将混凝土拌合物一次性装入容量筒内，振动持续到表面出浆为止，并应避免过振。

混凝土拌合物坍落度大于 90mm 时，宜用人工插捣，应将混凝土拌合物分两层装入，每层的插捣次数为 25 次；捣棒由边缘向中心均匀地插捣，插捣底层时捣棒应贯穿整个深度，插捣第二层时，捣棒应插透本层至下一层的表面；每一层捣完后应使用橡皮锤沿容量筒外壁敲击 5~10 次进行振实，直至混凝土拌合物表面插捣孔消失并不见大气泡为止。自密实混凝土应一次性填满，且不应进行振动和插捣。

c. 将筒口及外表面擦净，称量并记录容量筒与试样的总质量，盖好筒盖并开始计时。

d. 在吸取混凝土拌合物表面泌水的整个过程中，应使容量筒保持水平、不受振动；除了吸水操作外，应始终盖好盖子；室温应保持在 20℃±2℃。

e. 计时开始后 60min 内，应每隔 10min 吸取 1 次试样表面泌水；60min 后，隔 30min 吸取 1 次试样表面泌水，直至不再泌水为止。每次吸水前 2min，应将一片 35mm±5mm 厚的垫块垫入筒底一侧使其倾斜，吸水后应平稳地复原盖好。吸出的水应盛放于量筒中，并盖好塞子；记录每次的吸水量，并应计算累计吸水量，至 1mL。

（5）钢纤维混凝土和普通硅酸盐混凝土早期抗裂性能对比试验

①混凝土现场试验

物资总库选取两块梁板作为试验区，其中编号1-6梁板采用钢纤维混凝土，编号1-5梁板采用原设计混凝土，混凝土等级为C35，抗渗等级为P6，板厚均为200mm，面积相近，均为1600m² 左右，梁板以后浇带分隔，以有效释放混凝土收缩成型变形能，后浇带宽800mm，间距为30～50m，混凝土早期约束条件相近。物资总库梁板平面布置如图4-46所示。

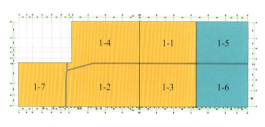

图4-46 物资总库梁板平面布置图

a.混凝土应变监测与分析

混凝土收缩和温度变化均会引起结构板在平面内的变形，盖体结构顶板厚度200mm，混凝土本身已具备较好的散热条件，与外环境温差小，降温速率适中。因此忽略温度应力引起的结构开裂，主要考虑大尺寸结构收缩应力的影响。

为了验证钢纤维混凝土和普通混凝土对收缩应力的影响，试验区和对比区分别预埋了12个传感器。具体位置为：在顶板上部钢筋处共布置4个点位，每个点位沿平行于长边和垂直于长边两个方向各布置1个传感器，共计8个传感器，在下部钢筋处共布置2个点位，每个点位沿平行于长边和垂直于长边两个方向各布置1个传感器，共计4个传感器。如图4-47所示，奇数表示水平方式的应变片编号，偶数表示竖直方向的应变片编号，实心表示应变片放置于板底，空心表示应变片放置于板顶。普通混凝土监测时间为9d，钢纤维混凝土监测时间为17d，采集仪每间隔30min自动采集数据并上传至安全监测云信息平台。

梁板传感器（应变计）现场预埋如图4-48所示。

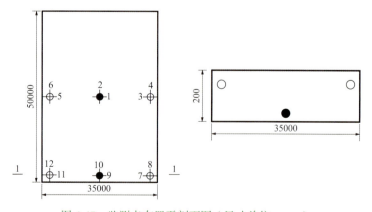

图4-47 监测点布置平剖面图（尺寸单位：mm）

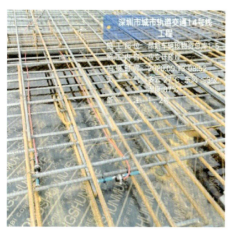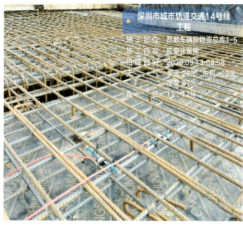

图 4-48　梁板传感器（应变计）现场预埋

钢纤维混凝土对应的大气温度在 19～25℃ 之间，入模温度在 25～32℃ 之间；普通混凝土对应的大气温度在 26～29℃ 之间，入模温度在 30～45℃ 之间，根据混凝土入模温度不宜超过 35℃ 的要求，本次试验选择 D2-3～D2-10 作为比对的有效数据进行分析，并以入模温度确定实际应变零点进行数据分析。测试点大气温度及入模温度如表 4-10 所示。

本工程考虑应变片安装位置、传感器稳定性因素的影响，对钢纤维混凝土及普通混凝土的温度-相对应变进行分析，剔除测量过程中的畸变点，保证数据的可靠性。

测试点大气温度及入模温度（单位：℃）　　表 4-10

监测位置		D2-1	D2-2	D2-3	D2-4	D2-5	D2-6	D2-7	D2-8	D2-9	D2-10	D2-11	D2-12
钢纤维混凝土	大气温度	20.57	20.38	18.89	19.47	23.15	23.61	19.42	19.73	20.31	19.98	24.44	22.95
	入模温度	26.55	26.05	22.88	23.08	30.53	31.52	21.91	22.82	22.26	22.12	30.44	31.22
普通混凝土	大气温度	—	—	28.29	27.91	27.39	27.42	27.3	27.44	26.83	26.57	26.57	27.28
	入模温度	37.56	37.98	32.61	32.5	33.35	34.29	31.44	30.98	34.6	34.45	42.78	43.17

b. 现场试验应变数据分析

如表 4-11 所示，对比 D2-3～D2-10 试验点的入模温度和大气温度的温度差后发现，钢纤维混凝土和普通混凝土的温度差集中在 2～8℃ 之间，钢纤维混凝土温度差的平均值为 4℃，普通混凝土的温度差平均值为 5.6℃。可以得出结论：钢纤维混凝土相比普通混凝土，可以适当降低入模温度，但不存在明显优势。

入模温度和大气温度的温度差（单位：℃）　　表 4-11

混凝土类别	D2-3	D2-4	D2-5	D2-6	D2-7	D2-8	D2-9	D2-10	平均值
钢纤维混凝土	3.99	3.61	7.38	7.91	2.49	3.09	1.95	2.14	4.07
普通混凝土	4.32	4.59	5.96	6.87	4.14	3.54	7.77	7.88	5.63

结构的抗裂性能与混凝土的累计应变关系密切，在约束条件下大尺寸混凝土产生的收缩变形中，支座处的早期开裂相对于其他部位更加明显，因此本节主要对支座处的 D2-3、D2-4、D2-7、D2-8 的时间-累计负应变进行分析，其中普通混凝土监测时间为 9d，钢纤维混凝土监测时间为 17d，为保证时间的统一性，均采用前 9d 的监测结果进行分析。

如图 4-49、图 4-50 所示，钢纤维混凝土数据分布较为集中，累计负应变的分布范围集中在 $-100\sim100\mu\varepsilon$ 之间，普通混凝土累计应变分布范围集中在 $0\sim-150\mu\varepsilon$ 之间。可以看出，在相同约束条件和板块尺寸下，钢纤维混凝土能有效减少初期应变量，达到较好的抗裂效果。

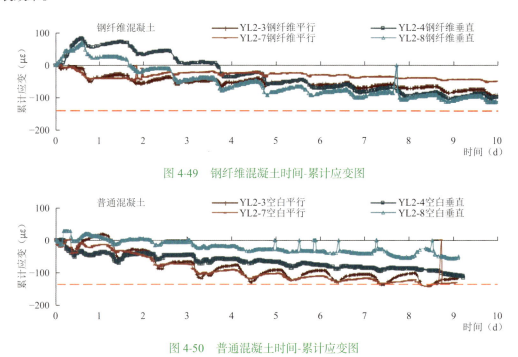

图 4-49　钢纤维混凝土时间-累计应变图

图 4-50　普通混凝土时间-累计应变图

②混凝土收缩率试验

本试验采用的试模尺寸为 100mm×100mm×515mm，混凝土采用型号为 SS-01 的收缩膨胀仪测量，试验龄期从移入恒温恒湿的室内环境后开始计算，试验依据规范为《混凝土长期性能和耐久性能试验方法标准》（GB/T 50082—2024）。

由表 4-12 可知，试验 7d 内，钢纤维混凝土收缩率相对于普通混凝土的收缩率增长较慢，但 28d 后的钢纤维混凝土与普通混凝土收缩率基本相同，由此可以得出结论：钢纤维能有效抑制混凝土早期的收缩变形。

试验龄期-收缩率关系　　　　　　　　　表 4-12

试验龄期（d）	3	7	28	90
普通混凝土收缩率（×10⁻⁶）	81	145	202	285
钢纤维混凝土收缩率（×10⁻⁶）	64	107	183	258

③抗裂性能指标试验

对钢纤维混凝土采用强制式搅拌机搅拌，为了保证纤维均匀分散在混凝土中，先将纤维和粗、细集料干拌，以较好地打散钢纤维，再加入其他材料共同湿拌。保证优化前后的混凝土拌合物具有良好的和易性，不得离析、泌水或纤维聚团，保证钢纤维混凝土和普通混凝土的坍落度相当。

纤维混凝土在运输过程中不应离析和分层。当纤维混凝土拌合物因运输或等待浇筑的时间较长而造成坍落度损失较大时，需在卸料前掺入适量减水剂进行搅拌，但不得加水。可泵性应符合《混凝土泵送施工技术规程》（JGJ/T 10—2011）的规定。表4-13为普通混凝土和钢纤维混凝土的材料配量。

材料配量　　　　　表4-13

混凝土类别	材料配量（kg/m³）							砂率（%）	水胶比	坍落度（mm）
	水泥	砂	碎石	粉煤灰	外加剂	水	钢纤维			
普通混凝土	336	729	1045	69	8.91	162	—	41	0.42	145
钢纤维混凝土	295	783	1040	88	7.66	147	30	43	0.4	160

采用尺寸为800mm×600mm×100mm平面薄板形试件进行早期抗裂试验，混凝土采用型号为SB-87的强制式单卧轴混凝土搅拌机制作，试验规程依据《混凝土长期性能和耐久性能试验方法标准》（GB/T 50082—2024）。

本试验每组试件为2个，分别定义为试件1和试件2，对试件早期的抗裂结构根据《混凝土长期性能和耐久性能试验方法标准》（GB/T 50082—2024）对裂缝名义面积、裂缝条数进行相关计算后，得出24h混凝土早期抗裂性能试验结果，见表4-14。

混凝土早期抗裂性能试验结果（24h）　　　　　表4-14

试件编号	单个试件每条裂缝的平均开裂面积a（mm²/条）		单个试件单位面积上的裂缝数目b（条/m²）		单个试件单位面积上的总开裂面积c（mm²/m²）		该组试件单位面积上的总开裂面积平均值（mm²/m²）
	试件1	试件2	试件1	试件2	试件1	试件2	
普通混凝土	11	6	12.5	8.3	138	50	94
钢纤维混凝土	5	9	10.4	8.3	52	75	64

从表4-14可以看出，单个试件每条裂缝的平均开裂面积，钢纤维混凝土相对普通混凝土试件降低了近50%；但单个试件单位面积上的裂缝数量，钢纤维混凝土与普通混凝土相当，并不存在绝对优势。由此可以得出结论：加入钢纤维的混凝土由于纤维本身具有较高的抗拉强度和与水泥有很好的黏结力，能够有效控制裂缝的扩展，早期抗裂强度明显优越于普通的混凝土。

（6）研究结论

①加入钢纤维的混凝土由于纤维本身具有较高的抗拉强度和与水泥有很好的黏结力，使试件维持整体共同受力，具备一定的变形能力，避免脆性破坏，试件变形能力提高；抗

压强度及劈裂抗拉强度随钢纤维的掺量增加而增加，具有良好的抗压强度和弯拉强度；并且具有良好的韧性指标，但增加程度未能和钢纤维掺量成正比。

②钢纤维掺量在 30~90kg/m³ 范围内，钢纤维混凝土的初裂强度相差不明显。因此对于早期抗裂要求高或者无法避免需采用大尺寸的混凝土构件，宜选用 30kg/m³ 的纤维掺量及规范下限要求 0.35% 的钢纤维添加量作为双重指标，保证工程的经济性和可靠度。

③本工程中钢纤维混凝土相对于普通混凝土减少胶凝材料用量 41kg，但两种混凝土具备相似的混凝土材料密度、强度、坍落度及流动性，能够使结构具备相近的安全性和耐久性。

④由于配合比中水泥用量高，总胶凝材料用量大，导致混凝土收缩率和绝热温升较高。在混凝土早期里表温差大且降温速率快的不利条件下，极易造成混凝土开裂，尤其是形成贯穿性裂缝。

⑤比对钢纤维混凝土和普通混凝土的早期收缩率，3d 混凝土收缩率由 81×10^{-6} 降低至 64×10^{-6}，降低幅度 21.0%；7d 混凝土收缩率由 145×10^{-6} 降低到 107×10^{-6}，降低幅度 26.2%；28d 混凝土收缩率由 202×10^{-6} 降低至 183×10^{-6}，降低幅度 9.4%；90d 混凝土收缩率由 285×10^{-6} 降低到 258×10^{-6}，降低幅度 9.5%。可以看出，钢纤维混凝土对抑制早期收缩效果明显，早期抗裂强度明显优越于普通混凝土。

⑥通过选取收缩率、泌水率和弹性模量等作为混凝土裂缝控制性指标，完善试验研究，进一步对项目用混凝土配合比及原材料进行比对优选，确定以上性能均较优异的混凝土配方及材料控制指标，从而提高混凝土抗裂性能。

（7）应用推广及社会效益

本工程结合施工工况、使用环境和边界约束等因素对裂缝产生机理、分布规律和控制措施进行研究，创新性地提出变形缝后埋式止水带、增加暗梁柱、增强整体刚性的应力主动约束和释放技术，从源头减少裂缝的产生；提出混凝土配合比的优化、钢纤维配量的选择、设计优化改进的措施，以控制裂缝产生，减少不必要的后期堵漏；提出实体工程防水质量检测技术，实现对施工关键环节的监督把控。

以上成果的应用以期能够控制、消除有害裂缝的产生，对于提高结构耐久性、保证工程质量、降低运营维修成本有重要的意义，同时也符合绿色、环保的建筑理念。

3）屋面变形缝后埋式止水带应用技术

（1）应用背景

目前运用在车辆段盖体主体结构的变形缝防水措施多以常用的中埋式橡胶止水带为主。但由于混凝土结构受年度温度应力影响，以及伸缩缝设计间距超出国家规范要求，加之变形缝设计构造、材料适用性和施工工艺等因素影响，都容易引起防水层失效而漏水，影响正常运营。

经过对现有变形缝做法进行多次研讨和实践，项目团队从优化设计、改进材料和施工节点着手，创新性地提出了新型后埋式止水带施工，能有效地提高超大跨度变形缝防渗漏能力，改善因温差导致的伸缩变形的适应能力，提高车辆段大盖整体防水能力。

（2）技术原理与工艺流程

①技术原理

后埋式止水钢板 BG-199 通过 GCYY-201 锚固剂固定在变形缝侧墙上来实现相应的止水作用，具有与混凝土结构同寿命的良好耐久性；同时，止水钢板具备一定的弹性变形能力和良好的修复性能，使其能够适应变形缝的不均匀沉降变形，不易因沉降拉伸而出现损坏，并且在后续使用中，止水钢板处偶发渗漏时可直接焊接进行修复，达到了便于修复的目的。后埋式止水带安装大样如图 4-51 所示。

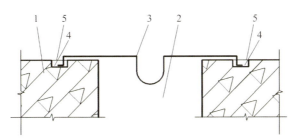

图 4-51　后埋式变形缝安装大样图

1-变形缝两侧结构；2-变形缝；3-后埋式 U 形或 V 形止水带；4-两侧结构开槽；5-锚固剂

②机械化施工工艺流程

后埋式止水带施工工艺流程如图 4-52 所示。

a) 变形缝挡水坎切槽施工　　　　b) 变形缝两侧基面处　　　　c) 聚苯板条安装

d) 后埋式止水带安装　　　　e) 锚固剂加固　　　　f) 防水涂料施工

图 4-52　机械化施工工艺流程图

（3）技术操作要点

①在变形缝两侧混凝土结构上选择止水带安装部位，弹线。

②采用切割机切缝，缝宽20mm、深20mm，切缝时不应伤及结构钢筋，切缝应顺接，不能产生突变点。

③实测切缝间距和误差情况，记录并提交工厂制作后埋式止水带。

④锚固剂加水稀释，调制合适浓度，注入缝深一半。

⑤将后埋式止水带半成品按入缝中。

⑥止水带安装前及锚固后72h后均应采用弹簧秤进行抗拔试验，抗拔力不小于500kN。

⑦采用氩弧焊焊接接长变形缝。

⑧缝内注满锚固剂，压实；待锚固剂完全充满变形缝缝内两侧，刮平锚固剂。待锚固剂凝固后，刷聚氨酯涂膜封闭表面。

⑨一天后，在缝四周围筑水池蓄水，水位高于设计高程，蓄水48h无渗漏为合格。

4.3.4　技术总结及后期研究思路

（1）对预拌混凝土性能物理温升进行研究，为优化配合比提供研究基础，改善抗裂性能。

（2）通过对车辆段超大尺寸结构抗裂技术研究，填补国内技术空白，改进大体积混凝土配合比关键技术和抗裂混凝土的技术指标，显著改善混凝土性能。

（3）通过混凝土原材料配合比优化研究，降低水化热和收缩率；通过参数比对和试验研究，选取最优混凝土原材料配合比，在保证混凝土结构质量的前提下，降低混凝土成长期的温度应力和收缩应力，同时降低水化热和收缩率，减少有害裂缝的产生。

（4）通过运用新型后埋式止水带，能有效地提高超大跨度变形缝防渗漏能力，改善因温差导致的伸缩变形的适应能力，从而提高车辆段大盖整体防水能力。

现有行业中，混凝土结构设计、施工和材料规范主要基于铁路和工民建两大体系，并没有将两大类型的工程进行有效融合和贯通，也未建立适合城市轨道交通工程结构特点的技术标准。有必要在现有技术的基础上，创新、发展城市轨道交通结构混凝土抗裂防水技术，包括地下明挖主体结构、矿山法区间结构、车辆段超大平台主体结构，以及特殊车站结构设计和工法（无柱大跨、超深基坑、盖挖逆作、盖挖顺作等），编制行业适用的城市轨道交通工程混凝土主体结构抗裂技术规程。

4.4　海绵城市和绿色建筑技术

4.4.1　工程概况

为提升建筑品质，有效缓解城市内涝、节约水资源，保护和改善城市生态环境，建设具有自然积存、自然渗透和自然净化功能的海绵城市，昂鹅车辆段共采用4种海绵设施，其中下沉式绿地主要分布于车辆段咽喉区东侧及西南侧，面积4193m²；透水铺装环车辆段布置，面积16631m²；绿色屋顶位于综合楼裙楼及塔楼屋面，面积4430m²；雨水花园集中设置在蓄电池间附近，面积2877m²。海绵设施分布如图4-53所示。

图4-53 海绵设施分布图

车辆段综合楼绿色建筑等级为深圳市银级，应满足《绿色建筑评价标准》（SJG 47—2018）所有控制项的要求，且节地与室外环境、节能与能源利用、节水与水资源利用、室内环境质量指标、施工管理指标、运营管理指标的评分项得分不应小于40分，节材与材料资源利用指标的评分项得分不应小于30分。当绿色建筑总得分达到60分且低于80分时，绿色建筑等级为银级。车辆段综合楼按绿色建筑技术要求设计施工，主要控制内容包括建筑装饰装修部分的环境噪声、室内噪声、空气声隔声、撞击声隔声、采光系数；建筑电气部分的照明眩光、显色指数；系统节能性能部分的冷冻水总流量、冷却水总流量、空调机组水流量、空调系统总风量、系统风口总风量、风管漏风量、低压配电电源质量、照明亮度及照明功率密度。综合楼建成效果如图4-54所示。

图4-54 昂鹅车辆段综合楼

4.4.2 海绵城市应用

1）下沉式绿地

下沉式绿地从下至上依次为原状素土、种植土层、植被（迷迭香、花叶良姜、肾蕨等）覆盖，断面详见图 4-55。绿地中心高程低于周边绿化或铺装地面 250mm，内设 DN150 溢流管与室外雨水管网相连，溢流口高出绿地 200mm。

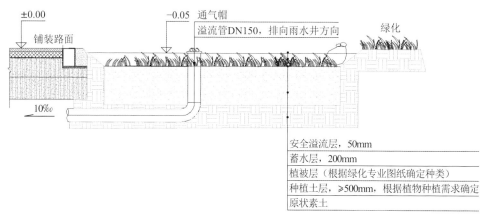

图 4-55 下沉式绿地断面图（高程单位：m）

（1）施工工艺及要求

测量定位：采用测量仪器将下沉式绿地区域进行定位，并用白灰标记出区域边界。

地形整理：利用小型挖掘机配合人工进行地形整理，绿地与周边地形过渡平顺，原状素土表面平整无虚土；下沉式绿地中心表面高程低于周边区域 250mm，保证有效水深 50～150mm。

溢流管埋设：采用 DN150 PVC-U 塑料排水管埋设至原状素土层，水平段坡度 10‰，就近接至雨水井或排水明沟，确保管内不积水；溢流口高于地面 200mm，周边铺设鹅卵石，以免其损坏或造成隐患。

回填种植土：厚度不小于 500mm，种植土由砂、堆肥和壤质土混合而成，渗透系数大于 1×10^{-5}m/s，其主要成分中砂含量为 60%～85%，有机成分含量为 5%～10%，黏土含量不超过 5%，碎石粒径范围为 5～20mm。

种植植被：选用耐旱、耐涝、根系发达、无病虫害的育苗种植，利用小铲子挖掘种植坑，放入植被根部并填土压实，及时浇水保证种植土湿润。

（2）应用效果

通过在室外绿地合理设置下沉式绿地设施，能有效减少雨水径流；下沉式绿地将道路雨水进行储存，多余的雨水透过溢流口流入雨水管网，再进入排水系统进行排出，现场完成效果如图 4-56 所示。

图 4-56　下沉式绿地

2）雨水花园

雨水花园主要由碎石层、植被及种植土层、覆盖层、蓄水层 4 部分组成，如图 4-57 所示。其中在填料层和砾石层之间可以铺设一层砂层或土工布。

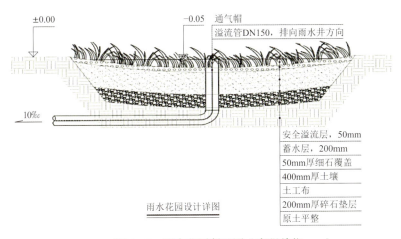

图 4-57　雨水花园断面图（高程单位：m）

（1）施工工艺及要求

雨水花园施工依据其组成依次进行填筑覆盖，施工参照下沉式绿地工艺。

碎石层：由直径不超过 50mm 的砾石组成，厚度 200mm，在其中可埋置直径为 100mm 的穿孔管，经过渗滤的雨水由穿孔管收集进入邻近的河流或其他排放系统。

植被及种植土层：一般选用渗透系数较大的砂质土壤，其主要成分中砂含量为 60%～85%，有机成分含量为 5%～10%，黏土含量不超过 5%，种植土层厚度 400mm。种植在雨水花园的植物应是多年生植物，可短时间耐水涝，如大花萱草、景天等。

覆盖层：由直径不超过 15mm 的细石组成，厚度 50mm。覆盖层对雨水花园起着十分重要的作用，可以保持土壤的湿度，避免表层土壤板结而降低渗透性能。

蓄水层：高度 200mm，为暴雨提供暂时的储存空间，使部分沉淀物在此层沉淀，进而去除附着在沉淀物上的有机物和金属离子。

（2）应用效果

雨水花园设施应达到以下功能：

①雨水花园能够大量地除去雨水中携带的杂质悬浮颗粒、有机物、重金属离子、病原

体等有害物质。

②运用生态滞留池采用生态降解技术可以有效降解污染物、吸收营养物质,从而减少流入自然水体的污染物,达到改善水质的目的。

③可以降低地表径流的流速,减少雨水对土壤的冲刷和侵蚀,加快生态环境的恢复。

④雨水花园植物的根系可以加快雨水的下渗,植物的蒸腾作用可以改善局部气候。

⑤凹地可以增加雨水在地表的停留时间,使更多的雨水下渗,可以更好地涵养地下水位。现场完成效果如图 4-58 所示。

图 4-58　雨水花园

3）透水铺装

透水铺装主要包含素土回填层、级配砂石层、无砂大孔混凝土结构层、干硬性水泥砂浆找平层、透水面层。车辆段透水铺装面层材料采用了透水砖、透水水泥混凝土、透水沥青混凝土、嵌草砖、鹅卵石、碎石。以透水砖面层为例,其断面如图 4-59 所示。

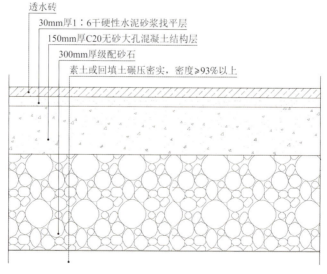

图 4-59　透水砖断面图

（1）施工工艺及要求

素土或回填土压实：采用小型压路机进行振动夯实,压实度不小于 93%。

级配砂石回填：厚度300mm，级配砂石最大粒径不大于30mm，人工散铺至略高于设计高程后，机械夯实至设计高程，达不到要求时应进行补差。

混凝土结构层：采用C20无砂大孔混凝土浇筑，厚度150mm，施工前应提前进行配合比验证，浇筑后及时养护。

砂浆找平：采用30mm厚1∶6干硬性水泥砂浆人工找平。

铺砖：将基层清扫干净，洒水湿润，铺40mm粗砂做垫层，在垫层上干铺地砖，用橡皮锤均匀敲实，做到表面平整，接缝平直，铺设完成后采用中细砂填缝。

（2）应用效果

通过合理运用透水铺装，可以达到以下功能：

①防止道路积水，减少路面水浸润，从而延长路面的使用寿命，减少维护费用。

②促进自然水循环，避免雨水全部流入下水管道，引发车辆段内涝。

③过滤雨水，减少污染物进入地下水资源，保护地下水资源。

④降低路面温度，缓解城市热岛效应，改善生态环境。

⑤具有良好的防滑性能，能够提高道路的安全性。

现场完成效果如图4-60所示。

图4-60 透水铺装

4）绿色屋顶

绿色屋顶应用于综合楼裙房屋面及塔楼屋面，主要做法包含建筑屋面防水、种植土回填、排水沟施工、植物种植。

（1）施工工艺及要求

建筑屋面防水：与常规建筑屋面防水相似，防水卷材应具备耐根穿刺要求。

种植土回填：屋面防水层施工完成后，铺设20mm厚凹凸型排水板，其上再铺设一层300g/m² 无纺布过滤层，随后再进行种植土回填，人工回填摊平，单次摊铺厚度不得超过30cm，厚度采用样棒控制。

排水沟施工：绿色屋面设置内排水沟，将屋面雨水引至落水口处，落水口采用直式落水口，雨水斗周围直径500mm范围内坡度不小于5%。水落口与基层接触处应留宽20mm、深 20mm 的凹槽，嵌填密封材料。

植物种植：按图放样苗木种植点，根据树种根系特点确定挖掘穴位尺寸，种植后应定期进行养护。

（2）应用效果

绿色屋顶可有效减少屋面径流总量和径流污染负荷，具有节能减排的作用，对于综合楼起到保温、隔热作用。综合楼绿色屋顶现场完成效果如图 4-61 所示。

图 4-61　综合楼绿色屋顶

4.4.3　绿色建筑应用

1）节地与室外环境

综合楼位于昂鹅车辆段北端，主要出入口正对车辆段北门，不在森林保护区及基本生态控制线范围内，选址、规划与建设符合深圳市规划要求，以及深圳市基本生态控制线、各类保护区、文物古迹保护的建设控制要求。

（1）场地内部潜在危险源评估

根据综合楼区域土壤氡气检测报告显示，其基础范围土壤中的氡含量不大于 20000Bq/m^2，符合国家及地方设计标准。场地周围土壤平整，无山体及较大流域，地处于深惠交界，周围无工厂，无危险化学品、易燃易爆物等危险源威胁，无电磁辐射等危害。

（2）污染物排放

场地范围内不存在超标的污染源，并且在污染物排放之前，按照高标准、高要求，对有害物质严格分类处理。

①废气：主要为厨房产生的油烟气，由设置在炉灶上方的油烟过滤罩收集，通过管路排出屋面，排放前经油烟净化装置处理，此设备能够除去 90% 以上的油烟，发电机房尾气经达标处理后排放。

②废水：生活污水设化粪池预处理，公共餐厅厨房含油设备污水设隔油池处理。

③废物：建筑废弃物的处理符合国家及地方标准，生活垃圾袋每天有专人收集，密封

清运，集中处理。

④噪声：项目采用低噪声设备，风机水泵、发电机等动力设备机房集中设置，并按规定采取隔音降噪措施。

（3）室外环境

①室外风环境状况：冬季典型风速和风向条件下，建筑物周围人行区距地 1.5m 高处的风速为 0.03~4.7m/s，风速放大系数为 0.2~2.48。过渡季、夏季典型风速和风向条件下，场地内人活动区不会出现涡旋或无风区。外窗中室内外表面的风压差大于 0.5Pa 的可开启外窗的面积比例为 98%。

②场地出入口步行至沙坜工业区公交站距离为 248m，途经公交有 M326 路、M427 路、M571 路等。

③综合楼考虑有效自然通风，裙楼采用梯台式设计。首层均设有可遮阳避雨的雨棚作为步行走廊。

④综合楼无障碍设施依据《无障碍设计规范》（GB 50763—2012）进行设计，建筑入口为无障碍入口，坡度不大于 1:50，项目设有无障碍电梯，并设置无障碍专用卫生间，停车位、人行道、公共绿地均设有无障碍配套面积和无障碍设施。场地内人行通道与场地外人行通道的连接为平坡出入口，地面坡度小于 1:20，无障碍连接。

（4）室内环境

①综合楼外墙采用 200mm 厚钢筋混凝土，隔墙采用 200mm 厚加气混凝土砌块，外窗采用断热铝合金窗框＋6mm 中透光三银 Low-E＋9mm 空气＋6mm 透明中空玻璃，楼板采用防滑地砖、120mm 厚钢筋混凝土楼板；各围护结构隔声性能均满足《民用建筑隔声设计规范》（GB 50118—2010）规定的最低限标准值。

②综合楼周边环境较为僻静，无交通干线，主要噪声源为室内空调噪声，采用静音型空调，噪声可控制在 30dB 左右。综合楼墙体间采用加气混凝土墙构造、窗采取中空玻璃，均能有效隔绝噪声。

地下室照度检测如图 4-62 所示，办公室照度检测如图 4-63 所示。

图 4-62　地下室照度检测　　图 4-63　办公室照度检测

2)节水与水资源利用

(1)市政给水引入管上均设有水表组,生产、生活给水引入管与消火栓引入管在室外水表组管段处分开。水表组消防管段(DN200)上均依次设有闸阀、DN200水表、Y形过滤器、倒流防止器、闸阀,生产生活给水管段(DN150)上依次设有闸阀、DN150水表、Y形过滤器、倒流防止器、闸阀。采用分区供水,综合楼3层(不含)以上采用加压供水,其余楼栋及综合楼3层及以下的生产生活用水采用市政水压直供。

(2)采用1级节水型器具,节水率达到30%。

自动感应小便器安装如图4-64所示,自动感应水龙头安装如图4-65所示。

图4-64 自动感应小便器安装

图4-65 自动感应水龙头安装

3)节能与能源利用

建筑节能应符合国家、广东省及深圳市现行有关建筑节能法规和标准的规定。

(1)建筑外窗采用断热铝合金窗框+6mm中透光三银Low-E+9mm空气+6mm透明中空玻璃,1~5层办公区域采用冷水机组系统,综合监控设备室等电力房间设置多联机系统,7~24层员工宿舍采用分体空调。照明采用节能灯具,综合节能率>40%。

(2)综合楼公共区采用全空气系统,送风温差为站台9℃,站厅11℃,设备管理用房的空调系统送风温差为10℃,冷风降温系统送风温差为15℃。人员房间与设备管理用房区域的空调系统分开设置,设备用房中27℃与36℃设计温度的房间分开设置系统。

(3)空调冷、热源机组台数与容量,空调冷源的部分负荷性能符合《公共建筑节能设计规范》(SJG 44—2018)的规定;水系统、风系统合理采用变频技术,且采取相应的水力平衡措施,符合《公共建筑节能设计规范》(SJG 44—2018)的相关要求。

(4)空调系统采用设备自带遥控器(线控器)就地控制,系统设置集中控制器,设置于集中控制室内。

(5)1~5层办公区域采用冷水机组系统,综合监控设备室等电力房间设置多联机系统,7~24层员工宿舍采用分体空调,各个房间均可独立控制。

（6）地下车库设置机械通风，各防烟分区可利用坡道进行自然补风措施。

（7）综合楼根据冷热源、输配系统和照明系统等各部分能耗进行独立分项计量。

（8）楼梯间采用人体红外感应灯具，餐厅采用分区控制。

（9）设备节能控制：电梯采用变频控制、启动控制、智能控制等经济运行控制手段。

（10）室外幕墙玻璃采用反射率小于0.30的低反射玻璃，可有效降低玻璃幕墙光反射对周边环境的影响。经分析，对周边建筑不造成光污染。室外幕墙玻璃如图4-66所示。

图4-66　室外幕墙玻璃

（11）室外景观照明采用庭院灯，设计将确保无直射光射入空中，不对行人产生光污染。

（12）地块周边有居住建筑，经日照分析，不影响周边居住建筑的日照要求。

4）节材与材料资源利用

（1）综合楼设置分类收集的垃圾站和垃圾收集点，并根据建筑垃圾的来源、可否回用性质、处理难易度等进行分类，将其中可再利用或可再生的材料进行有效回收处理，收集和处理过程中无二次污染。单独设置废电池、纸张、玻璃、塑料和金属的回收点。

（2）根据综合楼建筑设计的实际情况，合理选择基础以及结构体系，对结构构件进行精细化设计，综合楼结构体系及构件设计综合控制较好，采用预拌混凝土、预拌商品砂浆及高强钢筋，结合绿色建筑的各种经济技术措施，总体符合绿色建筑节能节材评价的经济性要求。

（3）建筑结构形式为部分框支剪力墙结构体系，综合楼受力主筋高强度钢使用比例为86.73%。

（4）玻璃、钢材、铝材、木材，可循环材料的使用比例达到10.36%。

5）效益分析

随着城市化进程不断推进，建筑能耗和城市污染问题日益严重，给社会能源和环境带来巨大的负担，昂鹅车辆段综合楼积极实践绿色建筑技术的应用，在满足用户健康舒适度的基础上，设置了连贯的无障碍步行系统、电动汽车充电设施及场地出入口，设有公共交通站点，保证了无障碍出行，提高了服务民生的社会效益。在施工过程中，制定了合理的能耗指标，提高了施工能源利用率。临时设施采用了节能材料，降低碳排放。临时用电规定分段分时使用，节约用电。施工现场设定了用电、用水控制指标，定期进行计量、对比分析，尽可能地降低能耗，缓解当地能源、水资源、材料资源等的紧张局面，减少环境污染，对环境的可持续发展具有十分积极的作用。

昂鹅车辆段遵循生态、环保和低碳的理念，提升建筑品质，对于绿色建筑技术在城市轨道交通的应用推广具有一定的借鉴意义。

第 5 章

车站机电安装装修工程技术

5.1 基于全要素信息模型封模综合技术

车站机电安装主要由风、水、电三大专业组成。受施工条件和工艺等因素的影响，现场施工精准度低、材料浪费、拆改返工等问题屡见不鲜，整体的工业化水平相对较低。结合现场施工的痛点，14 号线全面推动基于 BIM 技术的各类智能建造技术集成应用，推行全要素信息模型封模综合技术应用，提升 BIM 技术应用的广度和深度。通过 BIM 三维可视化技术，结合装配式技术，实现精准下料、工厂加工、现场管理、装配式模拟和装配式施工，"BIDA 一体化"❶施工技术已全面应用于车站综合管线、冷水机房施工及末端设备优化整合。

5.1.1 基于 BIM 技术的装配式冷水机房应用

冷水机房是整个通风空调系统的心脏，为车站通风空调系统运行提供能量，冷水机房的施工既是通风空调系统施工的重点也是难点。传统的冷水机房施工都是通过人工对照图纸完成，包括在机房内进行管道切割、管道与法兰的现场组对焊接以及采用现场手工刷漆的方式进行管道防腐处理等作业。这种传统施工方法存在工期长、高污染、高耗能、低效率等问题，现场施工的安全性和文明程度较低，安全隐患较多。

14 号线通过研发基于 BIM 技术的装配式冷水机房施工技术，采用了国内领先的"BIDA 一体化"施工工艺，以 BIM 技术为依托，装配式施工为核心，将施工阶段总结为全 BIM 化深化设计、工厂化预制加工、物联化定位配送、模块化装配施工为一体的工程技术体系，全面应用于 14 号线车站冷水机房施工。所有装配构件全部于工厂内完成预制、现场拼装，施工现场实现"搭积木"装配式施工。施工现场避免电焊、切割、油漆等作业，实现了真正的"零加工"绿色环保施工。同时，减少了高空作业及动火作业，消除了安全隐患。这

---

❶ "BIDA 一体化"工程技术体系以 BIM 技术为依托，装配式施工为核心，将施工阶段总结为 B-BIM Design（全 BIM 化深化设计）、I-Industrial Production（工厂化预制加工）、D-Dispatching（物联化定位配送）、A-Assembly Construction（模块化装配施工）。

些措施极大提高了施工的质量和效率,社会效益、经济效益显著。

基于 BIM 技术的装配式冷水机房的安装要经过 BIM 模型深化,BIM 模型拆分、编码,工厂预制加工,物流化配送及现场拼装五个主要阶段。

1)BIM 模型深化

根据设计图纸,本工程利用 Revit 软件进行建筑模型、结构模型、机电管线设备模型的三维模型创建,随后对冷水机房设备及管线优化,利用 Fuzor 软件进行施工漫游及碰撞检测。根据碰撞检测结果,对碰撞检测出来的问题逐个进行相应的优化解决,优化完成后,建设、设计、监理、设备厂家等各参建单位对优化方案进行确认。方案确定后,进行现场实测,根据测量数据对 BIM 模型进行复核、调整。根据最终确定的 BIM 模型,进行管道拆分、编码。根据机房内的管道综合布置情况,考虑预制加工成品管组运输、就位、安装等限制条件,结合管道材质、连接方式等,对优化后的机房综合管线进行合理分段并对预制模块进行分组。基于 BIM 模型的高精度、可视化特点,将水泵、阀部件、管道、支吊架进行一体化整合设计,形成泵组装配单元和预制管组装配单元。工厂根据管道拆分编码图进行管道预制加工,预制管道送至现场后,按照管道编码进行现场组装。深化后的冷水机房三维效果如图 5-1 所示。

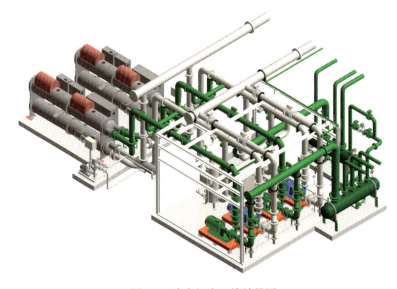

图 5-1 冷水机房三维效果图

2)BIM 模型拆分、编码

冷水机房 BIM 模型可按照加工单元进行拆分并编码,主要分为集分器模块、水泵模块、冷机模块、管段模块四大类。BIM 模型模块化分解主要遵循以下 4 个原则:

(1)设备相连尽量集中在一个模块里,形成一个独立体,有利于确保尺寸的精确安装,统一支撑体系,并便于整体运输。

(2)考虑到加工方便,管段分解时长管不超过 6m,尽量使 6m 直管全部得到利用,减少切割留缝。

（3）L形、T形管的短边长度尽量控制在1.2m以内，便于工厂设备焊接。

（4）管道的分解要考虑整体拼接时的美观，同一方向的管道拼接后，尽量使法兰中心在同一直线上，或者错落有致。

锦龙站冷水机房模块化分解如图5-2所示。

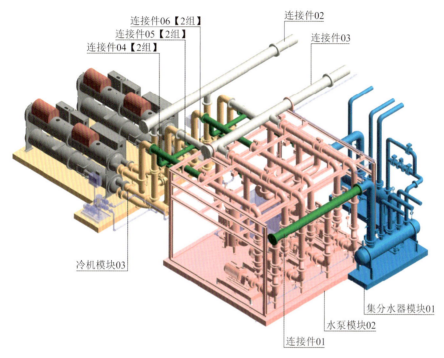

图5-2 锦龙站冷水机房BIM模型模块分解图

3）工厂预制加工

根据高精度的BIM模型导出的分段预制加工图，形成加工数据参数表，交付预制车间进行管道流水化数控加工。同时，项目组对管段预制厂家技术负责人及现场预制工人进行预制交底，确保管段预制尺寸准确度。

4）物流化配送

利用BIM技术进行预制构件的装车运输模拟分析，充分利用运输车的空间，最大限度提升运输效率。

5）现场拼装

根据施工现场实际情况，提前编制设备、管道吊装运输方案，方案中应结合吊装口位置、设备管件安装，合理规划站内运输路径。根据冷水机房设备、管道布局，规划好冷水机组、分集水器、冷冻水泵、冷却水泵、反冲洗装置、胶球在线清洗装置等设备安装顺序，设备安装就位以后，再进行预制管件安装。现场施工人员通过配置的二维码信息对半成品进行现场搬运安装。

现场施工前利用BIM模型，对现场安装工人进行三维可视化工序技术交底，帮助其快速掌握相关安装技术要求。三维可视化技术交底可以避免以往二维图纸交底不直观，造成施工误差的问题，大大提升了施工效率和施工质量。锦龙站冷水机房现场安装效果如图5-3所示。

图5-3 锦龙站冷水机房现场安装效果图

6）思考总结及未来展望

"BIDA一体化"施工全程采用BIM技术主导冷水机房设备的深化设计、管线优化、工厂预制、现场装配，具有工期快、安全性高、环保效益好、成本低等诸多优点。基于BIM技术的装配式冷水机房的施工工艺，真正实现了机电设备机房施工的BIM化、预制化、物流化、集成化，必将在机电安装行业掀起一场"绿色化"工艺革新。

基于BIM技术的装配式冷水机房施工技术在14号线已获得了成功的实践，随着国内各大城市对污染治理、节能环保的标准和要求不断提高，工厂化预制已逐渐成为行业发展的必然趋势，这为装配式冷水机房施工技术在机房管道安装工程领域的推广应用提供了广阔的应用前景。

装配式冷水机房施工技术应用在项目进度控制、成本控制以及安全控制管理方面成效显著，既降低了施工成本，又实现了施工质量的控制，具有明显的经济效益。该成果将成功解决传统冷水机房管道施工中的多项技术难题，为未来车站冷水机房管道施工提供有效的解决办法。

5.1.2 基于BIM技术的管线综合技术应用

机电设备安装过程的特点是施工进度快、涵盖专业多、施工单位多、安全管理难度大。如何在有限空间内将动力照明、通风空调、给排水及消防、环境与设备监控系统（BAS）、火灾报警系统（FAS）、通信、信号、门禁、气灭、自动售检票系统（AFC）等专业管线合理排布，高度配合，一直以来都是机电管线施工的难点。

设计人员更多考虑的是确保本专业的完善性和功能性。由于二维设计离散行为的不可预见性，设计人员容易忽视各专业管线的高程冲突问题，导致施工现场出现现场返工现象。施工技术人员需要花费大量时间去审阅多个专业的图纸，理解设计意图，同时由于土建施工误差，技术人员需要根据现场实际情况重新排布，反复讨论确认排布方案，对于比较复杂的情况还要边施工边调整。

针对传统施工工艺存在的诸多问题，14号线工程在综合管线施工安装过程中，引入BIM"三维综合管线"技术，根据现场勘察资料，运用BIM软件建立管线综合模型，直观反映出管线的位置、高程等数据，对可能存在管线冲突、设备干扰、空间隐患的情况进行模拟，前期亦可协同各专业设计，提前化解"碰撞"情形，避免现场返工现象。

BIM"三维综合管线"技术主要经过管线模型建立及深化、车站实测及管线复核、施工出图、物流化配送及现场装配施工五个主要阶段。

（1）管线模型建立及深化

BIM模型的建立从收到单专业送审稿图纸后开始，首先分专业建模，整合全专业模型，调整管线碰撞问题，整理碰撞难点，组织设计开展管综设计联络会，提出碰撞消除方案。在收到单专业施工蓝图后，应核对送审稿图纸与施工蓝图存在的差异，调整模型进行深化。管线模型建立及深化流程如图5-4所示。

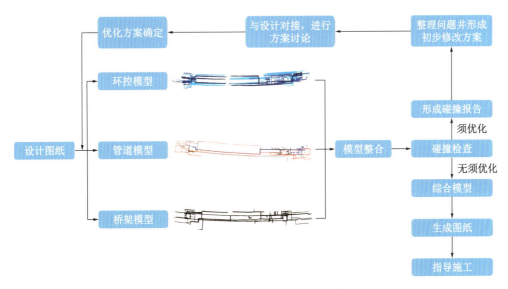

图 5-4　管线模型建立及深化流程图

（2）车站实测及管线复核

BIM三维放样之前需结合现场标靶点匹配BIM模型，根据控制点用后方交会法或后视法在施工现场对BIM放样机器人设站，使现场的三维空间坐标系与BIM模型三维空间坐标系建立映射关系，BIM放样机器人即可以计算出BIM模型任何空间位置与真实三维空间对应的位置，并自动以激光或棱镜方式指引施工人员找到该点的真实位置；同时做好点位属性或编号标记，以对应材料安装。

测量人员使用三维扫描仪对现场进行扫描，将实际土建现场"搬运"到计算机设备中，运用 BIM 进行毫米级的精细化建模，让综合管线安装后实景提前展现于计算机设备中。随后利用 BIM 放样机器人模型通过点位在现场进行毫米级放样，放样完成后可再次导入数据，与原始模型进行对比分析、优化，以进一步提升施工质量和效率，让 BIM 模型不再是"形象工程"，而是能真正反馈到施工现场的"实际工程"。现场三维扫描如图 5-5 所示。

三维扫描仪 + BIM 放样机器人的有机结合，完美衔接了 BIM 模型与施工现场，不仅能 1∶1 还原现场实际情况，还能准确无误地将模型设计数据直接呈现于施工现场，BIM 放样机器人测量如图 5-6 所示。此外，该技术还能完美实现施工现场的"快准细"："快"——相比于常规全站仪放线速度提高了近十倍，一小时便可放样多达 180 个关键安装点位；"准"——将施工放样误差控制在毫米级；"细"——让施工安装做得更加精细。该技术不仅为施工环节的精确实施提供保障，同时也为精细化施工管理带来了新的思路。

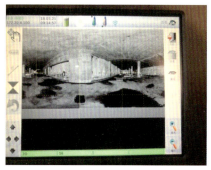

图 5-5 现场三维扫描

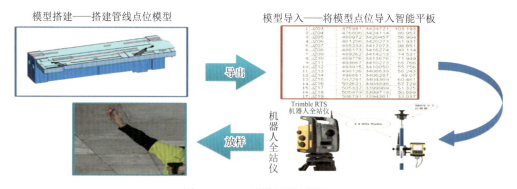

图 5-6 BIM 放样机器人测量

（3）施工出图

图纸是施工的基础，施工是图纸的论证，在传统二维图纸施工模式下，各专业协调不当的情况经常发生，BIM 三维模型可将各专业管线合理排布，满足规范要求，并导出三维施工图，使原本的二维平面图变得更为直观，给现场施工人员提供了重要的依据。综合支吊架剖面图及三维布置如图 5-7 所示。

第 5 章 车站机电安装装修工程技术

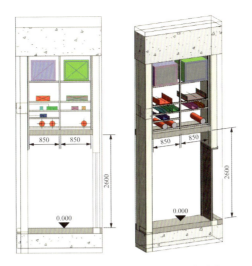

图 5-7 综合支吊架剖面图及三维图（尺寸单位：mm）

（4）物流化配送

根据细化的 BIM 模型，设计人员可将具体的构件模块和设备在 BIM 模型中精确排布和规划，以优化装车顺序和方式，同时充分考虑装载空间、装载顺序、重心平衡、安全性等因素，最大限度降低运输成本并提高运输效率。

（5）现场装配施工

本工程根据施工现场实际情况，提前编制设备、管道吊装运输方案，方案中结合吊装口位置、设备管件安装，合理规划站内运输路径。提前规划好设备安装顺序，设备安装就位以后，再进行预制管件安装。现场施工人员通过配置的二维码信息对半成品进行现场搬运安装。现场施工前利用 BIM 模型，对现场安装工人进行三维可视化工序技术交底，使其快速掌握相关安装技术要求。三维可视化技术交底可以避免以往二维图纸交底不直观产生施工误差的问题，可显著提升施工效率和施工质量。

（6）思考总结及未来展望

以往的二维施工模式过于抽象，施工技术人员很难在脑海中想象出三维立体模型。运用 BIM 的可视化功能，在出图完成后对现场施工进度进行跟踪，设计人员可将施工的重要节点直接在移动端上与现场施工技术人员交底，明确施工工艺，便于在施工中随时反馈、沟通，实现了从二维施工到三维施工的转化，不仅提高了作业人员的施工效率，减少了返工次数，也降低了管理人员的工作量。

此外，BIM 技术将设计方式从传统的二维设计提升到三维设计，将单一的平面模型转变为包含完整详细信息的立体模型，采用 BIM 技术进行管线综合的设计，不仅能够提高效率、降低成本，还能避免传统设计带来的问题。

14 号线工程通过应用基于 BIM 技术的管线综合技术，建立了车站 BIM 模型，进行了全面管线碰撞检测，及时发现和解决管线冲突碰撞及空间排布等问题，全面实现了管线综合优化排布,减少了施工返工所造成的成本增加和工期延误,增强了现场的优化能力和控制力。

5.1.3 机电末端设施设备一体化

机电系统虽是独立的系统,但与装修项目中的装饰施工紧密相关,比如吊顶的高程和机电管线的安装高程有关联,机电末端设备点位布置和装饰美观度有关联,机电检修孔布置和装修面有关联等。为了减少机电末端设备对装修整体效果的影响,14号线工程运用BIM技术对装修天花板、地板、墙面和柱面进行排版深化。

常规设备、系统设备的安装单位向装修施工单位提供末端设备的规格参数、安装位置、方式及数量,装修面板预留孔洞数量、位置及大小等。装修施工单位根据机电末端设备的布置、安装的技术规范要求进行排版深化。

为保证车站空间的整体装饰效果,装修专业牵头相关专业(弱电、导向等)整合设备吊挂安装方式,减少缩短吊杆,整齐有序安装,色彩协调统一。具体做法如下:

(1)摄像机与导向标识结合,如图5-8所示。

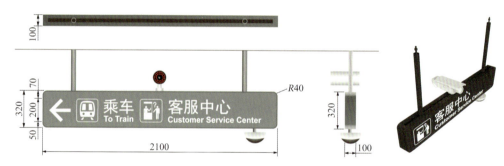

图5-8 摄像机与导向标识结合(尺寸单位:mm)

(2)摄像机靠墙、柱安装,如图5-9所示。

(3)PIS(乘客信息系统)屏靠墙柱安装,如图5-10所示。

图5-9 摄像机靠墙、柱安装

图5-10 PIS屏靠墙柱安装

（4）优化吊杆形式：对安装点位要求严格的设备优化吊杆形式，采用 L 形或 U 形吊杆安装，吊杆尽量安装在装修综合末端带和方通造型内；吊挂设备比较集中处，采用一根吊杆多个设备的安装方式，减少吊杆数量。吊杆优化形式如图 5-11 所示。

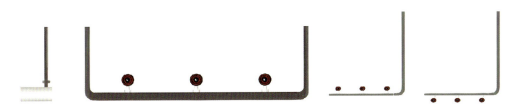

图 5-11　吊杆优化形式

（5）设备箱嵌入墙面，装修设计外包装饰门与墙面模数尽量统一（如消火栓箱、配电箱、地漏检修箱、冲水栓箱等），如图 5-12 所示。

图 5-12　装饰门与墙面模数统一

5.2　标准车站装修施工关键技术

5.2.1　工程概况

宽敞舒适、通透明亮、绿色清新的 14 号线 18 座车站各具特色，又一脉相承、浑然一体，"阳光生长"系列建设理念透过车站这些精美的"外衣"向过往的每一位旅客述说着鹏城阳光激情、永远向前的生命力量。

14 号线各车站的站厅层浅绿色的造型柱仿若"树干"，向上蔓延成六边形的框架，而框架中则是展开的花瓣状"绿叶"，墙面则是洁白的标准模块，在生态自然的渐变色彩装扮下，犹如一道轻松活力、简洁舒适的"地下生态绿廊"。

14 号线全线车站在装饰装修设计中引入"阳光 + 生长"的理念，其中"生长"蕴含着绿色生态、创新发展的理念。而这一理念在岗厦北枢纽、黄木岗枢纽、大运枢纽得到了完美呈现，如图 5-13 所示。

图 5-13　14 号线标准车站

南约站：本站充分体现"阳光＋绿色生长"的线路主题，色彩方面提炼树干暖色调凸显向上生长的空间张力，以及提炼枝繁叶茂的浅绿色系展现生态与阳光的完美结合。整体空间通过"白色""木色""绿色系"进行组合，色彩的搭配体现了南约站"阳光＋生长＋绿意盎然"的生态特色主题，如图 5-14 所示。

图 5-14　14 号线南约站

罗湖北站：本站充分体现"阳光＋智慧生长"的主题，以展现现代科技感为出发点，契合整体建筑设计理念，运用块面切割结合线条穿插的关系，以标准单元形式组合运用到空间设计中，巧妙地将灯光与造型一体化设计，既维持空间造型元素统一，又突出局部个性变化，尤其对重要交通节点的设计，旨在营造现代简洁的科技氛围，如图 5-15 所示。

图 5-15　14 号线罗湖北站

石芽岭站：本站充分体现"阳光＋科技生长"为主题，为原本的车站空间赋予了生态语言，摒弃传统的单一空间设计，打造多维度的空间体验，还原城市的科技绿廊梦。车站以科技树枝的设计元素为空间设计灵感，结合模拟天光以及建筑的一体化设计，使整个空间如室外般通透明亮，如图 5-16 所示。

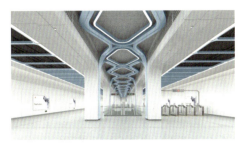 

图 5-16　14 号线石芽岭站

四联站：本站充分体现"阳光 + 时光生长"主题，装修设计以山明水秀、鸟语花香、春光明媚为思路，整体空间简洁明快，融入阳光的元素，注重表现和谐共生与发展，坚持走温暖、阳光、家和万事兴、可持续发展之路，让四联站更加温暖、有亲和力、走向文明发展新时代，如图 5-17 所示。

图 5-17　14 号线四联站

嶂背站：本站充分体现"阳光 + 缤纷生活"主题，打破传统装饰设计中的单色调空间，站台整体为裸装设计，在结构管片上采用彩虹色作为装饰亮点，展露结构美的同时使狭小的站台空间充满活力与乐趣，以"穿越彩虹的车站"增加空间的动态趣味；站厅管线进行整体调控，在白色调的基础上，沿用站台的色彩进行遮挡，实现功能与装饰一体化的设计理念；室内外色彩相呼应，营造出轻松愉悦的空间氛围，如图 5-18 所示。

图 5-18　14 号线嶂背站

出入口、风亭等地面附属建筑设计中注重统一和多样相结合、使用高品质建筑材料，实行构件标准化、模块化设计。

（1）14号线地面建筑风格手法、形式统一，深圳市城市轨道交通四期工程线路出入口统一以平顶和弧顶造型为主。统一的出入口形式加强了深圳地铁车站的标识性，同时增设屋顶檐口灯带，增加出入口夜晚的可识别性，体现深圳地铁的人文关怀。

（2）14号线地面建筑使用隐框玻璃幕墙、铝板吊顶、干挂石材等高品质的建筑材料与做法，将14号线的地面建筑打造为"城市家具"中的精品。

（3）14号线出入口在既有线路标准做法基础上，采用建筑构件标准化、模数化设计；建筑、结构、幕墙、室内、灯光一体化设计，为后续的线路建设提供更高标准，如图5-19所示。

图 5-19　车站出入口

5.2.2　质量控制实施

为有效推进工程建设，14号线综合运用BIM、VR（虚拟现实）、大数据等技术，摸索出一套集智慧、科技、管理为一体的车站施工过程智能管理方式。

在正式开工前，14号线建立了基于三维模型的碰撞检查与全景漫游动态演示，实现了各专业之间存在的碰撞冲突检测；同时借助VR工具，进行全景虚拟现实漫游，模拟装饰装修细节处理效果，找出可能存在的碰撞问题，从而减少因不同专业沟通不畅而产生的技术错误，有效提升了施工各专业的合理性、准确性和可校核性。

为保证车站整体品质，通过BIM建模提前排版布局下料，对各专业设备末端设备安装位置进行优化调整，减少墙面、柱面开孔及装饰收边收口封口条、封口胶使用，使整个版面浑然一体。通过对现场实测实量后综合排版,减少异形板数量,并采用墙、地、顶面居中对缝施工,使装修整体排版简洁美观,给人赏心悦目的感觉。

在施工过程中,本项目通过采用智能安全帽、无人机航拍、塔式起重机防碰撞检测、BIM + VR/AR(增强现实)展示、BIM + 3D 技术、二维码物料跟踪等一系列智能化技术手段,加强源头、过程和细节控制;同时,针对专业交叉较多、技术复杂、接口工程数量大的特点,基于 BIM 模型和进度计划建立了项目整体施工进度 4D 模拟,可视化展示各个项目单体各时间段进度情况,综合协调各站点土建、机电安装及装饰装修各专业施工顺序,有效解决了不同专业之间的施工冲突。此外,本项目还将 BIM 技术充分运用到检索图纸、优化净高、优化支吊架、内装深化、三维细部处理、工程量提取、三维技术交底等方面,提升了工作效率,节约了成本,深化了细节,为精品站房建设提供了智能化、信息化、专业化技术支撑。

1)装饰工程策划思路

装饰施工首先要与方案设计对接,充分理解装饰方案设计意图,理解设计人员想让项目达到的装修效果,然后设立以工区项目经理为组长,分部项目经理、项目总工程师、安全总监和副经理为副组长的质量管理小组,成员包括各部门骨干力量,涵盖项目材料供应商及劳务队伍,开展全员质量管理。制定项目质量管理各项制度和质量创优策划,落实项目管线及装饰排版优化、样板引路、成品保护以及实测实量制度,积极开展质量管理(QC)小组活动。装饰装修工程作为站后施工的最后阶段,一切前置工作都要以为装饰装修工程服务为原则组织开展。

2)技术准备

在工程项目建设过程中往往会强调专业质量控制,但是地铁工程项目是一个具有复杂性、系统性及专业配合度要求较高的工程,并非单一专业严格控制质量就能做出优质工程,在满足美观的前提下首先要保证功能性的达标,照明、环境控制及消防等是未来运营主要考虑的方面,所以装饰工程首先考虑的是如何优化整合。

(1)管线优化

车站因其特殊性涵盖机电专业较多,管线多且复杂,特别在设备区与公共区相接位置以及出站横通道位置,结构净高有限且部分区域横截面可利用率较低,一旦管线优化不合理将直接导致后续装修高程降低,在长距离空间目测下就显得压抑,基本丧失装修效果及美感。BIM "三维综合管线"的应用,首先确定装修所需高程,再对各专业管线进行排布优化(图 5-20),各专业进行事先协调,可以很容易地发现和解决碰撞点,减少因不同专业沟通不畅而产生技术错误,并出具管线综合图。综合管线施工严格遵循施工规范、设计要求及管线综合图,施工前做好详细技术交底、施工中做好关键节点卡控,施工后做好重点部位复查,保证管线安装正确,各管线间距合规合理、排布顺直、整齐美观,如图 5-21

所示。

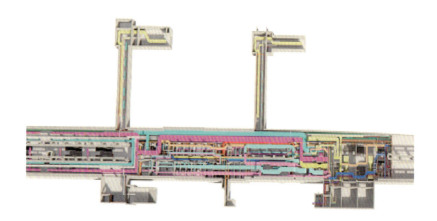

图 5-20 管线模型

图 5-21 管线安装

（2）装修综合排版

完成管线优化后对装修排版进行优化，管线优化解决的仅仅是装修高程的问题，而车站首先要考虑的是功能性完善，车站的功能性就体现在末端设备。在符合相关设计规范、验收标准的前提下，本项目将各专业设备末端的设备安装位置进行优化调整，减少墙面、柱面开孔，实现对墙面搪瓷钢板开孔位置的精确定位，厂家加工一体化成型，避免现场二次加工。对现场实测实量后综合排版，减少异形板数量，并采用墙、地、顶面居中对缝施工，使装修整体排版简洁美观，如图 5-22 所示。同时，考虑到使用单位在工程施工阶段或在工程竣工后介入接收使用时，均会对房屋装修情况及涉及使用功能的房间和设施提出各种问题，或者就办公便捷性方面提出建议，这些问题往往是设计人员在施工图设计时忽略或无法考虑到的。在此情况下，设计单位及施工单位都需要对施工方案进行调整；若在工程竣工后再进行调整，则可能导致工程返工，给施工单位及使用单位造成不便。因此，本项目施工期间积极邀请设计及使用单位到施工现场查看验收，在施工现场给设计及使用单位提出建议,探讨出可行的方案,可以进一步减少因使用需求变化带来的工程变更,加快施工进度,降低施工成本。

图 5-22　走道、站厅层及站台层装饰装修综合排版

3）现场实施

每一项精品工程都源于每一个细节的"打磨"。作为深圳东进战略实施的重点工程,在 14 号线施工过程中,施工单位始终秉承"品质建造"理念,多措并举,苦干、实干加巧干,在科技创新、过程控制、质量管理等方面下足功夫,始终以"开工高标准,过程常态化,完工即精品"为标准,以争创"鲁班奖""詹天佑奖"为目标,坚持装饰装修工程施工必须以卓越的品质作为保证,确保将 14 号线打造成精品工程。

（1）样板引路、标准先行

严格质量管理。本项目成立质量管理小组,通过制定项目质量管理各项制度和质量创优策划、落实项目样板引路、抓实成品保护以及实测实量制度、开展 QC 小组活动等措施,全面提升质量管理;同时引入智能测量机器人,一键自动测量墙面平整度、垂直度、房间方正度、天花板与地面的平度极差等指标,为 14 号线打造精品工程提供了有力保障。

现场选取专业涉及较多,装修工程包含吊顶、墙面及地面区域。分别进行样板段施工,对每道工序进行样板实施,并附上工艺流程说明（图 5-23）,邀请建设、设计、监理及运营单位到场进行样板段验收（图 5-24）,最后根据验收意见及要求进行改正,形成最终技术交底文件传达到对应劳务班组及材料厂家手中,提前规避今后施工中可能遇见的质量控制问题。

图 5-23　墙面样板　　　　　　　　　　图 5-24　现场样板验收

（2）施工质量过程控制

强化过程控制。本项目依托 BIM 模型对工人进行可视化技术交底，将施工方法二维码粘贴在施工地点，工人通过手机扫码，就可以看到操作过程。质检工程师每天坚持实测实量管控，严格按照验收规范要求对已完工部位进行全数实测实量，不符合规范允许偏差要求的第一时间进行拆除返工，不合格工程绝不流入下一道工序。

装饰装修施工主要工程内容包含墙面工程、吊顶工程、地面工程、不锈钢栏杆工程、柱面铝板干挂工程、搪瓷钢板墙面工程及楼梯不锈钢栏杆、栏板安装工程。墙、地面在排版优化及管线综合中严格按照优化成果执行能解决多数问题，但在其余装饰工程中，还需在施工中严格进行质量把控。下面对其关键点进行介绍。

①不锈钢栏杆工程：土建施工会有一定偏差，装饰设计图纸一般不够详细，所以必须根据现场放线实测的数据，按照设计要求绘制施工放样详图。尤其要注意楼梯栏杆扶手的拐点位置和弧形栏杆的立柱定位尺寸，只有经过现场放线核实后的放样详图，才能作为栏杆、扶手构配件的加工图，如图 5-25 所示。

②搪瓷钢板墙面工程：安装一般由主要的观赏面开始，由下而上依次按一个方向顺序安装，尽量避免交叉作业以减少偏差，并注意板材色泽的一致性。正式挂板前，应适当调整板的缝宽及不锈钢挂件位置。板面上口不平时，可通过在搪瓷钢板底部的较低一端不锈钢挂件下垫相应的双股铜丝垫进行调整；调节垂直度时，可调整板面上口的不锈钢挂件距墙的空隙大小，直至垂直，拧紧螺栓固定不锈钢挂件，如图 5-26 所示。

图 5-25　不锈钢栏杆施工过程图　　　　图 5-26　公共区搪瓷钢板施工过程图

③铝合金吊顶工程：根据车站设计风格，金属天花安装先安装铝合金方通，再安装铝合金灯槽，最后安装铝合金垂片及冲孔板和铝合金拉伸网。为确保安装效果，个性区造型天花在地面先进行预拼装，个性区单体或多体构件先是按设计加工成散件，然后按设计要求在地上拼装起来。如果厂家供应半成品，则只需按设计要求在现场拼装起来即可。大面积整块安装完毕后，再安装墙边、灯孔、检修边等特殊部位。先将金属吊顶侧面凹槽对准龙骨的翼缘轻轻插入，然后再安插片和另一块金属吊顶板。在相邻次龙骨金属吊顶板安装完后，方能安装第二根龙骨，并依次进行，如图 5-27 所示。

图 5-27　南约站公共区铝合金吊施工过程图

5.2.3　效果展示

向上生长的空间张力，由造型铝板干挂而成，切割精准、线条柔美、色泽一致，排版大气而富有规律，如图 5-28～图 5-31 所示。

图 5-28　阳光生长的造型铝板实景图

图 5-29　冲孔铝板实景图

图 5-30　木色造型铝板及天花实景图

图 5-31　绿意盎然的空间实景图

综合管线、通风空调等设备端定位在天花内；显示天花整体，点位隐蔽；室内装修的精致程度在细节上展现得淋漓尽致，如图 5-32 所示。

图 5-32　精致的站台层候车区实景图

装饰细部匠心独运，精雕细琢，节点考究，尽显细节之美，如图 5-33、图 5-34 所示。

图 5-33　对缝工整的室内公共卫生间实景图　　图 5-34　均匀协调的出入口扶梯实景图

5.3　特色车站装修施工关键技术

5.3.1　工程概况

罗湖北站㉑～㉘轴交Ⓐ～Ⓓ轴结构顶板开洞形成下沉广场，地面设置钢结构罩棚。该钢结构罩棚总建筑面积约为 2670m²，采用交叉梁 + 张弦梁 + 桁架结构体系，共 11 根钢柱锚固于主体结构顶板，罩棚总用钢量约 500t。钢结构罩棚由 3 个相对独立的罩棚组成，中间为 A 区，两边的罩棚以中轴线对称为 B 区。A 区屋面系统采用玻璃屋面板，B 区屋面系统采用金属屋面板，具体如图 5-35 所示。

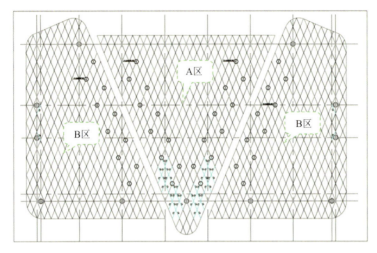

图 5-35　钢结构罩棚分区平面图

该钢结构罩棚主体结构设计使用年限为 100 年，抗震设防烈度为 8 度，设计基本地震加速度为 0.2g，基本风压 $W_0 = 0.8 \text{kN/m}^2$，建筑类别三类，耐火等级一级，屋面防水 I 级。该钢结构罩棚占地长为 63.84m、宽为 32.7m，11 根钢柱为钢筋混凝土圆管结构，顶部为矩形钢管空间网架结构。主体钢材材质为 Q355B，檩条材质为 Q235B。钢结构罩棚主体结构如图 5-36 所示。

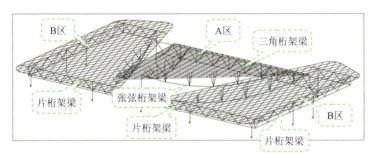

a) 罩棚轴测图

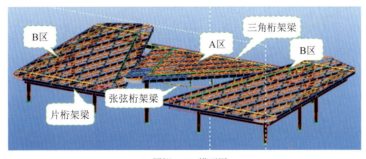

b) 罩棚 Tekla 模型图

图　5-36

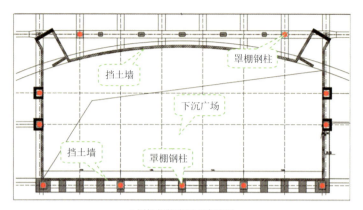

c) 罩棚钢柱底平面布置图

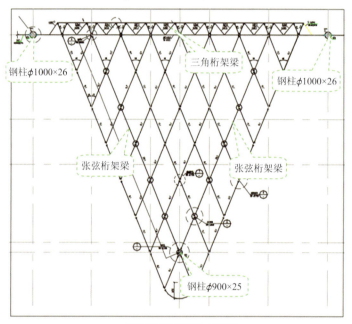

d) A 区罩棚网格平面图（投影）

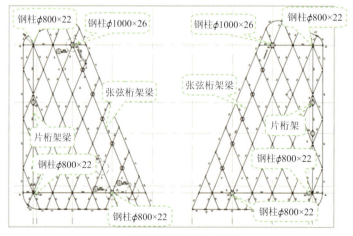

e) B 区罩棚网格平面图（投影）

图 5-36　钢结构罩棚主体结构图（尺寸单位：mm）

5.3.2 钢结构罩棚施工关键技术

（1）分区安装，先安装 A 区所有钢构件，再分别安装 B 区钢构件。也可根据施工进度调整成同步安装，但需协调好场地及起重机占位等多方因素。

（2）从下往上安装钢构件，先安装所有的钢柱，钢柱间跨度尺寸、柱顶高程及垂直度等数据符合设计要求后，浇筑柱脚混凝土，待混凝土养护 1 周后，再进行罩棚桁架和主、次梁等结构件的安装。

（3）每个区域上部钢构件安装顺序：①三角桁架梁吊装；②张弦桁架梁吊装；③网格次钢梁吊装及悬挑钢梁吊装；④环形次钢梁吊装；⑤檩条安装。

第一步：罩棚 11 根钢柱吊装，高 6.6～10.8m，重 4.3～6.9t，需 11 吊。罩棚 11 根钢柱吊装如图 5-37 所示。

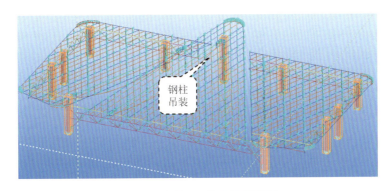

图 5-37　罩棚 11 根钢柱吊装图

第二步：吊装 1 榀 A 区三角桁架梁，长 44.6m、宽 2.2m、高 4.2m，重 67.5t，需 1 吊，如图 5-38 所示。

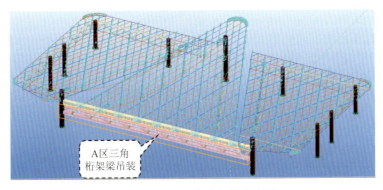

图 5-38　A 区三角桁架梁吊装图

第三步：吊装 14 榀 B 区片桁架梁，长 6.0～16.6m，重 4.2～9.0t，需 14 吊，如图 5-39 所示。

第四步：吊装 A 区和 B 区张弦桁架梁临时支撑，如图 5-40 所示。

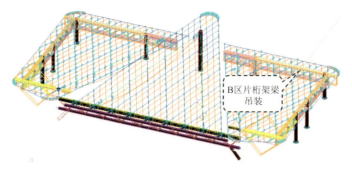

图 5-39 B 区片桁架梁吊装图

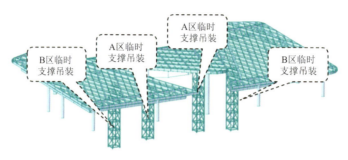

图 5-40 A 区和 B 区张弦桁架梁临时支撑吊装图

第五步：吊装 A 区和 B 区张弦桁架梁，长 35.5～36m，重 19.8～21.2t，需 4 吊，如图 5-41 所示。

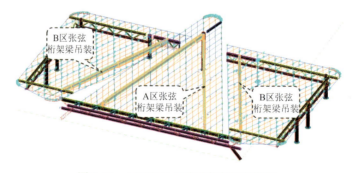

图 5-41 A 区和 B 区张弦桁架梁吊装图

第六步：吊装 A 区网格次钢梁，长 5.9～28m，重 265～1200kg，需 19 吊，如图 5-42 所示。

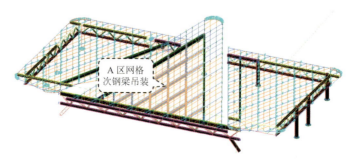

图 5-42 A 区网格次钢梁吊装图

第七步：吊装 A 区网格悬挑次钢梁，长 5.9～6.2m，重 0.9t～1.0t，需 33 吊，如图 5-43 所示。

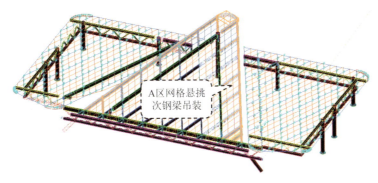

图 5-43 A 区网格悬挑次钢梁吊装图

第八步：吊装 B 区网格次钢梁，长 5.9～28m，重 265～1200kg，需 50 吊，如图 5-44 所示。

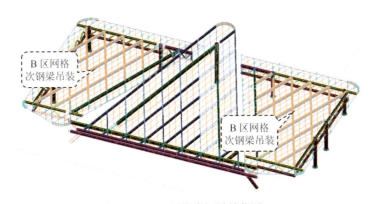

图 5-44 B 区网格次钢梁吊装图

第九步：吊装 B 区悬挑次钢梁，长 5.9～6.2m，重 0.9～1.0t，需 74 吊，如图 5-45 所示。

图 5-45 B 区悬挑次钢梁吊装图

第十步：吊装 988 根 A 区和 B 区檩条，长 1.8～5.6m，重 48～160kg，用小型起重机和电动葫芦配合吊装，如图 5-46 所示。

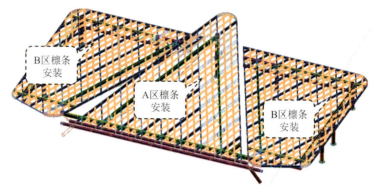

图 5-46　A 区和 B 区檩条吊装图

第十一步：安装 A、B 区钢化玻璃及铝板。

5.3.3　施工测量、监测及检测

除严格按照总体规划及规范施工外，做好测量、监测及检测工作也是本工程施工的重中之重。

测量的基本内容有：钢结构施工控制网建立，基础定位、平整度及高程复测，钢梁垂直度和钢梁、吊车梁水平度的控制，钢梁梁顶和屋盖骨架高程的控制。本工程测量的重点是：控制网的建立和传递，钢梁垂直度和梁顶高程的控制，钢梁、吊车梁水平度的控制。难点是：精度要求高。本工程钢结构测量网线主要为平面轴网控制，采用全站仪对每个钢梁脚进行测量，保证整个轴网的准确。最后用经纬仪对整个轴网的梁脚点进行自检闭合。待钢梁安装就位后采用经纬仪对钢梁的垂直度进行测量，同时采用全站仪对梁顶高程进行复核。

监测的基本内容有：钢结构立柱沉降监测，钢结构位移监测，张拉锁索力监测，整体沉降监测，整体应力变化监测等。

钢结构用到的钢材主要为 Q235B 高强度低合金优质结构钢，其中少量构件采用 Q235B 普通碳素钢，其焊接性较好，须重视超厚板焊接时预热及后热保温工作，防止出现延迟裂纹。钢结构焊接需严格按照相关技术规程执行。本工程钢结构所有外框架梁、梁连接及构件拼接焊缝为全熔透焊缝，工厂或现场施焊均要求一级焊缝；节点区域之间箱形截面部分熔透组合焊缝及其他部分熔透焊缝为二级；角焊缝要求为三级焊缝，表面缺陷符合二级焊缝的规定；在完成焊接 24h 之后，需对焊缝进行探伤检验，其检验方法需按照《焊缝无损检测　超声检测　技术、检测等级和评定》（GB/T 11345—2023）规定进行。在各建设者精益求精的努力下，本工程实现了所有焊缝检测合格率 100% 的佳绩。

为保证施工质量，上述所有测量、监测及检测工作，均由具备相应资质且符合高标准要求的专业公司承担，并要求相关人员全程参与施工过程，不得随意更换，最终形成了一整套完整的过程资料。罗湖北站钢结构罩棚如图 5-47 所示。

图 5-47　罗湖北站钢结构罩棚暮色图

5.3.4　技术总结及应用

钢结构施工各环节环环相扣，缺一不可。前期场地布置必须提前规划好，方能避免全面施工时场地杂乱的现象。混凝土设备基础的预埋必须精准，施工前后必须进行重复校验。开始施工时，必须对起重机站位、材料堆放场地进行地基承载力核验。焊接完成后必须及时进行焊缝检测，发现不合格焊缝应及时处理。对于大型钢结构的施工，测量、监测及检测工作必须覆盖施工全过程。

5.4　机电安装装修新材料应用

5.4.1　复合风管

复合风管是目前传统风管的替代产品，是镀锌铁皮风管的新一代进化产品。产品以两层高强度无机材料和一层保温材料为基材，采用胶粘技术和特殊的结构组合、连接而成。其中，以复合式彩钢板为代表的复合风管由彩钢板与保温板组成，是一种表面用高强黏合剂热合、一次性成型的彩钢"夹芯"复合板，把这种彩钢复合板按照工程需要制成集风道与保温材料为一体的风管，如图 5-48 所示。管道在成型后不需要二次保温。风管具有抗压、抗弯、不变形、不扭曲、结构稳定牢固，内壁平整光滑，不产尘、无污染、易清洗等优点。风管连接采用无冷桥法兰、铝塑复合法兰插条，连接风道误差小，观感质量好。在满足工程质量要求的基础上，符合技术发展和环保要求，同时还节省投资，取得了良好的技术、经济及社会效益。复合风管现场安装效果如图 5-49 所示。

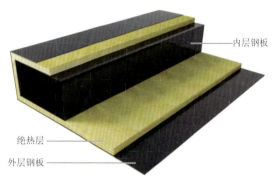

图 5-48 双面彩钢复合风管构造图　　图 5-49 复合风管现场安装效果

1）优缺点

（1）优点

①复合风管美观高档，色彩多样，个性化突出，可与室内环境及格调保持和谐。

②复合风管为工厂化成品生产，现场不允许二次加工；风管由玻璃纤维及彩钢板组成，重量极轻，安装简单；安装时间往往是传统风管的1/3以上，极大缩短了工程周期。

③复合风管具有出色的保温性能。由于复合风管直接复合了保温材料，不需要二次保温，热阻远大于同等厚度的传统施作外保温风管；导热系数小，避免了水汽凝结现象的产生，减少了风管管壁的能量损失，保温性能极佳，可有效降低暖通空调系统的运行费用。

④复合风管板材采用机械化生产，表面光滑、平整，摩擦因数小，风阻低，空气流动效率明显优于铁皮风管，气流可以最低的能耗通过。

⑤复合风管质量稳定、可靠，是新一代高品质环保型产品。其在生产、制作、安装及使用过程中不会污染环境。燃烧时产生的烟雾不含有毒物质，对人体无害。

⑥法兰、加固条、支撑件均设计有断桥隔热设计，防止冷桥导致冷气损耗、风管冷凝水问题。复合风管法兰、加固、支撑件采用新型金属材料制作。法兰采用断桥隔热金属法兰，并保证有防冷桥隔热技术工艺，无须采用二次外保温，并满足《公共建筑节能设计标准》（GB 50189—2015）的要求。

⑦复合风管具有足够的整体耐燃烧性能。复合风管、法兰、内部支撑件等全部材料组成的整个风管系统均达到A级不燃，加工完成的成品风管可作为火灾排烟管道。

⑧复合风管降噪效果明显。复合风管具有良好的隔音性能，其保温材料同时具有减振和吸音性能，能够降低空气颤动和机械运转产生的噪声，彻底解决铁皮风管收缩和扩张产生的噪声；杜绝房间之间通过风管传播声音，降低车站运营环境的噪声。

⑨内层彩钢板要求进行抗菌防霉处理，抗菌效果高达99.9%，彩钢板内壁采用纳米二氧化钛和银离子涂层，具有抗菌防霉、分解有机污染物、净化及自我清洁作用。

（2）缺点

①复合风管采用预制化加工的形式，造成施工时填层材料现场开口易飘散，开口部位也因输送冷气流而引起填层材料含水率增加及保温性能下降，导致节能效果降低。

②双层彩钢板里外板面分离,且不便于加固,导致运行过程中里外板面变形不均匀,影响风管整体性能。

③复合风管采用 C 形插条及 H 形法兰连接。法兰形式无法直接与风机及机组接口,双面彩钢板复合风管与风口的连接也不好处理。

④双面彩钢板复合风管采用夹层保温。中间保温层的材质、厚度、充满程度以及胶水的环保与阻燃性能均无法直观检查。如果保温层渗入水汽,则会导致保温材料腐烂,且腐烂的保温材料无法更换。

⑤双面彩钢板复合风管采用厂家统一生产,因脱离现场,监理人员无法全程监控。且厂家同时为多家单位,生产没有针对性,不能很好地根据工程进度安排生产。如果出现工程变更,一次生产过多将造成很大浪费。建设过程中,厂家生产任务过多时,亦无法保证材料及时到场,影响工程进度。

⑥复合风管在运输与存储环节,由于体积很大,运输费用较高。若一次到场过多,对存储空间要求很高,在搬运与保管上也将浪费大量人力、物力。

⑦工程中,由于建设单位要求的改变以及专业配合的需要,经常会发生局部变更。复合风管由厂家生产,受消息传递速度及生产计划安排等因素制约,很难及时予以调整,可能发生已生产材料浪费或变更后材料不能及时进场影响工程施工进度等问题。

2)施工工艺

(1)场外预制化加工

复合风管采用场外预制化加工及预制化拼装工艺。相比现场加工拼装,其有以下优势:

①不受施工场地的局限。工厂化预制将大量原材料加工任务搬离了施工现场,可以减少加工场地对现场的占用及依赖。场外风管软件及板材机械自动化下料、加工如图 5-50 所示。

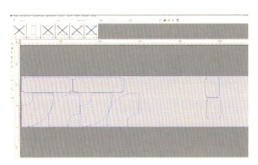 

图 5-50 场外风管软件及板材机械自动化下料、加工

②缩短现场施工工期。工厂化预制将部分施工任务搬离了施工现场,在现场机电工作面形成之前预制即可开始,大幅度提高了构件的生产效率。

③减少材料损耗。在场外预制加工中心,风管集中加工,采用专业的自动化设备,将风管安装图纸转换成深化后的 BIM 模型,交付工程下料加工,做到"量体取材"。复合风管工厂化拼接如图 5-51 所示。

④有利于促进现场文明施工。场外预制化加工避免了现场材料堆放混乱、不合理消耗

等现象。

图 5-51 复合风管工厂化拼接

（2）现场组装

复合风管安装后不需要进行保温层的施工，提高了安装效率，降低了施工成本，但安装后可能因保温不善而造成维护费用增加、空调冷量的巨大浪费等问题，并且风管本身强度低，不得上人作业，不能用脚直接踩踏风管，风管不能一次吊装多节，需一节一节吊装。

（3）施工注意事项

①彩钢板厚度需满足设计规范需求及招标技术规格书要求。

②复合风管厚度一般为 30mm，若与其他种类风管厚度不一致，则需做好接口处理。

③防火阀两侧 2m 范围内耐火风管的耐火极限应与相应防火墙/防火隔墙的耐火极限一致，施工前应与建筑专业技术人员核实耐火极限，做好施工接口处理方案。

5.4.2　耐火风管

耐火风管也叫防火风管，风管的耐火性能包括风管的耐火完整性和风管的耐火隔热性两部分：耐火完整性针对的是"火"，即风管在火灾中需保持结构的完整性，不能被烧穿、烧烂、烧毁；耐火隔热性针对的是"烟"，即风管内的高温烟气不能引燃周围可燃物。与结构梁、柱、承重墙不同的是，风管无须满足耐火承载能力。

耐火风管的特点是耐高温、防火性能好。耐火风管内部可以填充耐火材料，外表面采用特殊的防火涂层处理。与普通风管相比，耐火风管能够有效抵御火灾时烟雾和有毒气体的侵入，确保建筑安全。因此，耐火风管主要适用于高层建筑、商场、人流量大的公共大型建筑等对防火要求较高的场所。镁质高晶彩钢复合耐火风管如图 5-52 所示。

图 5-52　镁质高晶彩钢复合耐火风管

1）满足耐火极限常见措施及应用

（1）耐火风管耐火极限划分要求

依据《建筑防烟排烟系统技术标准》（GB 51251—2017），风管耐火极限的标准如下。

①排烟风管

排烟风管耐火等级标准见表5-1。

排烟风管耐火等级标准　　　　　　　　　　　　　　　　　　　表5-1

风管场所	管井内衬	房间吊顶	车库/设备用房	室内明装	走道吊顶	穿防火分区
耐火极限（h）	0.5	0.5	0.5	1.0	1.0	1.0

②加压风送风风管

加压风送风风管耐火等级标准见表5-2。

加压风送风风管耐火等级标准　　　　　　　　　　　　　　　　表5-2

风管厂所	管井内衬	管井合用	室内明装	吊顶暗装
耐火极限（h）	0.5	1.0	1.0	0.5

③补风风管

补风风管耐火等级标准见表5-3。

补风风管耐火等级标准　　　　　　　　　　　　　　　　　　　表5-3

风管场所	管井内衬	穿防火分区
耐火极限（h）	0.5	1.5

④其他

风管穿过防火隔墙、楼板和防火墙时，穿越处风管上的防火阀、排烟防火阀两侧各2.0m范围内应采用耐火风管或在风管外壁采取防火保护措施，且耐火极限不应低于该防火分隔体的耐火极限（通常情况下，防火隔墙耐火极限2.0h、楼板耐火极限1.5h、防火墙耐火极限3.0h）。

（2）满足耐火极限常见措施

①铁皮风管加包覆防火板

铁皮风管外包覆防火板是在已吊装好的铁皮风管外再包覆一层玻镁平板（防火板），提高防火防腐性能，现场施工如图5-53所示。铁皮风管＋岩棉＋防火板包覆要求：风管采用100%无石棉防火板包覆，耐火极限小于或等于2h时，采用9mm厚防火板；耐火极限小于或等于3h时，采用12mm厚防火板。防火板与铁皮风管之间内衬50mm厚的岩棉，密度100kg/m³，包覆施工实物如图5-54所示。

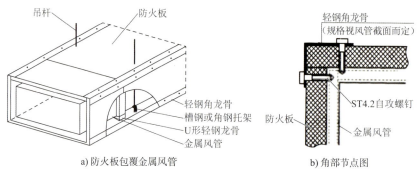

a) 防火板包覆金属风管　　　　b) 角部节点图

图 5-53　现场施工示意图

图 5-54　包覆施工实物图

②自撑式耐火风管

自撑式耐火风管制作与安装所用的板材、型材及其他成品材料应符合设计要求及国家相关产品标准的规定，并具有出厂合格证或质量鉴定文件，材料进场按现行相关标准进行验收。防火板的规格、性能、厚度等技术参数应符合设计规定，不同耐火极限成品风管的厚度见表 5-4。防火板材要求正面光滑，背面打磨；厚度应根据耐火极限要求及风管构造形式的不同分别选择。

14 号线采用镁质高晶彩钢复合风管，管壁为 SWG（高晶镁品类风管）镁质高晶彩钢复合板，每段管道通过钢质法兰连接。风管加工均为场外加工厂加工，成品运输至施工现场。SWG 镁质高晶彩钢复合板是以氧化镁为主要原料，由硫酸镁溶液加 SWG 转晶水和改性增强剂等物质混合而成，SWG 转晶水改变其分子结构，由针状晶体结构调整为六角生物骨包覆状多晶体结构，使其强度比单晶体结构提高 35% 以上，并且可以根据客户的要求，在板表面复合柔性防火饰面。

SWG 镁质高晶彩钢复合风管安装示意图如图 5-55 所示，实物安装如图 5-56 所示。

不同耐火极限成品风管厚度　　　　表 5-4

序号	耐火极限（h）	风管成品厚度（mm）	连接方式
1	0.5/1.0/1.5	8	角钢法兰
2	2.0/3.0	59	角钢法兰

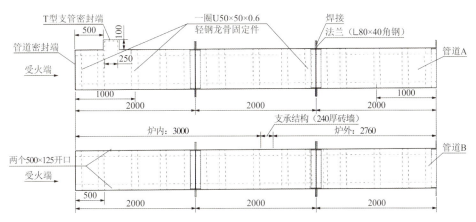

图 5-55　SWG 镁质高晶彩钢复合风管安装示意图（尺寸单位：mm）

图 5-56　SWG 镁质高晶彩钢复合风管实物安装图

（3）内耐火风管的应用范围及要求

机械排烟系统（含兼用排烟系统）、机械补风系统（含兼用补风系统）、机械加压送风系统采用耐火风管材料。耐火风管按耐火极限分为 0.5h、1.0h、1.5h、2.0h 和 3.0h 五种类型，见表 5-4。耐火风管设置范围及耐火极限要求见表 5-5。

耐火风管设置范围及耐火极限要求表　　　　表 5-5

风管名称	风管编号	耐火极限（h）	风管名称	风管编号	耐火极限（h）
加压送风管（水平管段）	ZY	0.50（吊顶内）/1.00（吊顶外）/1.00（未设置独立管井）	空调回排风管兼排烟风管	H（Y）	0.50（密闭吊顶内）/1.00（吊顶外）/1.00（走道内及穿越防火分区）/2.00（穿越前室或楼梯间）
加压送风管（竖向管段）	—		消防排烟风管	PY	
送风兼消防补风管	XB	0.50（不跨防火分区）/1.50（跨防火分区）	排风排烟兼用风管	P（Y）	
	S（B）				

注：防火阀两侧 2m 范围内耐火风管的耐火极限应与相应防火墙/防火隔墙的耐火极限一致，施工前应与建筑专业核实耐火极限，主要限值如下：
1. 防火墙耐火极限不低于 3.00h。
2. 车站控制室（含防灾报警设备室）、变电所、配电室、通信及信号机房、固定灭火装置设备室、消防水泵房、废水泵房、通风机房、环控电控室、站台门控制室、蓄电池室等火灾时需运作的房间，防火隔墙耐火极限不低于 2.00h。
3. 楼板耐火极限不低于 1.50h。

2）耐火风管的比选

14号线普遍采用的耐火风管主要为自撑式SWG镁质高晶彩钢复合风管、铁皮风管加防火包覆，其相关性能对比见表5-6。

自撑式SWG镁质高晶彩钢复合风管与铁皮风管加防火包覆性能对比表　　表5-6

性能		自撑式SWG镁质高晶彩钢复合风管	铁皮风管加防火包覆
绿色生产	碳排放	没有消耗热源，零排放	炼钢时消耗焦炭产生各种废气等碳排放
	废水排放	生产时用水量极少，并循环、沉淀使用，不外排	消耗大量的冷却水并排放
	生产垃圾排放	生产时边角料粉碎循环利用，没有垃圾外排	产生大量的垃圾
	灰尘排放	有收尘系统，无尘生产	炼钢时产生大量的灰尘
	废气排放	没有消耗热源，无废气排放	烧煤、镀锌产生废气
	噪声排放	小功率生产设备，低噪声生产	大功率生产设备，噪声超标
绿色安装	耗能	无须大功率设备，不消耗能源	须使用大功率设备制作，消耗能源
	噪声排放	无须敲敲打打，无噪声产生	合管时敲打打发出很多噪声
绿色运行	噪声排放	非金属风管不会产生共鸣共振	金属风管运行产生共鸣共振
	细菌	不会生锈腐蚀，不会滋生细菌	会生锈腐蚀，容易滋生各种细菌
节能性能	热阻值（K/W）	1.044	0.022
	绝热系数 W/(m·K)	无保温小于0.045，有保温小于0.0215	无保温小于40×1.163，有保温小于0.0415
耐火性能	防火等级	不燃A1级	不燃A1级
	耐火极限	1000℃炉温耐火2.5h以上	1.2mm厚钢板1000℃炉温最多耐火3min
耐腐性能		耐酸、碱、盐	不耐任何化学分子
耐水性能		不会返卤、自防潮	遇水腐蚀生锈
耐风压（Pa）		3000	3000
使用寿命		30年以上	6~10年
使用环境		可用在任何恶劣工况环境	不能用在潮湿、有腐蚀性的工况环境

耐火风管施工需要注意的细节和事项如下：

耐火风管耐火极限的判定必须满足《通风管道耐火试验方法》（GB/T 17428—2009）要求，当耐火完整性和隔热性同时满足要求时，方能视作符合要求，并提供防排烟风管耐火完整性与隔热性检测报告。耐火风管所用材料以及风管连接件所用材料均应为A级不燃材料。

耐火风管生产、制作以及非金属风管所用辅助材料应符合《通风管道技术规程》（JGJ/T 141—2017）的规定。耐火风管采用法兰连接，以螺栓作为连接件。供应商应提供耐火风管的型式检验报告。供应商提供的耐火风管及其他材料应无毒无害、无放射性，不含石棉。耐火风管法兰间密封垫要采用与第三方机构型式检验报告中的耐火风管用密封垫相同的材料。

供应商应提供耐火风管与设备、土建风道和风阀等构件的连接方法，若需要采用转换构件，则应提供各种尺寸规格转换构件。

镀锌钢板风管、复合风管、耐火风管所用法兰高度按照《通风与空调工程施工质量验收规范》（GB 50243—2016）的相关要求执行。对于与甲供设备自带法兰连接的位置，以设备投产清单中法兰高度为准。

3）耐火风管施工难点

（1）下单难度增加

①风管外径不一致。自撑式成品风管为场外预制运输至施工现场，由于耐火风管的耐火极限不同，厚度不同，导致风管规格种类增多，与设计的同截面风管外径不一致，影响风管的互换性安装。

②风管异形件变径数量增加。防火阀两侧 2m 范围内耐火风管的耐火极限应与相应防火墙/防火隔墙的耐火极限一致，导致非消防风管设防火阀处均需设与墙体耐火极限一致的耐火风管，此处前后 2m 耐火风管的耐火极限要求标准高，耐火风管本身厚度增加导致连接镀锌风管或双面彩钢复合风管需设置变径。

（2）安装难度增大

耐火风管重量远大于镀锌铁皮风管，导致风管安装时只能逐节吊装，不能采用镀锌风管拼装 5~6 节后利用手拉葫芦整体吊装，增加了安装难度，影响施工效率。

（3）部分区域需增加保温工序

耐火风管与风阀连接处、耐火风管与双面彩钢复合风管连接处、耐火风管本身法兰连接处因无阻挡冷量流失的优选方案，只能采取保温措施。耐火风管与风阀连接处保温如图 5-57 所示。

图 5-57　耐火风管与风阀连接处保温

5.4.3　薄壁不锈钢管道

薄壁不锈钢管即壁厚为 0.6~4.0mm、壁厚与外径之比不大于 6% 的不锈钢管道。

1）优势

薄壁不锈钢管具有漏水率低、节能环保；强度高（铜管的 3 倍，塑料管的 8~10 倍）；热传导系数小，保温性能良好（铜管的 25 倍）；耐腐蚀性强；使用寿命长达 70 年以上；施工简便快捷，连接可靠安全；材质轻，便于运输安装；耐冲击，耐高压，后期维护更加便捷等优势。薄壁不锈钢管的这些性能，可以显著降低水管受外力渗漏的可能性，节约水资源，降低维护成本，整体经济性能较好。

薄壁不锈钢管还具有稳定的化学性能，不含任何有毒元素和环境污染物。管道内壁光滑，不易生锈，不易结垢，安全卫生。薄壁不锈钢管可直接用于直饮水系统，不会对管内水质造成二次污染，是理想的直饮用水输送管材，符合世界卫生组织颁布的直饮健康水标准，满足绿色健康生活的各项要求。

薄壁不锈钢管具有优良的力学性能，抗冲击能力强，延展性和韧性好，能承受强大的外力，抗拉强度远高于其他管材。

薄壁不锈钢管整体经固溶处理，表面酸洗钝化，经久耐用。加保温层或防蚀层抗蚀效果更佳。能抵抗各种酸、碱、盐溶液的冲击，具有良好的高温强度、优异的防火和抗热辐射性能，受热胀冷缩影响较小，其性能和形状不会因为长期高温而发生变化。

施工现场无污染物，不污染环境，可 100%回收再生。且薄壁不锈钢管整体布置高档大方，管道可明装暗敷。

2）发展应用情况

随着城镇住宅、公共建筑和旅游设施的大量兴建，人们对热水供应和生活用水供给提出了新的要求，特别是水质问题，受到越来越多的关注和重视。镀锌钢管这一常用管材因其易腐蚀，在国家相关政策的引导下，逐渐退出历史舞台，塑料水管、复合水管及铜水管虽然成为管道系统的常用管材，但在许多情况下，薄壁不锈钢水管（特别是壁厚仅为 0.6~1.2mm）在优质饮用水系统、热水系统即将安全、卫生放在首位的给水系统中，更具优越性，是给水系统综合性能最好的新型、节能和环保型管材之一，工程应用越来越多。

同时，政府有关部门高度重视国民用水健康安全问题，相继发布了饮用水卫生标准，为推进不锈钢水管的应用提供了有力保障。在政府和市场需求的大力推动下，不锈钢水管将在各行各业的健康用水中发挥重要作用。

3）工程应用

（1）车站生产生活给水管道

车站生产生活给水系统主要是为了满足工作人员及乘客生活需求，包括清洁卫生用水和为车站空调水系统提供补水等，其主要供水点为卫生间、冷却塔、环控机房、冷水机房、污水和废水泵房、冲洗栓等部位。车站生产生活给水系统一般采用一路进水，车站生产生活给水总管经车站风亭引出与市政给水管网接驳。

（2）车站排水管道

主废水泵房、风亭及出入口等局部废水泵房、集水坑内最高水位下压力排水管均采用薄壁不锈钢管。

（3）空调制冷循环系统管道

冷水水管、膨胀水管采用薄壁不锈钢材料。从冷水机组冷凝器送出的冷却水，经水泵加压送至冷却塔，经布水器将水喷洒下来，与空气接触进行热湿交换，降低温度。冷却后的水进入冷却塔底部的水槽，通过连接管道及循环水泵抽回冷水机组冷凝器，完成循环，如图 5-58 所示。

图 5-58　空调制冷循环系统不锈钢冷却水管道

薄壁不锈钢管管道与设备、各类阀件、水表、水嘴等连接时，应采用相匹配的专用管件或过渡接头，不得出现渗漏、破损的情况。

4）材料选用

建筑给水薄壁不锈钢管所选用的管和管件，应具有国家认可的产品检测机构出具的产品检测报告和产品出厂质量保证书；用于生活饮用水的管和管件，还应具有卫生部门的认可文件。管和管件的选材可根据其用途按表 5-7 的规定选择。

管和管材的材料及用途　　　　　　　　　　表 5-7

统一数字代号	旧牌号	新牌号	适用条件
S30408	0Cr18Ni9	06Cr19Ni10	生活给水、生活热水、饮用净水等管道用
S30403	00Cr19Ni10	022Cr19Ni10	生活给水、生活热水、饮用净水等管道用
S31608	0Cr17Ni2Mo2	06Cr17Ni12Mo2	耐腐蚀性比 06Cr19Ni10 要求高的场合
S31603	00Cr17Ni14Mo2	022Cr17Ni12Mo2	海水、高氯介质或耐腐蚀性比较高的场合
S11972	00Cr18Mo2	019Cr19Mo2NbTi	冷水、热水、高氯介质、消防给水等管道

5）连接方式

不锈钢管的连接方式多种多样，常见的有卡压式、装配式、焊接式、沟槽式、承插焊式、螺纹式、法兰连接式等。这些连接方式，根据连接原理，其适用范围也有所不同，施工应综合考虑造价、施工及可靠性选用合适的连接方式。连接采用的密封圈或密封垫材质，大多选用符合国家标准要求的硅橡胶、丁腈橡胶和三元乙丙橡胶等。

工艺及设计要求通常选择：DN15～DN100 薄壁不锈钢管采用双卡压管件卡压连接，DN125～DN200 选择沟槽式连接，DN200 以上采用法兰连接式连接。

不锈钢卡压式管件端口部分有环状 U 形槽，且内装有 O 形密封圈。安装时，用专用卡压工具使 U 形槽凸部缩径，且薄壁不锈钢管水管、管件承插部位卡成六角形。

薄壁不锈钢管卡压式连接安装工艺和工序见表 5-8。

薄壁不锈钢管卡压式连接安装工艺和工序 表 5-8

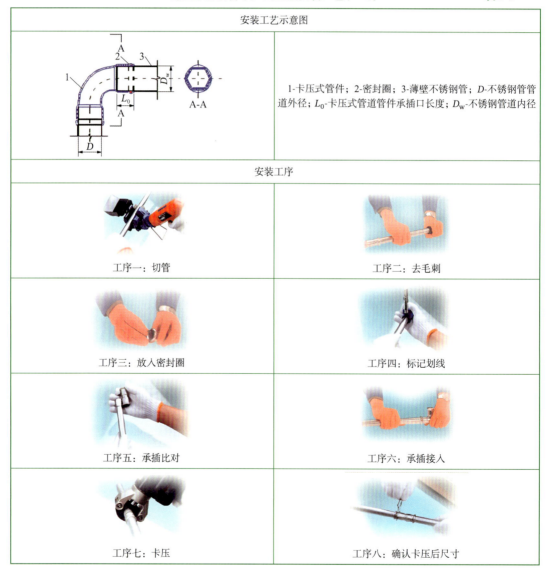

6）施工注意事项

空调制冷循环系统管道管径小于 DN80 采用环压式或卡压式连接，管径大于或等于

DN80采用法兰连接，不锈钢管与配套法兰应在工厂焊接完成，不允许现场焊接。管道与设备、阀门、软接头等处采用法兰连接，长直管段应设波纹管补偿器，穿变形缝处应做软接。

饮用水管道在试压合格后应采用0.03%高锰酸钾消毒液灌满管道进行消毒。消毒液在管道中应静置24h，排空后再及时用饮用水冲洗。

薄壁不锈钢管固定支架间距不宜大于15m，热水管固定支架间距的确定应根据管线热胀量、膨胀节允许补偿量等确定。固定支架宜设置在变径、分支、接口及穿越承重墙、楼板的两侧等位置。

管道暗敷时，应在管外壁采取防腐措施。

生活给水管阀门或水表旁应设置活接头，以便后期运营维护。

薄壁不锈钢管管材分I系列、II系列，DN100以下管径依据《不锈钢卡压式管件组件 第2部分：连接用薄壁不锈钢管》（GB/T 19228.2—2011）的规定执行，主要适用于卡压式连接；而DN100以上、DN300以下管径的薄壁不锈钢管依据《薄壁不锈钢管》（CJ/T 151—2016）的规定执行。在《不锈钢卡压式管件组件 第2部分：连接用薄壁不锈钢管》（GB/T 19228.2—2011）卡压式管件—不锈钢水管规格—组件—连接用薄壁不锈钢管标准中有两个壁厚，优先选用I系。

第 6 章

轨道施工技术

6.1 预制轨道板流水机组法施工工艺

目前，国内城市轨道交通多为现浇混凝土道床，存在现场浇筑混凝土工作量大、道床裂纹较多且难于控制等问题。相比现浇道床，装配无砟轨道利用轨道板工厂预制，现场拼装的方法铺设，具有施工进度快、质量好、维修性佳等优点，符合国家预制化、装配式发展方向。板式无砟轨道在城市轨道交通领域的应用起源于高铁，但在轨道设计技术标准、工况边界条件等方面与高铁存在差异。

当前，在城市轨道交通领域，装配式轨道技术尚未普及与应用，相关行业标准存在空白。深圳市城市轨道交通三期工程自建设起，积极探索板式轨道的应用，目前在四期工程开始全面推广采用板式轨道。

14号线全部采用新型板式无砟轨道。正线铺轨108.68km，其中一般及中等减振轨道板道床58.835km，高等减振预制板道床26.587km，特殊减振轨道板道床23.249km。全线采用装配式预制板道床施工，形成了一套适用于城市轨道交通的轨道结构标准、施工工法及配套工装，即装配式轨道系统。本节对14号线轨道工程施工关键技术进行总结梳理。

14号线道床结构如图6-1所示。

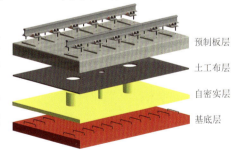

图 6-1 14号线道床结构示意图

6.1.1 预制板场概况

坪山轨道板场位于深圳市坪山区，昂鹅车辆段附近，承担14号线工程全线约22000块轨道板预制及配送任务，板场占地38亩（1亩 ≈ 666.7m²），配置有多功能智能化流水生产线一套，配备94套模具，设计流水节拍为10min/块，设计产能为120块/d。

坪山轨道板场设钢筋绑扎加工区、轨道板生产区、轨道板水养区、轨道板存放区、辅助生产区和生活办公区共 6 个区域。

6.1.2 轨道板施工工艺

轨道板生产采用流水机组法生产工艺，即工位不动，模板或板按照工艺流程，依次通过各个生产工位，从而完成轨道板的全部生产作业。主要工艺流程为：模板清理—喷涂脱模剂—安装预埋套管及螺旋筋—钢筋加工—钢筋骨架绑扎—钢筋骨架入模预紧—预应力筋张拉—模板控温—混凝土灌注、振动—抹平—蒸汽养护（或自然养护）—拆配件、预应力筋放张—脱模—轨道板检测—封锚及水养—场地存放、洒水养护—出厂，生产线布置如图 6-2 所示。

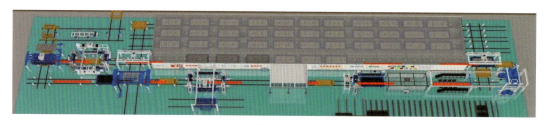

图 6-2　轨道板生产线布置图

（1）模板清理与安装

技术人员采用专用清理设备，对模具进行全面清扫（图 6-3），吸尘器同步跟进吸除残渣；喷涂设备自动将脱模剂均匀喷涂在模具上（图 6-4），同时将多余的雾化脱模剂进行回收再利用；安装设备自动抓取全部预埋套管及螺旋筋，精准定位模板，进行快速安装。

图 6-3　自动清理模具

图 6-4　自动喷涂脱模剂

（2）钢筋加工与绑扎

普通钢筋采用自动设备进行定尺下料加工，并在专用绑扎胎具上进行绑扎。钢筋骨架绑扎焊接完成后对钢筋骨架排流性能进行测试。

（3）预应力筋张拉

模具就位后，机器人自动抓取钢筋笼精准对位放入模具，预紧装置定位，自动将张拉杆与对应预应力筋对位连接，为张拉做准备，如图6-5所示。

张拉设备采用横纵向单端单根同步张拉方式，张拉过程要均匀，张拉速率不大于4kN/s，张拉至设计应力时，应持荷1min，如图6-6所示。单根张拉力与设计张拉力偏差不大于±3%。

图6-5 钢筋骨架自动入模预紧

图6-6 预应力筋自动张拉

（4）混凝土施工

混凝土通过运输系统运至布料机内分两次进行布料，振动台根据设定的参数进行自动振捣（图6-7），混凝土浇筑完成后对轨道板面进行抹光收面。智能小车自动将轨道板运至养护通道内，根据环境进行蒸汽养护或自然养护（图6-8）。

图6-7 混凝土浇筑振捣

图6-8 轨道板养护

（5）预应力筋放张及脱模

当混凝土强度达到45MPa以上，弹性模量不低于33.5GPa时，方可进行预应力筋放张（图6-9），单根预应力筋放张速率不大于2kN/s；脱模装置可通过液压同步顶升和平衡悬吊技术实现轨道板的无损脱模（图6-10）。

图 6-9 预应力筋放张

图 6-10 自动脱模

（6）封锚及水养

封锚作业前，对锚穴进行清理，并均匀喷涂界面剂，采用专用封锚枪将砂浆挤入锚穴内，再进行收面，如图 6-11 所示。

轨道板在封锚完成后在水养池中养护 3d 以上，总保湿时间不小于 10d，养护水温不低于 10℃，如图 6-12 所示。

图 6-11 封锚

图 6-12 水养

（7）出厂检验

轨道板出厂前应按批检验，检验合格后方可出厂使用，主要检验项目包括外观质量及外形尺寸、静载试验（图 6-13）、抗拔试验（图 6-14）等。

图 6-13 静载试验

图 6-14 抗拔试验

6.1.3 技术创新及优势

依托轨道板预制工程，14号线在建设过程中对轨道板流水法智能装备、施工工艺、信息化技术等方面开展具体研究，实现了轨道板标准化、自动化、机械化、信息化、智能化生产，具体优势为：

（1）相较传统生产模式，流水法生产厂房占地面积减少50%以上，人力需求降低60%以上，劳动强度大大降低，有效降低了轨道板综合生产成本。

（2）流水机组法生产线各生产工位合理衔接，8min内可完成各工位的操作，较传统生产模式效率提高20%以上。

（3）流水法工艺采用了智能化设备，各工序机械化操作，大大提高了施工精度，保证了轨道板预制质量。成套设备采用模块化设计，先进可靠，30min内即可完成生产设备更换大修；设备兼容能力强，可适应各类板型同时生产，充分提高了资源的利用效率。

（4）应用信息化技术，数据统计效率提高20%，实现轨道板场全要素的在线统一集中管理、关键设备集中控制、工序信息自动采集、过程数据互联互通、产品质量可追溯。

（5）自主研发模具清理、脱模剂喷涂、附着式振捣等先进技术，消除了噪声和粉尘污染，实现了绿色环保施工。

（6）在钢筋骨架入模前，为每一块轨道板绑扎了"RFID（射频识别技术）"芯片（图6-15），为每块板定制了独一无二的"身份证"。通过生产线自动识别设备，轨道板在各关键工序的质量信息和管理信息与"身份证"关联起来，形成轨道板生产全过程、全方位信息化管理。随着轨道板的出厂，这种信息化管理还将进一步延伸至轨道板的精调、铺设乃至后续的运营维护等环节，实现了轨道板全寿命周期的信息化管理。

图6-15 "RFID"芯片

6.2 装配式整体道床施工关键技术

装配式预制板轨道施工包含底座混凝土施工与预制板轨道道床施工两大单元。底座混凝土施工需要经过测量放线、底座钢筋绑扎、底座混凝土浇筑等步骤，而预制板轨道道床施工需要经过轨道板铺设、精调、自密实混凝土模板安装、自密实混凝土制备、自密实混凝土浇筑、自密实混凝土施工质量检测等步骤。由于空间狭小、作业环境复杂、运输距离较长，对物资运输效率、施工组织管理以及安全管控水平等都提出了更高的要求。因此，系统性地总结并优化相关技术变得尤为重要。

6.2.1 底座施工技术

浮置板道床的共同工程特性是先施工基座，后施工浮置板。基座施工质量直接影响减振道床的减振效果，精度要求高（钢弹簧浮置板基座高程允许偏差为 −5~0mm，平整度允许偏差为 ±2mm/m²）。以往浮置板基座施工时需要反复检测，多次整平、抹面，施工效率低，经常发生基座高程和平整度超出设计要求需要返工处理的情况，成为制约浮置板道床发展的瓶颈。14 号线采用"钢导线法"施工工法，能够有效控制浮置板道床基座的施工质量，提高施工精度，提升施工效率，社会、经济效益显著。

1）CPⅢ控制网构建

（1）利用 CPⅢ控制网测出板缝位置，并在板缝断面距线路中心线两侧 0.3m 和 1m 处进行植筋，作为底座高程控制桩，如图 6-16 所示。

（2）利用 CPⅢ控制网测出控制桩高程，再计算出底座设计高程，用红色胶带进行标记。

（3）在每根高程控制桩上标记底座高程。沿线路方向设 4 根钢丝，钢丝一端固定在横断面第一排高程控制桩前的地锚螺栓上，另一端由紧线器拉紧后固定在最后一排高程控制桩后的地锚螺栓上，第一排高程控制桩与最后一排高程控制桩间距 30m，中间通过扎丝将钢丝固定在高程控制桩的标记处。

图 6-16 预制板道床及浮置板道床基底 CPⅢ控制网构建

2）底座混凝土高程控制技术

（1）基座水沟模板、基座钢筋安装完成后，利用钢筋桩、钢丝为参照检查位置是否满足设计要求；满足设计要求后再进行基座混凝土浇筑施工。

（2）在混凝土浇筑过程中，以预先设置的钢丝为基准线，迅速而均匀地将混凝土布料至指定区域。布料作业完成后立即进行捣固，并以钢丝为参照及时补料。最后，使用找平刮板，沿着左右两侧的两根钢丝来回刮动，快速地刮平混凝土表面。

（3）在混凝土终凝前以钢丝为参照对混凝土表面进行赶平抹光，检查混凝土基座顶面与钢丝线是否平齐，发现偏差及时修补，确保基座高程及表面平整度满足设计要求，如图 6-17 所示。

（4）待底座模板拆除后对底座进行清理，使用全站仪对隔振器位置处的底座进行高程复测（底座高程误差为 0~−5mm），并用红色喷漆将隔振桶位置做好标记，再使用 1m 水平尺，对隔振器位置处底座的平整度进行复测（平整度误差为 ±2mm/m），如图 6-18 所示。

图 6-17 底座混凝土整平

图 6-18 底座复测

3）小结

（1）道床底座施工前须对线路中心线、底座混凝土高程、隔振器位置、伸缩缝位置进行测量放线，现场做好醒目标识。

（2）做好基标的埋设，保证其精度满足要求。施工过程中，加强对基标的保护，严禁引用松动的基标，以此确保整个施工的精度。

（3）基座"钢导线法"能够有效控制基座施工质量，提高施工精度，提升施工效率。高程控制技术能有效提高基座混凝土表面施工平整度，大幅减少因精度不足造成的返工处理现象。

6.2.2 装配式预制轨道板"倒铺法"铺装技术

14号线全线采用新型预制板道床，共铺设轨道板22000余块，工程量大、难度高。传统的"顺铺法"，是从铺轨基地利用轨排井往外连续铺设轨道板，该工法对工序衔接的要求高，交叉作业多，安全风险高，施工效率低。应用于14号线的"倒铺法"铺装技术，减少了对铺轨基地的依赖，解决了传统"顺铺法"只能从固定铺轨基地进行单向施工、前后工序相互制约的弊端，提高了轨道板铺设的灵活性。

"倒铺法"是从单个作业面由近及远进行底座施工，单元施工区段内底座全部施工完成后，转序进行轨道板逆铺和自密实浇筑施工。钢筋、轨道板及相关轨料主要采用轮胎式运板车进行长距离运输，轮胎式铺轨机进行近距离的运输及轨道板的铺装，如图6-19所示。

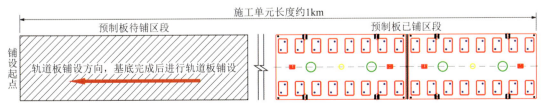
图 6-19 装配式轨道"倒铺法"施工示意图

轨道板均为标准直线预制板，曲线地段需"以直代曲"，采用"半矢法"进行布板，施工测量放线时，应注意轨道板中心线同线路中心线的几何关系，如图6-20所示。

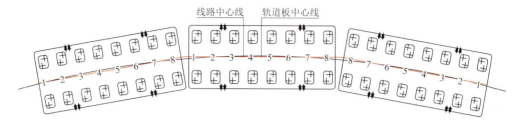

图 6-20　轨道板布置示意图

根据 CPIII 控制网对底座施工段进行测量放样，放出每块板中线及边线，为轨道板初步就位提供基准位置。轨道粗铺前后左右允许偏差在 10mm 以内（满足调节器的调节范围）。落板时，接近混凝土支撑层时必须降低下降速度，防止损坏轨道板。粗铺完成后，在吊装孔安装精调爪，如图 6-21 所示。

图 6-21　安装轨道板精调爪

轨道工程常因区间移交不连续，导致施工断点等情况。采用"倒铺法"，可利用沿线预留盾构井口作为下料口进行"见缝插针"式跨区间施工，加强了轨道板铺设的连续性，减少了轨行区长距离运输的占用时间，削弱了区间洞通滞后对轨道施工组织的影响。

6.2.3　装配式预制轨道板防上浮施工技术

模板使用 140mm×6mm Q235 钢板制作。工装安装快捷、使用方便、施工轻便、美观不生锈、刚性强、重量轻、残值高。四周封边模板安装前，在内侧粘贴透气模板布或在其表面均匀涂刷脱模剂，保证模板可重复使用，一般可使用 2~3 次。轨道板四角设置排气孔槽，侧面采用压紧装置顶紧安装牢固，端模采用 X 形支架固定，与轨道板四周边沿和基底应密贴，防止混凝土在间隙位置漏浆，如图 6-22 所示。

为防止轨道板发生横向位移，轨道板外侧需使用拉杆进行连接。同时，拉杆上设置竖向螺栓及方钢管，以确保自密实混凝土灌注过程中轨道板不发生位移。

安装轨道板防上浮支架时，采用膨胀螺栓将防上浮支架固定于基底混凝土上，支架两端设置的可伸缩调节支腿能够适应不同宽度的轨道板，再利用竖向调节螺栓将轨道板固定，防止轨道板在浇筑过程中上浮，如图 6-23 所示。

图 6-22　自密实封边模板安装

图 6-23　防上浮支架安装

6.2.4 装配式预制轨道板精调施工技术

1）传统精调技术

传统轨道板采用精调标架 + 全站仪 + 手簿的方式进行精调。首先，全站仪借助轨道基础控制网 CPIII 的 3～4 对点后方交会设站，在每块板的第二个和倒数第二个承轨台位置放置 4 个精调标架，全站仪反复测设 4 个标架上的棱镜，手簿显示轨道竖向和横向调整量，精调人员反复调整精调爪和方向撑杆，直至精度满足要求。经统计，一块板的精调时间为 15～20min，耗时较长。

2）快速精调技术

为了减少自由设站的时间，14 号线引入了新的设站方式——快速自由设站。该方式不需要整平全站仪，通过任意测量全站仪附近的 3 个（或者以上）CPIII 点，将其位置关系与事先输入的位置关系进行查找和匹配，从而确定测量 CPIII 点的实际点位和坐标，然后再通过计算得到测站坐标和倾斜补偿值。调板过程需利用倾斜补偿值对测量的坐标等进行补偿，以保证测量精度。

3）装配式预制轨道板精调原理

快速自由设站是指利用处于脚架上的全站仪直接观测周围 4～8 个已知的 CPIII 控制点，通过 7 参数坐标转换模型，求出 7 个坐标转换参数（3 个平移参数、3 个旋转参数和 1 个尺度变化参数），最后利用空间坐标转换公式，求出全站仪中心的三维绝对坐标。用户无须选择和输入控制点，现场直接测量各控制点，软件利用图形匹配原理自动识别测量各点所对应的控制点。传统自由设站的时间需要 6～10min，包括整平和测量各个 CPIII 点的时间，而快速自由设站的时间能够缩短到 5min 左右，节省了时间。

轨道板快速精调测量系统优化了全站仪反复测设 4 个棱镜的过程，标架分为 1 个主棱镜（内置双轴倾斜传感器、激光对中装置以及数传电台）和 3 个副棱镜，精调轨道板过程中只需要测设主棱镜，手簿系统可换算出其他 3 个副棱镜的调整量，显著减少测设过程的时间。同时，在 4 个数据显示器的作用下，轨道板精调人员可直接读出调整量，从而进行轨道板横向及竖向的调整，提高整体精调效率。

轨道板精调测量和数据分别如图 6-24、图 6-25 所示。

图 6-24　快速精调测量

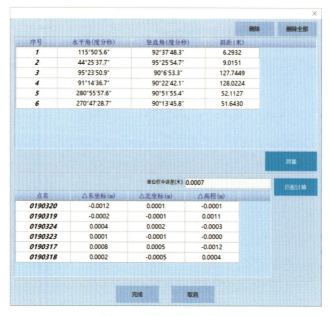

图 6-25 轨道板精调数据

4）小结

对比传统精调测量，快速精调测量具有以下几点优势：

（1）适用于无砟轨道板各类型道床，为城市轨道交通轨道板精调技术标准化奠定基础。

（2）轨道板空间位置的测量只经过 CPIII 点控制网、基准点传递获得，克服了传统精调技术多重传递误差增大、精度降低的缺点；整个精调过程自动化程度高，可有效避免人工环节造成的差错，有效降低成本，提高作业工效。

（3）系统的核心组成部件和设备之间的信息传输均采用无线通信方式自动进行，通信模块采用可组网、抗干扰能力强、能耗低、传输可靠的器件，无须设置复杂的传输电缆，更适用于城市轨道交通现场施工作业的条件。

（4）快速精调测量技术对数据获取、处理按无缝对接方式进行设计，实现了信息化管理和评价。基准点、线路坐标和轨道板参数的存储、测量、计算、结果显示适用各种复杂工况条件，可将人工对精调工作的影响降到最低，最大程度地保证精调作业的准确性和可靠性，并能对轨道板调整后的偏差做出评价，同时可对精调作业进行溯源，以达到信息化管理和评价的目的。

6.2.5 装配式预制轨道板自密实灌注施工技术

1）自密实混凝土灌注时间对轨道板上浮量的影响

轨道板高程控制关系到轨道结构的平顺性，进而影响列车运营的稳定性、安全性以及乘客的舒适性。在灌注过程中，自密实混凝土的"水击效应"❶极易导致轨道板上浮，从而

---

❶ 当流体流动受阻，流速突然降低时，流体的动能会转化为势能。由于流体具有不可压缩性，这种转换会产生显著的压强变化。

影响轨道高程控制和轨道结构的平顺性。轨道板上浮量与自密实混凝土灌注时间的关系如图 6-26 所示。

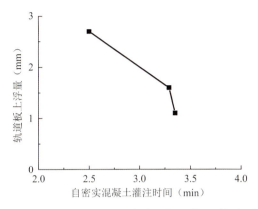

图 6-26 轨道板上浮量与自密实混凝土灌注时间的关系

分析表明，随着自密实混凝土灌注施工时间的缩短，轨道板上浮量会迅速增加。当自密实混凝土灌注时间仅为 2.5min 时，轨道板上浮量已达到 2.7mm，这将给后续扣件安装、轨道板调整等工序带来较大困难。因此，充填层自密实混凝土的灌注时间建议大于 3min。

2）运输时长对自密实混凝土扩展度的影响

由于自密实混凝土需要被运输进隧道内进行浇筑施工，无法实现多点并行浇筑。此外，混凝土运输起点至隧道内不同浇筑点所需的时间也各不相同。在实际施工过程中，混凝土的浇筑对时间的敏感性很高，过长的运输时间会导致自密实混凝土的扩展度降低，进而影响施工质量。因此，本节基于混凝土的配合比设计，分析不同运输时长对其性能的影响，以减少扩展度的经时损失，提高施工质量。

（1）运输时长：2h 以内

运输时长 2h 以内自密实混凝土浇筑数据结果见表 6-1，自密实混凝土扩展度损失不超过 20mm，浇筑前扩展度不低于 660mm，满足施工要求。

运输时长 2h 以内自密实混凝土浇筑数据　　表 6-1

出厂扩展度（mm）	到场扩展度（mm）	浇筑前扩展度（mm）
680	670	660
680	670	660
690	680	660
690	690	670
690	680	670
690	690	670
680	680	670
680	680	660

（2）运输时长：2h～2h10min

提高运输时长至 2h10min 后自密实混凝土浇筑数据结果见表 6-2，自密实混凝土扩展度经时损失不超过 30mm，且浇筑前扩展度均不低于 660mm，满足施工要求。

运输时长 2h～2h10min 自密实混凝土浇筑数据　　　　　　　　　　　表 6-2

出厂扩展度（mm）	到场扩展度（mm）	浇筑前扩展度（mm）
680	680	660
660	650	660
680	680	660
680	680	660
680	680	660
680	670	660
680	680	660
690	690	660

（3）运输时长：2h10min～2h20min

提高运输时长至 2h20min 后自密实混凝土浇筑数据结果见表 6-3，自密实混凝土扩展度经时损失不超过 30mm，灌前扩展度均不低于 660mm，满足施工要求。

运输时长 2h10min～2h20min 自密实混凝土浇筑数据　　　　　　　　　表 6-3

出厂扩展度（mm）	到场扩展度（mm）	浇筑前扩展度（mm）
680	680	660
680	670	660
680	680	660
690	690	660

（4）运输时长：超过 2h20min

最大运输时长超过 2h20min 后自密实混凝土浇筑数据结果见表 6-4，由于运输时间过长，扩展度损失增大，导致 528 号、542 号、543 号、552 号和 553 号板浇筑失败。

运输时长超过 2h20min 自密实混凝土浇筑数据　　　　　　　　　　　表 6-4

出厂扩展度（mm）	到场扩展度（mm）	浇筑前扩展度（mm）
680	670	630
670	670	630
670	660	630
670	650	660
680	660	660
670	660	660
670	670	660

综合洞下运距、运输时长等因素对外加剂进行调整，采用2.6%超缓凝型减水剂再次进行浇筑试验，结果见表6-5。调整减水剂种类后，自密实混凝土扩展度损失显著减少，不超过10mm，灌前扩展度不低于680mm，满足施工要求。

运输时长超过2h20min自密实混凝土浇筑数据（使用减水剂） 表6-5

出厂扩展度（mm）	到场扩展度（mm）	浇筑前扩展度（mm）
680	680	680
680	670	680
690	690	680
680	680	680
670	670	680

（5）运输时长：超过2h30min

运输时长超过2h30min后自密实混凝土浇筑数据结果见表6-6，经加入减水剂调整的自密实混凝土经过更长时间的运输后，扩展度经时损失不超过30mm，灌前扩展度不低于680mm，满足施工要求。

运输时长超过2h20min自密实混凝土浇筑数据 表6-6

出厂扩展度（mm）	到场扩展度（mm）	浇筑前扩展度（mm）
680	680	680
680	670	680
690	690	680
680	680	680
670	670	680

通过以上分析可知，结合实际浇筑情况，对于运输距离较短的浇筑作业，采用普通型减水剂即可；而对于运输距离较长的浇筑作业，为保证自密实混凝土仍有较好的工作性能，需加入超缓凝型减水剂。加入超缓凝型减水剂的自密实混凝土减水率高，流化性好，坍落度经时损失小，不离析、不泌水，到达施工现场时其扩展度仍保持在660mm以上，扩展度损失均不超过30mm，性能稳定。

3）高温条件下的自密实混凝土施工技术

（1）低于35℃条件

温度不高时，掺入3.0%普通型减水剂的自密实混凝土流动性良好，扩展度保持在650mm以上，J环流动障碍差小于18mm，如图6-27所示。

（2）高于35℃条件

温度很高时，自密实混凝土水分蒸发快，保水性能差，掺入2.8%缓凝型减水剂可有效改善自密实混凝土的保水性和流动性，其扩展度能够保持在660mm以上，J环流动障碍差小于 18mm，如图 6-28 所示。

图 6-27　掺入 3.0%普通型减水剂的自密实混凝土

图 6-28　掺入 2.8%缓凝型减水剂的自密实混凝土

不同温度下自密实混凝土的配合比调整及试验结果见表 6-7。经过调整，混凝土的保水性能以及流动性得到有效改善，混凝土性能满足施工要求。

不同温度下自密实混凝土的工作性　　　　　表 6-7

温度	低于 35℃	高于 35℃
外加剂及掺量	3.0%普通型减水剂	2.8%缓凝型减水剂
3h 扩展度损失（mm）	25	20
扩展度（mm）	650～680	660～690
T50	6.5s	6.0s

4）小结

通过自密实混凝土拌合站原材料的选配、施工方法以及与现场数据分析，14 号线轨道二工区自密实混凝土供应正常，混凝土性能稳定，满足施工要求，结论如下。

（1）自密实混凝土原材料要求：宜使用优质砂、石材料，石子最大粒径应≤16mm，宜掺入粉煤灰、磨细矿渣粉、石灰石粉、微硅粉等矿物掺合料，自密实混凝土中宜掺加减水剂（采用高保坍、引气型减水剂）、引气剂、膨胀剂、黏度改性材料等外加剂，宜掺入适量纤维。

（2）自密实混凝土配合比要求：胶凝材料用量不宜大于 550kg/m³，用水量不宜大于 175kg/m³，单位体积浆体总量不宜大于 0.40m³，黏度改性剂用量宜为 30kg/m³，砂率控制在 0.5 左右。

（3）自密实混凝土扩展度保持在（660±20）mm，T50 宜为 3~6s，竖向膨胀率宜为 0%~1.0%。

（4）灌注漏斗宜采用 2mm 厚以上钢板材质，且应设计有固定于轨道板上方的卡扣，中转料斗容积需为 1.5m³ 左右，宜采用闸刀阀门。

（5）为确保自密实混凝土层灌注饱满，观察孔灌注高度宜保持在 20~30cm，采用"慢—快—慢"的灌注工艺，灌注时间宜为 3min 以上。

（6）浇筑 2d 后充填层自密实混凝土即满足轨道车通行条件，综合考虑施工情况，建议 3d 左右进行轨道车作业。

6.2.6 装配式预制板轨道自密实混凝土施工质量无损检测技术

1）技术背景

自密实混凝土充填层采用封闭模腔灌注施工，依靠模板边角出料判断灌注终点，以目测四边密贴情况来评价其灌注饱满度，而内部自密实层灌注状况无法观测，可能因施工原因造成自密实层灌注不饱满、泌水离析等问题。揭板试验作为传统的检测方法，虽然可以直接观察到自密实混凝土充填层的质量状况，但人力物力耗费大、成本高，且在狭小空间下揭板难度大、效率低。亟须开展一种新型的，可以快速、有效、无损评价施工质量的方法。

我国高速铁路工程中一般使用超声波法、红外热成像法、探地雷达法、冲击回波法等方法评价自密实混凝土的施工质量，而城市轨道交通板式无砟轨道结构与 CRTSIII型板式无砟轨道结构（图 6-29）不同。板式无砟轨道结构土工布位于预制板与自密实层之间，甚至部分无砟轨道中间还存在减振垫，声波无法穿透土工布，同时自密实层内钢筋网的存在对于电磁波干扰较大，这些技术均难以应用到预制板式无砟轨道自密实层的无损检测之中。因此，本节选用导纳法对 14 号线特殊的预制板式无砟轨道结构的自密实层进行无损检测研究。

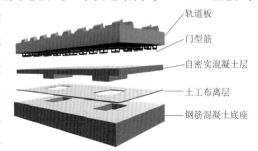

图 6-29 CRTSIII型板式无砟轨道结构

2）技术原理

机械阻抗表示机械系统特性，是解决机械系统耦合问题的重要工具，反映了结构的响应特性，均匀板状结构的机械阻抗就是其特性阻抗。机械阻抗的倒数为机械导纳。机械阻抗根据所选取的运动量可分为位移阻抗（又叫动刚度）、速度阻抗和加速度阻抗（又叫有效质量）三种。多自由度系统的机械阻抗常用矩阵形式表示。阻抗矩阵中的对角元素表示同一点的力和响应之比，称为原点阻抗；非对角元素表示不同点的力和响应之比，称为跨点阻抗。阻抗矩阵元素很难测量，因为它要求系统中只能一点有响应，而导纳矩阵元素（要求只在一点加力）相对易于测量。

本工程采用进口设备对板进行脉冲响应测试（SIR），通过原点敲击测试，记录力锤的激励时程曲线，由传感器记录速度响应时程曲线，即速度导纳，通过快速傅里叶变换转化为频响函数（传递函数），脉冲响应测试设置和装置如图 6-30 所示。通过对频响函数内的频率、幅值等信息分析，建立自密层的缺陷与导纳函数的相关关系，进而通过图像处理技术将自密实层的质量状况再现还原。导纳谱的计算方法如下：

$$M(f) = \frac{V(f) \times F*(f)}{F(f) \times F*(f)} \tag{6-1}$$

式中：$M(f)$——导纳谱；

$V(f)$——速度谱；

$F(f)$——冲击力谱；

$F*(f)$——力谱的复共轭谱。

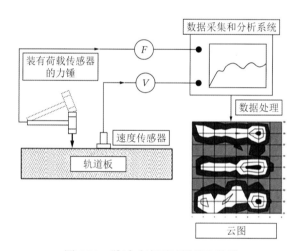

图 6-30　脉冲响应测试设置和装置

其中，导纳为测试点速度幅值与给定频率下的力幅值的比值，单位为(m/s)/N。100～800Hz 导纳平均值反映了测点与测点之间整体导纳的不同，导纳率（Ratio）定义为 0～100Hz 导纳峰值与 100～800Hz 导纳平均值的比值，该导纳率反映了蒸养轨道板与自密实混凝土层界面结合质量情况，比值越高，表明蒸养轨道板下方的支撑条件越差，甚至存在空洞。

3）质量评价标准

对边角导纳率超过 2.5 和内部导纳率超过 1.0 的无砟轨道板进行筛分，并对其进行现场检验，如图 6-31 和图 6-32 所示。

a) 脱空　　　　　　　　　　　　　b) 离缝

图 6-31　边缘导纳率超过 2.5 的无砟轨道板

a) 疏松层　　　　　　　　　　　　b) 泡孔

图 6-32　内部导纳率超过 1.0 的无砟轨道板

通过对 14 号线的 300 多块板的数据分析，得到如下结论：板的脉冲响应测试（SIR）对中间有土工布、平板式减振垫或锥形减振垫的无砟轨道结构成效显著。该技术可对自密实混凝土的施工质量进行快速有效的评定。初步判定轨道板合格标准见表 6-8。

自密实混凝土施工质量检验标准　　　　　　　　　表 6-8

检测项目	合格	不合格
土工布型	边缘导纳率 ≤ 2.5 且内部导纳率 ≤ 1.0	边缘导纳率 > 2.5 或内部导纳率 > 1.0
平板式减振垫型	边缘导纳率 ≤ 8.0 且内部导纳率 ≤ 4.5	边缘导纳率 > 8.0 或内部导纳率 > 4.5
锥形减振垫型	边缘导纳率 ≤ 7.0 且内部导纳率 ≤ 4.0	边缘导纳率 > 7.0 或内部导纳率 > 4.0

基于指标的初步划分，着重对存在问题的轨道板进行了统计分析。当自密实层产生病害时，造成支撑条件弱化，动刚度降低，从而引起导纳率增大，缺陷大小在一定程度上关联着导纳率，由此可基于导纳率指标对影响支撑条件的自密实层病害进行评估，导纳率变化指数即病害发生前后轨道板导纳率的变化比例，即通过 ROC（变动率）反映自密实层的病害程度。ROC 的计算公式如下：

$$\text{ROC} = (R_1 - R_0)/R_0 \tag{6-2}$$

式中：R_0——质量良好位置处的导纳率；

R_1——存在病害处的导纳率。

ROC 可表征自密实层的病害程度，实际工况下，R_0 可取多块灌注质量良好的轨道板的平均值作为基准。

根据式(6-2)计算内部导纳率超过 1.0 和边角导纳率超过 2.5 的 ROC，见表 6-9 和表 6-10。

内部导纳率超过 1.0 对应的 ROC　　　　　表 6-9

内部导纳率	ROC	内部导纳率	ROC	内部导纳率	ROC
1.138	1.276	1.536	2.072	2.356	3.712
1.246	1.492	1.677	2.354	2.134	3.268
1.325	1.65	1.529	2.058	2.178	3.356
1.245	1.49	1.781	2.562	2.556	4.112
1.477	1.954	1.948	2.896	2.341	3.682
1.237	1.474	1.933	2.866	2.269	3.538
1.053	1.106	1.826	2.652	2.796	4.592
1.113	1.226	1.735	2.47	2.532	4.064
1.465	1.93	1.697	2.394	2.317	3.634
1.219	1.438	1.652	2.304	2.225	3.45

边角导纳率超过 2.5 对应的 ROC　　　　　表 6-10

边角导纳率	ROC	边角导纳率	ROC	边角导纳率	ROC
2.557	1.046	3.797	2.038	5.976	3.781
2.597	1.078	3.891	2.113	5.134	3.107
2.678	1.142	3.825	2.060	5.267	3.214
2.994	1.395	4.159	2.327	5.579	3.463
3.157	1.526	4.578	2.662	5.791	3.633
3.579	1.863	4.136	2.309	5.112	3.090
3.671	1.937	4.875	2.900	5.267	3.214
3.238	1.590	4.231	2.385	5.335	3.268
3.514	1.811	4.518	2.614	5.581	3.465
2.792	1.234	4.623	2.698	5.326	3.261

将内部导纳率与边角导纳率对应的 ROC 进行分级划分，对计算所得的内部及边角 ROC 绘制分级曲线，如图 6-33 所示。以导纳率前后变化指数划分的 ROC 能够反映自密实层的病害程度，且内部导纳率与边角导纳率对应的 ROC 可统一进行分级划分，见表 6-11。

第6章 轨道施工技术

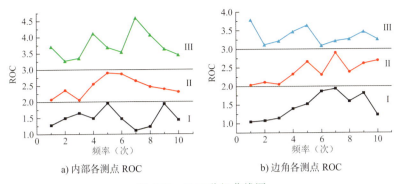

a) 内部各测点 ROC

b) 边角各测点 ROC

图 6-33　ROC 分级曲线图

ROC 分级表　　　　　　　　　　　　　　　　　　　表 6-11

ROC	病害等级
≤2	I
2~3	II
≥3	III

（1）土工布型

通过大量揭板试验，比对不同范围内 ROC 测点下对应的自密实混凝土界面状况，得出以下结论：

①对于 ROC≤2 的测试点，将该点的导纳曲线图与揭板后对应点位自密实混凝土界面状况进行对比。该测点下方对应的 I 级病害导纳曲线及自密实混凝土界面如图 6-34 所示，对测试点 30cm 范围内的泡孔大小及数量进行统计，分布均为 6~30cm² 的小泡孔，数量在 10~20 个之间。

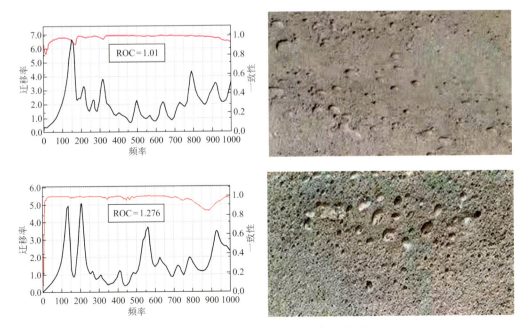

图 6-34　I 级病害导纳曲线及自密实混凝土界面

②对于 2＜ROC＜3 的测试点，该测点下方对应的Ⅱ级病害导纳曲线及自密实混凝土界面如图 6-35 所示，对测试点 30cm 范围内的泡孔大小及数量进行统计，分布均为 30～50cm² 的泡孔，数量在 5～10 个之间。

③对于 ROC≥3 的测点，该测点下方对应的Ⅲ级病害导纳曲线及自密实混凝土界面如图 6-36 所示，对测试点 30cm 范围内的泡孔大小及数量进行统计，分布为 50cm² 以上的缺陷，数量在 1～3 个之间。

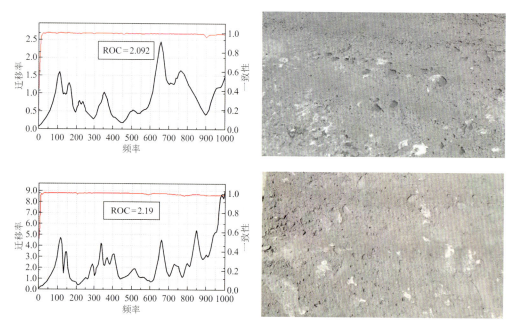

图 6-35　Ⅱ级病害导纳曲线及自密实混凝土界面

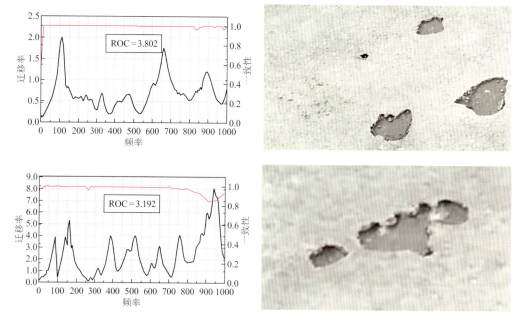

图 6-36　Ⅲ级病害导纳曲线及自密实混凝土界面

（2）减振垫型

通过大量揭板试验，比对不同范围内 ROC 测点下对应的自密实混凝土界面状况，得出以下结论：

①对于 ROC≤2 的测试点，将该点的导纳曲线图与揭板后对应点位自密实混凝土界面进行对比。该测点下方对应的Ⅰ级病害导纳曲线及自密实混凝土界面如图 6-37 所示，对测试点 30cm 范围内的泡孔大小及数量进行统计，分布均为 6～30cm² 的小泡孔，数量在 10～20 个之间。

②对于 2＜ROC＜3 的测试点，该测点下方对应的Ⅱ级病害导纳曲线及自密实混凝土界面如图 6-38 所示，对测试点 30cm 范围内的泡孔大小及数量进行统计，分布均为 30～50cm² 的泡孔，数量在 5～10 个之间。

③对于 ROC≥3 的测点，该测点下方对应的Ⅲ级病害导纳曲线及自密实混凝土界面如图 6-39 所示，对测试点 30cm 范围内的泡孔大小及数量进行统计，分布为 50cm² 以上的缺陷，数量在 1～3 个之间。

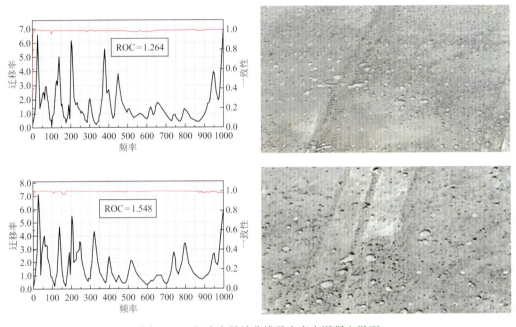

图 6-37　Ⅰ级病害导纳曲线及自密实混凝土界面

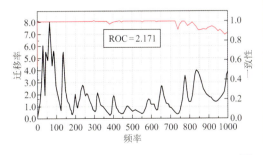
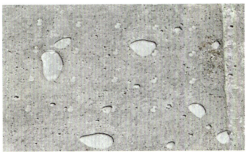

图　6-38

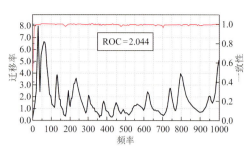 

图 6-38　II级病害导纳曲线及自密实界面

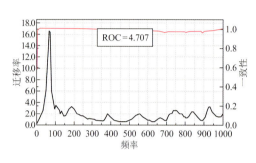 

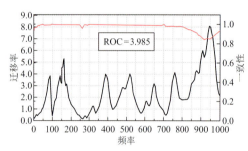 

图 6-39　III级病害导纳曲线及自密实混凝土界面

综上所述，经过大量的数值模拟分析及揭板验证，通过统计分析测点对应的自密实混凝土界面缺陷状况，总结归纳出缺陷精细化评估准则，见表 6-12。

缺陷精细化评估准则　　表 6-12

ROC	测点 30cm 区域内病害类型	测点 30cm 区域内病害程度	判定准则
≤2	泡孔面积为 6～30cm² 数量在 10～20 个之间	I	$N_I \geq 6$，不合格
2～3	泡孔面积为 30～50cm² 数量在 5～10 个之间	II	$N_{II} \geq 3$，不合格 $N_{II} \geq 2$ 且 $N_I \geq 2$，不合格 $N_{II} \geq 1$ 且 $N_I \geq 4$，不合格
≥3	泡孔面积超过 50cm² 数量在 1～3 个之间	III	$N_{III} \geq 1$，不合格

注：N_I-达到I级病害的总测点数；N_{II}-达到II级病害的总测点数；N_{III}-达到III级病害的总测点数。

4）小结

以导纳率作为缺陷评估指标对板式无砟轨道自密实混凝土充填层进行了无损检测研

究，通过缺陷模拟试验、现场大量实测统计分析以及揭板缺陷比对，验证了该方法的有效性，结论如下：

（1）导纳率可有效反映中间采用有土工布或减振垫的板式轨道下自密实混凝土支撑条件的变化，且随着自密实混凝土界面缺陷程度的增大，导纳率也随之增大。相比于土工布型，减振垫型进一步弱化了自密实混凝土层对轨道板的支撑条件，导致轨道板总体导纳率较高，当下方自密实层混凝土界面存在缺陷时，轨道板导纳率仍有提高，但增幅较土工布型无砟轨道下降。

（2）本节提出了基于导纳率的初步评价指标和精细化评估方法。首先，对板式无砟轨道自密实混凝土质量进行初步判定，然后针对异常测点计算 ROC，从而得出该区域的病害程度。

（3）自密实混凝土界面缺陷总体划分为三个等级：当 ROC≤2.0 时，为Ⅰ级缺陷程度，自密实混凝土界面分布有 6~30cm^2 的小泡孔；当 2.0<ROC<3.0 时，为Ⅱ级缺陷程度，自密实混凝土界面分布有 30~50cm^2 的泡孔；当 ROC≥3 时，为Ⅲ级缺陷程度，自密实混凝土界面分布有 50cm^2 以上的大泡孔。

6.2.7 装配式钢弹簧浮置板无轨顶升技术

目前，装配式钢弹簧浮置板普遍采用的钢弹簧顶升方法是带轨顶升：先用全站仪＋精调小车采集轨面高程，并将数据标记在钢轨上；然后通过液压机调整水平位置，符合要求之后安装定位销，放入隔振器；再使用专用液压千斤顶抬起钢弹簧浮置板，同时放入同顶升量厚度的调整垫片，为避免浮置板产生过应力，此步骤至少要分两步进行。第一遍钢弹簧浮置板顶升之后，重复步骤，顶升高度不符合要求的再使用专用液压千斤顶抬起钢弹簧浮置板，同时放入同顶升量厚度的调整垫片，直至所有位置顶升量满足设计要求。

在既有线路中，钢弹簧采用带轨顶升有以下缺点：

（1）隔振器存在空吊现象，导致受力不均，影响两侧隔振器受力及使用寿命。

（2）液压机调整水平位置导致钢弹簧预制板两侧破损较多。

（3）顶升步骤单一固定，根据以往施工经验至少需要进行 3 遍顶升、4 次测量才能满足要求，导致施工效率低。

1）无轨顶升原则及调整方式

无轨顶升通过 CPIII 测量控制网采集数据，按照先调整平面、后调整高程原则，采用专用工具，对预制短板进行横向、竖向、纵向的调整，消除偏差。

因隔振器（即弹簧）在轨道板自重作用下，存在压缩变形，而轨道板的高程控制需考虑轨道板的压缩量。当隔振器刚度存在差异，施工时需重新考虑不同刚度调整垫片的放置厚度和弹簧的压缩变化值。

曲线超高、线路竖曲线、隔振器顶升的差异及不同板之间的高差、隔振器底座的不平整、预制短板和扣件的制造安装误差等一系列因素，造成轨道的高低和水平均有所差异，为了补正各构件、各部件的制造误差和施工误差引起的不平整，需进行调整以达到验收标准。

（1）高低和水平调整

通过选用不同规格的调整垫板，实现轨道高低、水平的调整；调整量较大时，采用固定规格的调平钢板进行调整。

（2）隔振器不密贴

隔振器底部不密贴时，可先使用专用液压千斤顶将钢弹簧浮置板顶至一定高度，将共享隔振器取出，然后使用角磨机将隔振器 2 倍面积的底座进行打磨，直到底座平整度在±2mm 以内即可；隔振器挡肩处不密贴时，可先将专用液压千斤顶顶住共享隔振器，然后裁剪适当大小的防滑垫并塞入缝隙中，松掉千斤顶即可，如图 6-40 所示。

图 6-40　隔振器调整

2）小结

无轨顶升技术具有两方面的优势：

（1）加快顶升速度

有轨顶升是依次使用不同厚度的调平钢板进行精调，调整三轮以后，对该范围内的浮置板面上观测点高程再次进行准确测量，最后与设计顶升高度进行比较，确定需要调整的高度值，直至达到设计顶升高度及误差要求，传统钢弹簧浮置板需反复顶升 3~4 次，顶升耗时长。本工程创新性地提出了钢弹簧浮置板无轨顶升施工方法，利用板内吊装孔安装 4 个三维无级精调装置，架设全站仪安装精调棱镜，对轨道板进行全方位调整，一次性将钢弹簧浮置板顶升至预设位置，缩短顶升时长，提高施工工效。

（2）减少隔振器吊空

钢轨顶升在安装时，钢轨与钢弹簧轨道板已经连成一体，隔振器更容易吊空，同时易出现因隔振器受力不均引起弹簧断裂的问题，而不安装钢轨顶升，板直接压在隔振器上，直接受力，不会出现隔振器空吊现象，基于无轨顶升施工的钢弹簧隔振器受力均匀，轨道板状态稳定，可有效避免弹簧空吊、断裂的缺陷，提高了顶升质量。

6.2.8 新型铺轨设备运用技术

1）运用背景

城市轨道交通是一个集土建、安装、轨道等专业于一体的系统性工程。铺轨施工是其中的重要环节，施工进度、施工质量已经成为决定线路能否按期开通的关键因素，而且在国内城市轨道交通工程施工中，常因区间隧道移交不连续，导致轨道施工存在断点的情况，从而造成铺轨基地组织施工无法连续，需要增加散铺作业面的施工现状。

为提高铺轨施工效率，结合以往的施工经验及设备工装，14号线创新利用轮胎式铺轨机、轮胎式罐车和轮胎式平板车等设备替代传统的轮轨式铺轨机、轨道车和轨道平板车等，通过科学的施工工艺规划，实现铺轨作业的无轨化。

14号线盾构隧道直径分为5.5m和6m，使用了最新研发的轮胎式铺轨机和标准轨互换式混凝土布料车等无轨化自行式轮胎走行设备，杜绝了走行轨安装打孔的安全隐患，提供"见缝插针"式跨区间施工的条件。无轨化铺轨设备的成套使用可以实现多点、多线、多工序同时施工，大幅提高了轨道施工效率。

2）轮胎式铺轨机

轮胎式铺轨机主要由门架、走行系统、起升系统、液压系统、电气系统、电源动力系统和操作台等组成，见图6-41。轮胎式铺轨机的工作内容主要包括铺设预制板、调板、吊运材料、铺设钢轨等多个方面，能够满足施工中的多种需求。其具备以下特点和优势。

图6-41 轮胎式铺轨机

（1）轮胎式走行设备采用八轮四驱动设计，无须沿轨道行进，可任意行驶于圆弧形、马蹄形和矩形等隧道断面上。最大起重量达16t，最大内净空3.3m，高3.1m，轮胎可在0~45°摆角间自如活动。在直径为5.5m的隧道可变跨度范围在2060~3560mm，在直径为6m的隧道可变跨度范围在2060~4060mm，以适应不同的工作环境。

（2）轮胎式铺轨机可以进行三维调整，不需要人工辅助设备，就可以实现自动一体式变跨，显著减少设备周转时间，可左右偏移的起吊小车载有4个独立的电动葫芦，可以单动及联动起落和偏移，较好地满足了轨道板在直线及曲线部位的粗调，纵向调节量可达850mm，横向调节量±150mm。

（3）传统铺轨车走行速度为1~1.5km/h，而轮胎式铺轨机走行速度可达3km/h，而且轮式施工车辆可完全省去走行轨的安装与拆除两道工序，设备可在隧道直接行走，不仅节约时间，还解决了很多工程中由于隧道偏移而无法安装走行轨支墩及无法打孔的问题。不仅大幅减少人工、周转料的使用，降低成本，还避免了各种工序间的干扰，极大加快了施工速度。这对于缩短工期、节约成本意义重大。

（4）轮胎式走行设备可通过最小曲线半径为100m的线路，最大通行坡度为60‰。轮胎式铺轨机作业盲区可以受到持续观测，与隧道管片、其他铺轨车辆与施工机械、施工人员之间都设置有安全距离，一旦进入安全距离立即自动报警，以保障施工安全。

（5）轮胎式铺轨机采用智能化全车控制计算机，能够实现机载及遥控操作，迅速响应各项动作要求，同时采用自动纠偏系统根据走行方向和整机倾斜角度自动控制轮胎转向。先进的磷酸铁锂蓄电池组及成套充电系统可以在无动力电缆供电的区间进行施工，充电电压范围在300~380V，充电机可以根据隧道线径载流要求设置自动充电电流。

（6）除吊运轨道板外，轮胎式铺轨机还可以进行底座钢筋、模板、钢筋网片吊运，自身可以短距离运输，搭配运板车，实现长大区间的运输，通过自身变跨可以较迅速地实现满足矩形洞和圆形洞施工条件的转变。

（7）由于不需要在隧道壁上打孔安装走行轨支墩，轮胎式铺轨机的使用避免了对隧道结构的损坏，很好地实现对隧道管片成品的保护。

3）轮胎式混凝土布料车

轮胎式混凝土布料车由走行机构、车体、搅拌布料系统、动力系统、液压系统、电控系统、驾驶室等组成，如图6-42所示，在混凝土材料的运输和供给中起到至关重要的作用。混凝土布料车功能性可分为轮胎走行式和轮轨走行式，轮胎行走式通过轮胎行走，可在水平路面和盾构壁结构之间进行移动。轮轨行走式是利用钢轨行走，通过走行机构使混凝土布料车能够在不同的工作场景下灵活变换形态，在狭窄的隧道内，布料车能够变形来减小占用空间，进行轮胎式行走到轮轨式行走的转换，具有自动化程度高、操作简便、布料均匀和快速通过等特点。

图6-42 轮胎式混凝土布料车

轮胎行走式混凝土布料车具备以下特点和优势：

（1）能够满足多种盾构隧道尺寸施工工况，简化道床混凝土施工工艺，提高施工效率和施工质量。

（2）可以实现布料车长距离快速转移，提高施工效率，布料车额定搅拌容量为8m³。

（3）根据车体的承载稳定性受力合理分析，将搅拌筒直径大小及前后锥比例分别进行独有的设计，搅拌筒设计结构与底盘承载稳定性实现完美匹配。通过软轴控制闭式泵液压油的排出方向来切换搅拌罐的正反转及行车中自旋转，搅拌罐转速 0~12r/min，解决了自密实混凝土运输难题。

（4）走行机构采用全轮制动，配备有独立的行车制动装置和紧急+驻车制动。行车制动装置采用独立油路供油，以液压钳盘制动方式通过轮轨的紧急+驻车制动走行马达自带的制动器实现，双制动模式及前后两侧均设置驾驶室确保了车辆的安全运行，布料车内轨行驶速度可达 0~20km/h，外轨行驶速度为 0~7km/h。

（5）布料车主要用于底座混凝土浇筑和自密实混凝土浇筑作业，也可带水进行混凝土面的洒水养护作业，同时在铺设钢轨完成后，还可以采用钢轨走行方式实现快速道床边沟混凝土浇筑作业。通过布料车自带的变跨系统实现了矩形洞过渡至圆形洞施工工况的快速转变，也可实现无轨化轮胎走行和有轨化钢轨走行的转换，适用于多种不同施工状况。

4）双向驾驶专用平板运输车

双向驾驶专用平板运输车以运梁车为模型改造而来，是一种专门用于地下隧道中运输轨道板和轨道材料的设备（图 6-43），其主要由动力系统、转向系统、制动系统、转向架及车体等构成，具体特点如下：

（1）采用专用实心轮胎，降低了车辆及底盘高度，符合现场实际情况，载重量较高，能满足现场各种规格轨道板运输需求。

（2）具备双向驾驶功能，在长大区间可以高速安全驾驶，提高运输效率。

（3）可满足任何矩形隧道、圆形隧道、马蹄形隧道、车站段等坡道不大于 40‰ 的多种施工工况，主要应用于运输钢筋、模板、轨道板、扣配件等材料。

5）新能源轨道车

新能源轨道车采用直-交流电传动系统，主要由车架、车厢、走行部、制动系统、牵引传动系统、磷酸锂铁电池组、智能充电桩、电气控制系统、电机及控制器冷却系统等部分组成，如图 6-44 所示，其有以下特点：

图 6-43 双向驾驶专用平板运输车

图 6-44 新能源轨道车

（1）主要适用于城市轨道交通工程隧道施工，线路维修中物料、工具、人员的运输及其他无动力轨道工程车辆的牵引,特别适用于长大隧道内的施工作业。

(2)采用充电便捷的大容量磷酸锂铁电池组为电源动力,以永磁同步电机驱动、交流牵引系统技术为核心,对比传统施工设备不仅运行平稳、操作简单、维护方便,而且具有低噪声、零排放、绿色环保的优势,设备耗能分析与废气、废水排放对比见表6-13与表6-14。

设备耗能分析表　　　表6-13

设备	耗电（kW·h/km）	油耗（L/km）	碳排放量（kg/km）
新能源轨道车	3.324	—	2.373
传统柴油车	—	2.076	6.427

设备废气、废水排放对比表　　　表6-14

明细	单位	新能源轨道车	柴油机车
废气	kg/km	—	1.346
废水	kg	—	—

(3)实时监测整车数据,通过安全防护系统及智能检测系统实时发出故障预警,保障新能源轨道车的安全运行。

(4)满足于有轨施工的各种施工环境,可行驶至最小曲线半径为100m的线路,最大运行坡道为35‰,载重为100t,最高运行速度达60km/h,整车功率150kW,续航里程可达100km。该设备主要用于后期钢轨运输、疏散平台板运输等作业。

6)新型铺轨设备运用的优势

(1)施工灵活性

传统铺轨施工设备只能从铺轨基地一端循序渐进推进,采用无轨化设备施工不仅能够在水平路面和盾构壁结构之间行走,还可以根据不同类型的隧道结构进行高度和跨度的调整,可广泛应用于不同类型城市轨道交通工程中,提高了施工灵活性。

(2)安全可控性

新型铺轨设备相对传统铺轨设备减少了轨道车的使用,提高了轨行区内作业安全性,该新型铺轨设备施工可分段组织轨行区施工,减少轨行区长距离运输和占用时长。新型设备均安装有视频监控系统,通过网络与轨行区智慧管控系统连接,可以实时监控作业面施工,做到安全可控。

(3)提高工效性

新型铺轨设备可利用盾构井、区间风井作为轨道下料口,从多点多面实现连续作业,提高施工效率。在保质保量的同时,单工作面人员投入减少20%,比传统轨道车轨排现浇施工工艺提高约15%施工工效,从而保障了工期节点的顺利实现。

(4)环保节能性

新型铺轨设备的运用可以有效降低施工噪声、减少废气排放,提高能源利用率,能有效地改善作业环境，并降低现场劳动强度。

14 号线共投入 17 台新能源轨道车、49 台自变形轮胎式铺轨车、25 台自变形轮胎式混凝土搅拌运输车、15 台自适应断面轨道板运输车、7 台焊轨机等新型铺轨设备。新型铺轨设备的应用使施工质量与施工效率都得到了明显的提升，同时有效降低施工噪声、减少废气排放，提高能源利用率，改善作业环境。更重要的是，新型铺轨设备的成套使用提高了施工效率，提升了工程质量，降低了安全风险，符合以人为本、绿色施工的健康理念，为推动城市轨道交通装配式道床绿色施工作出了示范。

6.3 轨行区管理安全调度系统应用

6.3.1 应用背景

14 号线全部采用地下线敷设方式，施工过程中易受建筑限界和照明设备限制，运输条件差，行车组织要求高，安全控制点多。

为了改变这一现状，实现城市轨道铺装作业智慧化管理，最大限度地利用计算机信息技术，保障施工作业的可视化与安全化，轨道工程专业应用了轨行区管理安全调度系统。

6.3.2 建设目标

轨道工程施工与其他专业的施工协调配合密不可分，做好与各专业接口的协调配合是保证工程施工顺利进行的关键，及时调整优化施工方案和资源配置，采取多种施工方法，以见缝插针的方式，平行或交叉作业，加快施工进度。轨行区管理安全调度系统能够确保轨道系统工程施工安全、优质、有序进行，实现工期目标。

轨行区管理安全调度系统以"安全第一、预防为主、综合治理"的安全生产方针为指导，以工程项目在全寿命周期中各阶段的大数据为基础，准确、实时、形象、集中地在调度室还原作业现场，在建设、承建、线下单位人员的计算机、手机等终端进行实时共享和远程控制，真正实现传统人工监管到整体管控、智能预警的全面升级，完成了管理指挥工作从被动"监督"到主动"监控"的全面转型。

6.3.3 主要功能

轨行区管理安全调度系统主要包括轨道车定位、超速报警、接近报警、轨道车推进车长引导、列车运行图绘制、区间虚拟闭塞管理、调度命令收发、网络语音对讲、线路巡检、岔位防护、智能防撞、防疲劳驾驶、安全帽及反光衣智能监测、智能安全帽、视频监控、隧道广播、隧道一键报警、智能信号灯、人员（机具、小平车、梯车等）定位、临电数字化安全管控、环境及有害气体监测、统计分析等基础功能。

轨行区管理安全调度通过优化信息化管理机构,设置智控中心,将行车调度指挥管理系统、调度命令无线收发、网络语音对讲、全区广播、智能防撞、安全数据统计、防疲劳驾驶、安全帽智能监测、视频监控系统等集成至信息化室,实现后台统一监控,达到轨道交通施工从开始至结束所有工序的统一管理和可视化监控,确保施工作业安全隐患及时发现,及时排除,杜绝安全事故的发生,保证城市轨道交通装配式道床作业安全顺利地进行。

1)唯一 ID 标识

14 号线作业区建立现场标签化管理模式,进入作业现场的人员、车辆、机械、设备分类装贴二维码标签,每一标签设唯一 ID,如巡检维护人员佩戴巡检员定位标签,施工人员佩戴施工员定位标签。在轨行区,人员定位系统可以实时显示隧道和基坑定位区域内不同类型人员(标签)的实时精确位置,监管人员可实时掌握定位区域内不同类型人员、车辆、机械、设备的数量、分布和作业状态等信息,实现分区域统计、跟踪,提升统一协调的系统化管理水平,人员定位与机械定位见图 6-45 与图 6-46。

图 6-45 人员定位

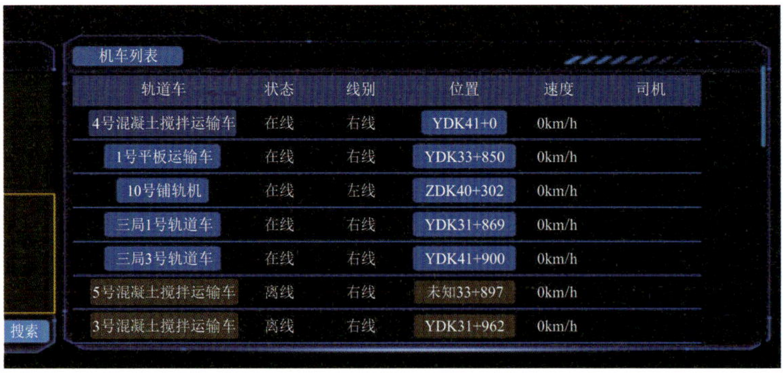

图 6-46 机械定位

2)全局信息显示

全局信息显示通过可视化展示模块和控制台屏幕同步,至少包括信息展示和车辆在地图位置信息展示两个区域,可以在手机端、计算机端展示车辆相关信息以及车辆调度计划信息,系统可以接受定期更新的地图替换以显示最新的场地布置情况,可在调度室大屏幕上实时显示车辆、人员位置及其状态信息、施工进度信息,调度人员通过视频画面可以直观地了解场地车辆、人员位置和状态及施工进度信息。

其次,全局信息显示可根据车辆分布范围自动进行调整,显示信息主要包括车辆的任务安排与执行情况,车辆行驶速度与方向等参数,该信息可通过后台进行增减,方便调度中心及时安排新的用车及人员调配需求。

现场所有标签实时将相关信息回传至项目部指挥中心,指挥中心监控室显示屏实时显示现场所有标签的实时位置、作业状态,便于及早发现问题,提出预警,及时解决问题,见图6-47。

图6-47　全局信息显示

3)实时轨迹跟踪

实时轨迹跟踪是利用智能终端采集轨道交通工具GPS(全球定位系统)定位数据,并建立该轨道交通工具运行状态模型,建立轨道交通工具和智能终端绑定关系,依据智能终端与轨道交通工具两者之间的关联表来获取各轨道交通工具GPS定位数据,依据运行状态模型并结合轨道线路标准轨迹、历史GPS定位数据进行纠偏,获取校准后的位置点。

轨道线路标准轨迹获取,首先确定线路开始站点和结束站点,然后依据地图道路信息并结合图像分析技术判断开始站点与结束站点是否在同一条轨道上,针对在同一条轨道的情形,通过补全开始站点与结束站点之间的其他站点,基于补全后的站点得到标准轨迹。针对不在同一条轨道的情形,判断开始站点对应的轨道与结束站点对应的轨道是否有交叉点。若不存在交叉点,则随线路运行时通过跟车人员实时采集运行过程中定位信息来获取基础定位数据,结合地图道路信息将基础定位数据纠偏到地图上对应位置,基于纠偏后的位置来得到标准轨迹。针对存在交叉点的情形,找出所有交叉点,并以开始站点、结束站点和各交叉点分别形成备选线路,将所有备选线路形成备选线路集合,通过计算各备选线路运行长度来选取运行长度最小的备选线路作为目标线路,根据地图道路信息并集合图像分析技术,补全目标线路中开始站点至交叉站点及交叉站点至结束站点之间的其他站点,并基于补全后的站点得到标准轨迹。

进入现场的人员、车辆、机械、设备的运动位置能够以轨迹形式显示,实时轨迹跟踪对危险行为、安全隐患做出预判，及时进行提醒或制止，确保板式道床作业的安全进行。

4）区域报警

轨行区管理安全调度系统能够轻松划定安全区电子围栏、警报区和禁区电子围栏，进入或离开时触发相应级别的报警；可以划定施工区报警区域，区域内存在安全风险即可触发警报，确保作业区合理配置资源。

系统自动监测机车与机车之间及与施工防护区域（移动防护牌）之间的位置，距离接近到设置距离时发出语音提示预警。系统可设定停车位置阈值，当列车位置超过设定阈值时列车将自动制动停车[此功能的实现需要结合自动紧急刹车系统（Autonomous Emergency Braking，AEB）或改装 JZ7 制动系统来实现，电机驱动的新能源轨道车无须改装]，报警记录做存档统计。

超过限速报警功能：行车速度超过 3km/h 时，语音警报；超过 5km/h 时，语音警报并存储信息；超过 8km/h 时，语音警报、存储信息并启动紧急制动，以保证行车安全。

前方障碍物分级报警功能：前方 120m 出现障碍物，语音警报；前方 50m 出现障碍物，语音警报并启动降速功能，紧急制动车辆停稳后距离障碍物 2～6m；对于闯入人员或障碍物，如与车辆的距离小于最小制动距离，为将损失降低至最小，直接启动报警及紧急制动程序。

人员临近行驶车辆警示：轨行区车辆前进方向在安全线界外出现人员，预警司机注意前方人员人身安全；如在安全线界内出现人员，则按前方障碍物分级报警执行。

AEB 系统可独立运行，结合本调度系统实现在指定位置（如封锁施工区段、铺轨工作面前 50m）自动停车、按调度系统设置的不同区段限速值超速后的自动减速、司机异常状态下的自动分阶段制动直至停车等功能。区域报警见图 6-48。

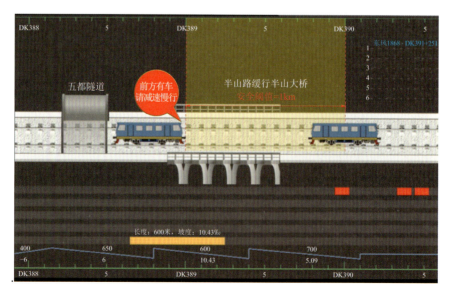

图 6-48 区域报警

5）历史数据回放

轨行区管理安全调度系统进入回放模式后，弹出回放窗口，用户输入起始日期和时间、结束日期和时间，系统获得回放的数据。用户可以通过点击开始、暂停、停止来控制回放界面。在回放期间，用户还可任意设定回放速度和界面。数据记录的最终目的是能够回放数据，重现事件发生和发展的过程。

历史数据回放具有以下功能。

（1）找到准确的信息对列车、道岔等状态进行设定。

（2）事后回顾，对查找故障起因非常重要的作用。

（3）演示，有利于维修及调度人员反复教学学习。

（4）分析，对系统进行数据检验。

视频数据存储在车载终端内，随时可回看、拷贝历史视频画面，实现事件溯源。调度室选择需要回放的摄像机类型、名称、日期、具体时间，发现违规事件可截图或录制，作为安全教育、安全考核的材料依据，提升城市轨道交通装配式道床作业标准化水平。

位置服务器存储时间长达几个月，管理人员可回放查询相关历史位置数据，统计分析现场管理数据，改进作业模式，提升装配式道床作业管理能力。

6）视频监控

轨行区管理安全调度系统将较为成熟的智能视频（IVS）技术运用到目标检测、人物识别、车辆追踪等场景，加强了作业现场人员、机械、设备的有效管理，对事故预防、规范作业、文明施工发挥了积极作用。

（1）列车视频监控。列车上安装网络摄像机，实时掌握轨道车行车线路情况、前后作业环境情况、操作司机和车长标准化作业情况，确保列车作业安全，列车视频监控见图6-49。

图 6-49 列车视频监控

（2）铺轨基地视频监控。在基地出入口、门式起重机吊装区、物料存放区、车辆行车道、轨排井等施工作业区安装视频监控，实时了解铺轨基地现状，保证安全作业标准化，铺轨基地视频监控见图6-50。

图 6-50　铺轨基地视频监控

（3）轨行区视频监控。隧道壁上固定间隔安装摄像机，帮助管理者和调度员实时掌握隧道内人员、车辆、环境的情况。轨道车自动接入运行前方摄像头并在驾驶室内显示，扩展司机视线，对曲线行车安全有重大意义，轨行区视频监控见图 6-51。

图 6-51　轨行区视频监控

7）报警提醒

智能视频能根据施工图自动生成虚拟施工场景，通过高精度定位系统，在虚拟工程线路图上实时显示列车运行的当前里程、速度、上下行情况、所处线路坡度和曲线半径等信息，使调度人员一目了然。报警提醒分为以下两种情况：

一是超速报警，系统根据轨道工程线路条件设置的行驶速度，检测列车行车速度，如发现行车速度达到设定超速预警值（最高限速的 80%）时，平台自动通过声光报警方式提醒司机注意行车速度。

二是接近报警，平台自动监测机车与机车、小平车、施工防护区以及道岔之间的距离，达到两者设定的安全距离时触发报警，提醒司机控制机车，若警报无效，机车自动排风制动，以确保行车安全。

列车报警提醒界面如图 6-52 所示。

图 6-52　列车报警提醒界面

8）线路巡检

巡检员在发现线路有安全隐患时，可通过移动终端上报至调度中心，系统根据上报内容分等级报警，当发现有危害行车安全的重大隐患时可不通过审批，直接向司机发出紧急警报。一旦有危及行车的高风险等级隐患上报时，系统可将隐患区域形成虚拟防护区域，限制列车通行，保证行车安全。利用移动终端对安全隐患进行上报，由专人的核实、跟踪、处理、总结记录后，形成闭环管理。线路巡检报警界面见图 6-53。

图 6-53　线路巡检报警界面

9）列车运行图绘制

轨行区管理安全调度系统通过提前绘制列车运行计划图，实现按图排路，当列车运行时，实时显示并记录列车运行轨迹，由系统自动生成列车运行图，列车运行图见图 6-54。

图 6-54　列车运行图绘制

轨行区管理安全调度系统基于定位技术，通过列车跟踪定位系统实时获取显示轨道车、铺轨机等施工机械所在位置和速度信息，结合列车运行图，实现机车与机车、机车与人员、机车与施工电子围栏在空间上的联动，达到主动式防护预警，确保行车和施工人员安全。解决了以往轨道车进洞后无法掌握实时位置的问题，方便了项目部对运输机械的实时管理，同时还能利用专网与三维定位的轨行区主动安全智慧管控系统构建轨行区主动安全智慧管控架构，满足了轨行区一体化管控平台对视频监控、生产数据等信号的接入和兼容需求。

6.3.4　应用总结

14 号线全线轨行区管理安全调度系统总共避免了 52 次行车事故，其中提醒机车超速 34 次，提醒临近施工 8 次，提醒施工慢行 10 次；提醒接近施工区域报警 5031 次。本系统突破传统管理思维，建设城市轨道交通板式道床施工信息化、智能化系统，通过网络全覆盖可视化智能监控系统和科技手段，使各环节施工安全、高效、有序地进行。提高了机械设备、轨行区安全管理能力，杜绝了城市轨道工程铺装作业安全事故的发生，加强了施工现场管理人员的决策能力和管理能力。

轨行区管理安全调度系统的应用不仅杜绝了违章作业，实时把控安全风险，而且实现了轨道交通板式道床作业管理信息化、可视化和系统化，完成了城市轨道交通板式道床作业智慧化管理的目标，进一步积累了城市轨道交通智慧化管理经验，为今后的城市轨道交通项目工作提供了管理借鉴。

6.4 道岔转辙机平台应用

6.4.1 应用背景

目前国内城市轨道交通大部分道岔转辙机需安装在道床预留的基坑内，混凝土回填两侧至道床面，导致转辙机经常被积水浸泡，影响转辙机正常使用。14 号线采用转辙机平台，减少了现场工作量，避免了传统基坑积水，同时节约了施工及管理成本。

6.4.2 传统道岔转辙机坑病害

传统转辙机坑安装示意图如图 6-55 所示。

图 6-55 传统转辙机坑安装示意图

（1）降低转辙机设备运行稳定性、减少其使用寿命

转辙机及其机械外锁闭杆件长期处于积水潮湿环境，易造成转辙机进水、转辙机电气绝缘不良，同时会造成转辙机设备部件锈蚀，加速设备老化、降低设备稳定性从而影响其使用寿命。

（2）增加检修任务量

对于基坑积水的转辙机进行检修作业，需增加完成基坑排水、设备部件除锈、防锈处理等作业内容，约 30min/人。

（3）增加检修人员安全风险

技术人员对基坑积水的转辙机进行维护作业时，作业环境恶劣，地面湿滑，存在滑倒、踩空等影响人身安全的隐患。站务人员也反映需应急手摇道岔时，无操作平台可站立。

6.4.3 新型转辙机坑平台创新应用

为了解决此类问题，14 号线新型转辙机安装取消了传统转辙机预留的基坑，平台至水沟底面430mm，水沟宽度设置为250mm；最大限度保证了道岔排水流畅度，保证了道岔水沟不积水，延长了转辙机的使用寿命，保证了行车安全，14号线转辙机坑安装图纸及现场示意分别见图6-56、图6-57。

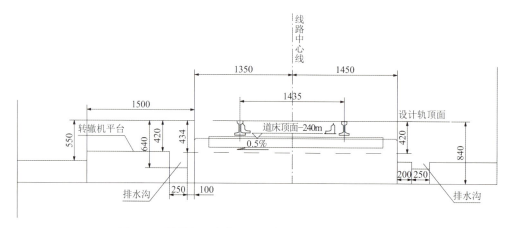

图6-56 转辙机坑安装图纸示意图（尺寸单位：mm）

图6-57 新型转辙机坑安装现场示意图

6.5 装配式轨道施工技术应用优势

14号线创新了城市轨道交通装配式轨道铺设施工技术，即道床轨道板实现工厂化预制生产，配送至各车站或风井预留下料口，使用无轨化新型设备进行吊装、轨道板铺设，利用CPIII控制网测控技术快速精调，完成后加固侧向模板及防上浮装置，然后进行自密实混凝土灌注施工，最后在轨道板上安装扣件及钢轨。

与常规轨道施工方法相比，装配式轨道在施工上具有如下优点：

（1）质量高、可靠性强

常规轨道施工组织受区间洞通影响较大，施工进度受土建作业影响大，轨行区施工风险较高且受作业环境限制存在较大质量隐患，运营过程中存在道床变形、翻浆冒泥、开裂碎裂等较普遍的病害现象。

装配式道床施工轨道板通过板厂预制，不仅保证了道床质量，还为列车的平稳、安全运行提供了良好条件，延长了轨道结构的使用寿命。

（2）平顺性高，便于维修

现浇道床钢筋结构复杂，钢筋绑扎、焊接施工量大，混凝土面高程控制难度大。同时在常规轨道施工过程中，施工质量主要取决于人员的主观能动性。

装配式轨道施工通过CPIII轨道基础控制网测控技术做到设计控制、施工测量、运营维护三合一，有效提高测量精度和施工质量，提高轨道平顺性。同时考虑到结构的可维修性，在轨道板和自密实混凝土层间设置隔离层，便于特殊情况下结构的养护维修，施工可调整性更强。

（3）灵活高效，节能环保

传统轨道施工对铺轨基地的依赖程度高，轨排井负责对铺轨基地所辖施工区段的大部分材料、机械乃至人工的吊运与进出，造成场地工料机集中、频繁超负荷运转的缺陷。

新型装配式铺轨设备具有灵活、机动能力强、受场地环境制约小、可多作业面施工等优势，不仅提高了施工的安全性，又践行了绿色环保施工理念。

装配式轨道施工技术以突破技术瓶颈、改进施工工艺、减少现场工作量、提高机械化作业率、加强道床施工质量为首要目标，最终达到现场整洁美观、质量可控、便于维修的效果。既有利于轨道施工工业化、信息化、智能化与环保化，也符合我国装配式建筑与产业发展的方向，具有较高的推广前景，以及较为显著的经济效益与社会效益。

第 7 章

系统施工新技术

7.1 模拟建造技术

随着城市轨道交通的发展，系统设备安装工程的施工流程、工艺技术日益成熟，如何让项目建设提质增效，实现工程标准化、绿色化、智能化、数字化建设，是目前行业亟待解决的问题之一。

在城市轨道交通工程中运用 BIM 技术，可有效改善城市轨道交通工程施工管理水平。BIM 技术被广泛推广的主要原因，是可以建立更加立体的三维模式构图，从而给施工带来方便，实现工程施工前的模拟建造。

7.1.1 基于 BIM 技术的装配式气瓶间安装技术

14 号线关键设备用房消防灭火系统基本都采用气体灭火系统，气瓶间设备安装是气体灭火系统安装工程的重要组成部分。传统的气瓶间设备安装采用现场测量、现场加工方式，需要进行大量的切割及焊接作业，工效低、施工周期长，造成施工环境污染严重，且临时用电安全风险高。为提高 14 号线气瓶间安装工艺水平、缩短施工周期、降低环境污染、加强安全文明施工，14 号线各站气瓶间设备安装过程中应用"基于 BIM 技术的装配式气瓶间安装技术"。基于该技术，装配式气瓶间设备安装要经过数据收集、模型建立及拆模出图、预制加工及现场装配施工三个主要阶段。

1）数据收集

数据收集是 BIM 模型建立的基础，数据准确性影响 BIM 模型的建模及应用效果，数据收集主要分两部分进行，一是设备模型数据，二是外部条件相关数据。

（1）装配式气瓶间的主要设备及附件有：灭火剂存储容器、容器阀、电磁启动阀、选择阀、灭火剂单向阀、气体单向阀、安全泄放装置、信号反馈装置、启动管路、压力表、瓶组架等。建模人员通过向厂家收集、实物测量等方式获得设备、附件的参数信息，建立标准化设备模型，再根据实际需求附加相关的施工、管理信息，形成气瓶间设备及附件 BIM

模型族库，在同类型设备模型搭建中可直接进行引用。气瓶间各设备模型如图 7-1 所示。

图 7-1 气瓶间各设备模型

（2）外部条件相关数据主要有：气瓶间结构、二次砌筑几何尺寸、气瓶间外部综合支吊架及管网线路实际高程等数据，以及预留管网出管孔洞数据，出管组件几何尺寸等。因气瓶间在砌筑装修过程中与设计图纸存在误差，外部条件相关数据需进行现场实测实量，通过轻量化 BIM 模型进行现场对比，结构模型按照实测实量数据进行调整，保持模型与现场的一致性，再在结构模型中完成气瓶间模型搭建。例如：沙湖站气瓶间设计图纸得出房间内的几何尺寸分别为 5.38m×4.47m×3.1m（长×宽×高）；测量实际测量尺寸为 5.3m×4.45m×3.1m（长×宽×高），模型以实际测量尺寸为 5.3m×4.45m×3.1m（长×宽×高）进行组建。

2）模型建立及拆模出图

BIM 模型建模人员对数据进行分析，组建相应模型，模型建立过程要结合设计图纸和现场实际测量数据进行，建立设计模型，通过对模型碰撞检查，优化设备布置及管网路径，建立深化模型后进行拆模、编号、出图工作。

（1）建模人员根据收集得到的数据，结合设计图纸，应用 Revit 软件建立气瓶间 BIM 模型，对建模进行碰撞检测、优化设备及管网布设。模型建立完成后，进行模型现场一致性复核，反复调整确保模型与现场保持一致，通过渲染使模型更加形象。具体模型如图 7-2～图 7-5 所示。

图 7-2　整体模型

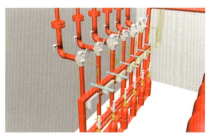
图 7-3　局部模型

图 7-4　局部模型

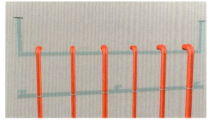
图 7-5　出管组件模型

（2）以每路管网为单元，进行 BIM 模型拆模，结合施工工艺要求、安装流程、工作习惯、管道尺寸等，为了便于批量生产，尽可能减少特制模型的存在，但有切实需要的个别特殊部位可生成特制模型（如消差段），导出装配式气瓶间各组件加工图纸，做好每组管网的编号工作，对每组管网尺寸进行详细标注。

3）预制加工及现场装配施工

根据拆分模型出具的加工图纸进行场外预加工，加工过程把控工艺质量，严格按照出图尺寸进行加工，并根据图纸做好标识标签，便于现场装配施工。

装配式气瓶间安装过程需重点注意以下事项：

（1）利用 BIM 模型及拆模模型及图纸对安装人员做好技术交底工作，避免安装错误造成返工。

（2）对设备材料进行详细检查编号，编号要与现场安装顺序相匹配。

（3）根据 BIM 模型对支架安装位置进行精确定位，确保安装位置与实际位置相符，避免因定位误差造成安装与模型偏差。

（4）集流管及出管组件在安装时，要根据 BIM 图纸测量横向位置、纵向位置及距地高度等数据。集流管及出管组件需注意安装时要将出管组件旋转至向上，向上位置需与出房间管道口对应，为出房间管道安装提供条件。

（5）管道加工完毕后在加工厂进行预装配工作，确认管道、设备、附件之间可正确连接，连接后位置参数满足预定要求，且与模型保持一致。

（6）安装完成后结合 BIM 模型及 BIM 出图进行现场复核，复核安装实物与模型相符且满足设计及验收相关规范要求。如图 7-6 所示。

图 7-6　现场复核

（7）管道刷漆及流向标志喷涂前要进行除锈和除垢工作，保证刷漆颜色和光泽均匀，并制作喷字模板，在各出管组件上方喷涂气灭保护区房间名称及气体流向标识。

4）基于 BIM 技术的装配式气瓶间安装与传统气瓶间安装效果评价

（1）安装效果对比

气瓶间采用传统安装方式时，需现场测量加工，边测量边加工，边加工边施工，未对气瓶间整体安装效果进行规划，整体效果较差。基于 BIM 技术的装配式气瓶间针对设备及管网进行了优化，使其布置更合理。如图 7-7、图 7-8 所示。

图 7-7　传统气瓶间安装效果

图 7-8　基于 BIM 技术的装配式气瓶间安装效果

(2)其他效果分析

以沙湖站为例进行效果分析,具体情况见表 7-1。

基于 BIM 技术的装配式气瓶间安装与传统气瓶间安装效果分析表　　表 7-1

分析内容	传统气瓶间安装	基于 BIM 技术的装配式气瓶间安装
人工消耗	需要 4 人 4d 完成,总消耗 16 人·d	需要 2 人 1d 完成,总消耗 2 人·d
现场环境保护	需要大量焊接、切割作业,对环境污染严重,且安装环境比较密闭	现场无焊接及切割作业,现场无环境污染
安全分析	使用临电,焊接需要 AC380V 动力电源,临电用电分线高,施工人员作业强度大	现场作业不使用临电,不存在临时用电风险,施工人员作业强度低
经济效益	人工、材料、机械设备消耗均比较大	人工、材料、机械设备消耗小,具有良好的经济效益

5)技术应用总结

基于 BIM 技术的装配式气瓶间安装技术的应用,有效地提升了现场安装质量,提高了现场施工效率、减少了施工对现场造成的环境污染,降低了临时用电的安全风险,节省了大量人力、物力,提升了项目装配式、数字化、信息化建设水平,具备广泛的应用及推广价值。

7.1.2 基于 BIM 技术的变电所夹层一次电缆精准提料技术

14 号线系统设备安装工程材料成本在项目成本中的占比高达约 60%,而线缆成本占项目总成本约 20%。与此同时,对种类繁多、数量庞大的电缆进行优化排布,能有效减少线缆用量,降低项目成本,提高项目利润率,线缆的精准提料对项目的成本降低起着至关重要的作用,14 号线以 35kV 变配电变电所夹层一次电缆为样例,应用基于 BIM 技术的变电所夹层电缆精准提料技术。

14 号线利用 BIM 技术对变电所夹层进行策划及模拟建造,通过一致性校对、模型深化等工作优化调整电缆径路,按照项目管理及物资提料要求完成模型信息添加后,应用明细表功能导出电缆用料数据,对数据整理分析确认无误后进行精准提料和指导现场施工。以 14 号线四联站变电所为例展开详细描述,常规的提料方法存在的问题如下:

(1)电缆设计图纸使用量不准确,与实际使用量偏差过大,难以作为精准提料参考,不便于成本把控,易产生浪费,若提料过少还会影响施工进度。

(2)施工节奏快难以细致地梳理线缆用量。

(3)技术人员通过图纸测量,核对现场和图纸(土建、供电图等)会出现偏差,导致把控不准确,容易出现统计误差。

(4)技术人员在估算转弯、预留、入柜弯头处的损耗量时会出现偏差,通常为过度冗余。

(5)单根电缆缺少明确径路,现场施工人员放缆径路可能与计划不符,导致出现用量偏差、电缆缠绕、未选择最优径路、排列不整齐影响美观等情况。

施工前通过现场数据采集,应用 BIM 技术对变电所夹层一次电缆进行 BIM 建模,对电缆径路进行合理优化,依据模型分析统计电缆用料,实现对电缆的精准提料,有效地指导施工作业,解决了常规提料方法实施过程中的相应问题。

1)模型搭建

线缆模型排布密集且径路复杂,为提高 BIM 工作质量、增加建模效率,本工程开发了一款基于 Revit 的线缆自动敷设软件,协助完成电缆模型建立。

设计人员应用线缆自动敷设软件时,可依照供电专业设计图、电缆清册、土建专业模型等,确定电缆径路、规格、型号、根数、起终点设备等信息,按电缆径路完成电缆支架、桥架模型创建,结合线缆自动敷设模拟软件自动优化选择最优径路,建立电缆模型,如图 7-9 所示。

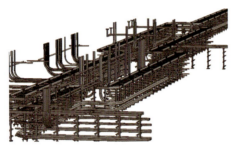 

图 7-9　电缆模型

2)一致性复核

技术人员使用三维扫描仪、激光测距仪、卷尺等测量工具,测量变电所夹层板间净高、梁、柱的位置是否与设计图纸及土建模型一致。对板测量采用每隔 20m 随机选一个点测量,对梁、柱、预留预埋全部测量,测量结果与模型中同一位置测量结果进行对比,对比结果作为后续模型优化的依据。

3)模型优化

建模人员使用 Navisworks 软件进行碰撞检查,生成变电所夹层供电电缆、桥支架、土建结构等的碰撞检查报告,并对碰撞检查报告进行逐项审核,确定有效碰撞和无效碰撞。结合碰撞检查结果及一致性复核结果完成问题处理,深化模型布置,从而优化模型。

根据专业设备构件图纸和现场准确测量设备实际尺寸,优化模型的外观细节形状,包括几何属性信息、专业接口、色彩、纹理等和实物保持一致,BIM 模型精度应达到 LOD400 标准。优化后电缆模型如图 7-10 所示。

 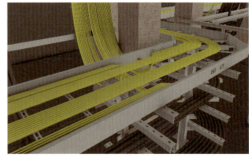

图 7-10　优化后电缆模型

4）BIM 量导出

建模人员使用 Revit 软件明细表功能快速统计电缆用料数据，核对 BIM 模型绘制的电缆有无缺失和错漏，确认电缆数据信息是否完整，以便于对电缆整体数据的整理核对及后续对电缆精准提料；然后通过插件的参数添加，赋值到每条电缆，可区分不同电缆的型号、编号、归属专业，有利于辅助电缆的提料使用计划及区分不同电缆量差的数据统计。

5）数据整理

考虑到电缆明细表中的 BIM 数据是理想化状态的特点，按照实际情况考虑自然弯曲的长度、电缆做头预留及损耗长度、入柜接头等情况添加数据，按《电力工程电缆设计标准》（GB 50217—2018）要求考虑电缆预留量；根据物资提料的需求以及项目管理对比分析数据的需求，在工程量统计初步文件基础上，添加人工核算量、设计图纸量、现场实放量、偏差对比、BIM 控制系数等内容。

由于 BIM 统计量已包含"设备之间长度 + 两端引入至端口长度 + 备用量"，故提料量还应考虑电缆弯曲系数 + 做头损耗：

$$提料量 = BIM 系数 \times BIM 统计量 + 做头损耗 \tag{7-1}$$

式中：提料量——用于物资提料的电缆长度统计；

做头损耗——不同电缆做头损耗的长度统计；

BIM 系数——根据以往类似项目经验积累的 BIM 统计量与现场实放量的调整系数。

6）数据分析

技术人员根据电缆的数据统计表和分析表，分析整理出来的电缆数据表，主要分析 BIM 量与人工测算量、设计量对比，分析偏差值和偏差原因，确认 BIM 量是否可靠、可否作为提料数据来源。

项目通过数据分析得出，变电所电缆通过 BIM 建模可有效实现模型量对现场实放量的反馈，单根电缆偏差在 0.25～0.7m 之间，精准度 ≥ 98%，可作为精准提料等数据基础。

7）提料数据导出

通过整理电缆多方数据，结合分析结果，以专业需求为出发点，技术人员根据电缆的 BIM 量及偏差系数、预留损耗等因素，整理出详细的电缆清册，经物资采购及审核流程确认后，用于辅助项目开展电缆精准提料工作。

8）数据对比

完成施工后，通过整理的电缆数据统计表对不同类型数据进行分析，计算出偏差值、偏差系数等数据；数据统计表包含线缆从属专业、使用部位、型号、根数、直径、BIM 量、人工核算量、设计图纸量、现场实放量、BIM 量与人工量偏差、BIM 量与设计量偏差、BIM 量与实放量偏差、单根线缆偏差、BIM 控制系数等内容，可用于对基于 BIM 精准提料应用进行深入分析及事后总结，不断优化应用工作思路与数据指标，应用结果对比如

图 7-11 所示。

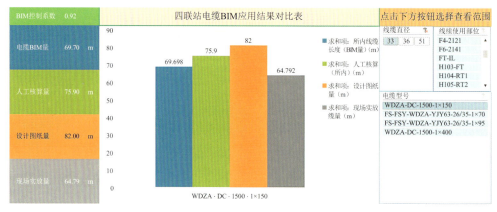

图 7-11　应用结果对比表

9) 经验系数优化

完成电缆敷设成端后,抽样复核计算相同型号相同径路电缆的单根电缆 BIM 量与实放量偏差,用于修正 BIM 系数偏差、提高提料准确度。

$$单根电缆 BIM 统计量与实放量偏差 = \frac{BIM 统计量 - 现场实放量}{电缆根数} \quad (7-2)$$

$$BIM 系数 = \frac{现场实放量}{BIM 统计量} \quad (7-3)$$

式中：单根电缆 BIM 统计量与实放量偏差——相同型号相同径路电缆的单根电缆 BIM 统计量与实放量偏差；

BIM 统计量——模型导出的电缆长度数据；

现场实放量——现场放缆后测量的实际安装长度。

BIM 系数计算用于数据复核并进行经验数据积累。

10) 技术应用总结

（1）宏观总量分析

在基于 BIM 技术变电所夹层一次电缆精准提料技术研究过程中,按照人工核算方法和基于 BIM 的计算方法进行了对比分析,报表同时可用于查看特定电缆的 BIM 控制系数、电缆 BIM 统计量、人工核算量、设计图纸量、现场实放量的数据。在施工完成后得到的相关统计数据如图 7-12 所示。

从图 7-12 中可以看出,设计量 > 人工核算量 > BIM 统计量 > 现场实放量,BIM 统计量最贴近实放量。人工测量偏差：人工核算量 - 现场实放量 = 96m；BIM 计算偏差：BIM 统计量 - 现场实放量 = 31m。因此,可以得出结论：BIM 核算较人工核算可节约 96 - 31 = 65m。

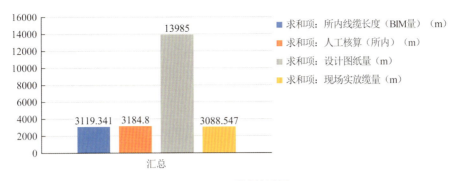

图 7-12 四联站统计图

注：设计量为所内、所外总和，设计阶段未分批，只计算所内电缆量。

（2）详细的参数分析（控制系数）

以四联站为例进行参数分析，四联站一次缆 BIM 统计量为 3119.39m，现场实放量为 3088.55m，平均单根电缆 BIM 统计量与现场实放量偏差约为 0.39m，平均 BIM 控制系数 0.98，以电缆型号为区分，其具体数据对比见表 7-2。

四联站一次缆精准提料应用主要数据表　　　　表 7-2

线缆型号	FS-FSY-WDZA-YJY63-26/35-1x70	FS-FSY-WDZA-YJY63-26/35-1x95	WDZA-DC-1500-1x150	WDZA-DC-1500-1x400
BIM 统计量（m）	799.153	168.284	69.698	2082.206
现场实放量（m）	798.768	168.471	66.815	2056.516
BIM 系数	0.9995	1.0011	0.9586	0.9877

①在多种因素综合影响情况下，除 WDZA-DC-1500-1x150 线缆外，其余电缆模型量与实放量的数据偏差均在 1% 以内（控制系数偏差按照 2% 控制，该系数可调控设置），所以精度满足要求。

②WDZA-DC-1500-1x150 的控制系数为 0.9586，已超出 2% 范围，为有问题项，需要追溯分析。

建模人员在 BIM 模型中查看 WDZA-DC-1500-1x150 详细参数发现，点电直径为 33mm，总计 5 根，相对较细，且因单根电缆长度均在 13～15m 之间，受路径变化优化、入柜处优化、碰撞检查优化影响带来的长度变化占总长度比例较大，故导致 BIM 系数相对较小，但所得数据可靠。

（3）技术应用总结

①四联站使用 BIM 技术后统计的单电缆长度较人工测量方法可节约电缆 65m（已考虑优化路径增加，其中 1×70：25m、1×95：8m、1×150：6m、1×400：26m），按照项目实施中采购价格计算，节约成本为 25×170+8×180+6×130+26×300=14270 元。

②变电所电缆通过 BIM 建模可有效实现模型量对现场实放量的反馈，单根电缆与实际敷设量偏差小于 0.39m，精确度 ≥ 98%。

③正常统计电缆用量耗时约 2d，BIM 统计时间仅用半天，工作效率提升明显。

④运用 BIM 技术还可以快速追踪原始数据，快速解决存在的问题，减少现场测量踏勘工作。

7.2 无轨测量技术

14 号线线路长、工期紧，站后四电工程与铺轨、土建等施工活动存在较多的交叉，尤其对于接触网工程来说，从基础开挖到通电运营须耗费较长的时间。在 14 号线实施过程中，如果按照正常工序短轨通后进行接触网测量，则无法保证后续工期节点。因此，必须要采取具有较高可操作性和精确性的测量方法，以便更好地促进接触网工程施工任务的开展，故本工程采用了"无轨测量技术"，为 14 号线如期开通奠定了良好基础。图 7-13 为现场无轨测量实景。

图 7-13　无轨测量实景

7.2.1　测量准备

进行无轨测量前，现场需满足以下条件：

（1）已收到轨道专业线路顺坡图 CAD 图纸。

（2）已收到接触网平面布置图 CAD 图纸。

（3）与第三方测量单位进行控制桩或 CPIII 控制网移交，并办理移交手续。

（4）已对接收的第三方控制点进行了复测且满足测量要求。

（5）全站仪、水准仪、手持激光测距仪等测量仪器经具备国家级检验资质的检测机构的检验，并贴有"检验合格证"标识且在有效期内。

7.2.2　坐标与高程计算

无轨条件下对线路中心的放样，首先计算出线路中心的三维坐标，包括关键点对于大地坐标系的横纵坐标及高程参数。计算方法主要是基于 AutoCAD 及 Excel 软件，快速绘制并计算出悬挂点对应线路中心的三维坐标。

（1）坐标计算

设计人员利用 AutoCAD 软件将 1:1 的接触网平面布置图与轨道线路顺坡图重叠合并为一幅，通过轨道图纸提供的岔心坐标等关键参数复核是否完全重合一致。通过 AutoCAD 软件"PL"和"LIST"指令按锚段顺序沿悬挂点线路中心绘制多段线后导出对应悬挂点的平面坐标，如图 7-14 所示，其余辅助点坐标可通过类似方法获取。注意：AutoCAD 软件所提供的 X 坐标为大地坐标系中的 Y（E）坐标，Y 坐标为大地坐标系中的 X（N）坐标。

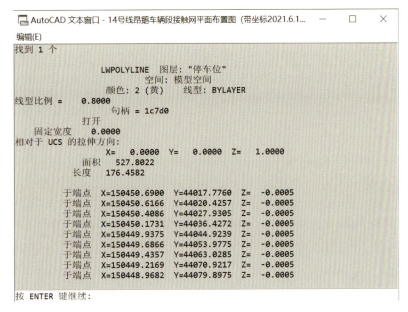

图 7-14 AutoCAD 软件"LIST"指令查询多段线坐标

（2）变坡高程计算

线路坡度变化点称为变坡点，线路顺坡图通常会给出各变坡点前后的坡度、长度以及变坡点的高程数据。通过计算悬挂点距变坡点距离，计算出悬挂点所对应轨面高程，轨面高程按式(7-4)计算：

$$H = H_0 + L \times i \tag{7-4}$$

式中：H——悬挂点处轨面高程（m）；

H_0——变坡点高程（m）；

L——悬挂点距变坡点距离（m）；

i——坡度（‰）。

两变坡点中的所有悬挂点轨面高程计算后形成闭环，可复核计算结果的准确性，结合平面坐标计算结果得出所有悬挂点对应线路中心的三维坐标用于现场放样。计算过程未考虑线路竖曲线顺坡对计算结果的影响，实际操作过程中，竖曲线导致的误差可忽略不计，计算结果见表 7-3。

昂鹅车辆段某段坡道内悬挂点线路中心高程计算结果　　　　表 7-3

悬挂点号	接触网跨距（m）	跨距和（m）	线路坡度	计算高程（m）	设计高程（m）	设计跨距和（m）
变坡点 1	4.44	0	0	30.23	30.23	
M53-9	6.13	4.44	0.003	30.243		
M53-10	4.07	10.57	0.003	30.262		
M53-11	5.63	14.64	0.003	30.274		
M53-12	6.06	20.27	0.003	30.291		
M53-13	3.13	26.33	0.003	30.309		
M53-14	2.53	29.46	0.003	30.318		
M53-15	7.69	31.99	0.003	30.326		
M54-6	6	39.68	0.003	30.349		
M54-7	5	45.68	0.003	30.367		
M54-8	2.32	50.68	0.003	30.382		
变坡点 2		53	0.003	30.389	30.39	53

7.2.3 吊柱测量

完成线路中心三维坐标的计算后，便可通过特制的棱镜三脚架，进行一步到位式无轨状态下吊柱测量与定位等工作。用于净空测量的特制棱镜三脚架如图 7-15 所示，吊柱长度按式(7-5)计算。

图 7-15　棱镜三脚架简图

1-激光测距仪；2-棱镜本体；3-水平泡；4-棱镜三脚架

$$l = H + h_3 + (h_2 - h_1) - h - h_0 \tag{7-5}$$

式中：l——吊柱计算长度（m）；

H——棱镜顶部至结构的净空高度（m）；

h_3——棱镜顶部至棱镜中心的距离（m），在定制三脚架时确定；

h_2——棱镜中心的高程（m）；

h_1——悬挂点对应线路中心的计算高程（m）；
h——接触线设计高度（m）；
h_0——接触悬挂的结构高度（m）。

7.2.4 应用总结

"无轨测量技术"在14号线的应用中，一组人员一天完成约4个锚段120个悬挂点的定位测量，加快了接触网施工进度，并且本技术通过前置接触网施工工序，创造前置或平行于轨道的施工条件。"无轨测量技术"可提前完成接触网材料排产及生产工作，保证了施工物资供应。

7.3 智能设备

为了给14号线项目建设提质增效，实现工程机械化、标准化，数字化施工，智能化建造，本工程系统设备安装全过程充分发挥智能集群效应，分别使用了"供电设备运输平板车""第四代全断面智能化隧道冲洗车""供电电缆敷设装置""第三代地铁联调动态检测车"等多种机械化工装。

7.3.1 供电设备运输平板车

14号线全线均为地下段，且全线吊装口数量较少，超过60%站点、区间风井无法满足地面吊装需求，为满足工期节点要求及现场施工需求，在轨道需满足轨道车走行的情况下，系统设备安装工区使用自主研发的"供电设备运输平板车"进行变电所设备运输。

1）设备组成

供电设备运输平板车是以轨道平板车为设备载体，由载物平台、升降装置、电器控制系统、过桥板装置及防倾覆装置组成。平板车共有3个载物平台，平台可升起高度500mm，每个平台可载重20t。两端载物平台带有旋转圆盘可通过人工将变电设备360°旋转，如图7-16所示。

图7-16 供电设备专用运输平板车图

（1）设备载体

设备载体采用 PC-30 轨道平板车，载重 30t，平板车长 13000mm，宽 2400mm，高 800mm，轴重 ≤ 13t。

（2）载物平台

该设备设有 3 个载物平台，两端载物平台及中间载物平台。两端载物平台主要运输大型变压器，中间载物平台主要运输开关柜等小型机柜设备，如图 7-17 所示。

图 7-17　载物平台图

（3）升降装置

升降装置由电动机、减速机、传动链条、升降丝杠组成，如图 7-18 所示。

图 7-18　升降装置图

（4）电器控制系统

供电设备运输平板车的动力由柴油发电机组和外接电源提供；电气控制部分由配电箱、遥控器、行程开关组成，如图 7-19 所示。

（5）过桥板装置

过桥板装置采用 Q235 碳钢钢材制作，尺寸为 400mm × 2000mm × 50mm，下部支撑选用 6061-T5 铝合金支承支撑，如图 7-20 所示。

（6）防倾覆装置

该设备在车底安装 4 组抓轨器，抓轨器可与钢轨牢固连接，使车体与轨道形成一个整体，防止平板车倾覆，保证设备卸载安全，如图 7-21 所示。

图 7-19　动力来源、电气控制装置图

图 7-20　过桥板装置图

图 7-21　防倾覆装置图

2）项目应用总结

供电设备运输平板车较传统人工辅助运输方法操作简单，减少了传统变压器转角及运输枕木平台搭建工作。人工转角时间约 30min/台，运输平板转角时间 5min/台；减少了枕木搬运及搭建的时间,提高设备运输效率,减少人员投入 8～10 人。有效解决了在运输过程中设备转体运输和坡面对人员及设备造成的伤害,降低了作业安全风险。

7.3.2 第四代全断面智能化隧道冲洗车

14 号线车辆上线热滑前须完成全线隧道冲洗,面对这种情况,人工冲洗已无法满足现场需求,系统设备安装工区协调相关资源,使用自主研发的"第四代全断面智能化隧道冲洗车"进行全线隧道冲洗,保证了冲洗时间要求及质量要求,如图 7-22 所示。

图 7-22 第四代全断面智能化隧道冲洗车效果图

1) 设备组成

"第四代全断面智能化隧道冲洗车"能适用于各类城市轨道交通隧道环境。第四代全断面智能化隧道冲洗车储水量高达 50t,满负荷冲洗有效清洗时间为 216min,设有高、低压冲洗系统和低压喷雾降尘系统。

(1) 高压冲洗系统

高压冲洗系统采用一台高压柱塞泵,额定压力 21MPa,功率 55kW,压力在 0～20MPa 时可通过变频调节器调节,喷嘴正常工作压力为 14MPa。高压冲洗主要完成道床及排水沟的冲洗作业。该系统由电机及传动装置、高压柱塞泵、进水过滤器、压力表、安全阀、调压阀、安装座、管系及高压喷嘴等组成。冲洗压力连续可调,喷嘴分区域可以进行单独水路控制,从而完成轨道道床、排水沟的冲洗。

(2) 低压冲洗系统

低压冲洗系统采用两台立式管道离心泵,产生 8MPa 的低压水,压力在 0～7MPa 时可通过变频调节器调节,正常工作压力为 3MPa,喷嘴压力为 3MPa。低压冲洗完成隧道顶壁、侧壁、轨道内外侧、疏散平台的冲洗,冲洗压力连续可调。低压水泵主要用于隧道顶壁、侧壁、车辆两端降尘、车体两侧下壁面、轨道外侧、水沟外侧区域及使用手持喷枪对轨道死角进行冲洗,如图 7-23 所示。

第 7 章 系统施工新技术

图 7-23 低压冲洗系统图

（3）低压喷雾降尘装置

低压喷雾降尘系统利用低压离心泵将水加压，水经低压管路送至高压喷嘴雾化，形成飘飞的水雾。水雾颗粒是微米级的，表面张力基本上为零，喷洒到空气中能迅速吸附空气中的各种大小灰尘颗粒，并沉降到隧道下部。本装置采用精密加工的不锈钢微雾嘴，具有喷雾细、不磨损、压力损失小的特点，喷雾额定压力不小于 3MPa，压力可以自动调节，该装置减少了作业灰尘，保证作业人员健康。

2）项目应用总结

相比于传统的人工冲洗方法，第四代隧道全断面冲洗车能实现全断面机械化隧道冲洗，实现了机械化减人的目标，解决了人工冲洗对隧道消防水管送水的依赖问题，提高了隧道冲洗质量。

7.3.3 供电电缆敷设装置

14 号线供电系统环网电缆敷设共计 468.71km，为保证环网电缆敷设的效率及质量，系统设备安装工区协调相关资源，使用自主研发的"供电电缆敷设装置"进行全线环网电缆敷设，为 14 号线全线"35kV 电通"奠定了良好基础，保证了后续联调联试、动车调试的顺利开展，供电电缆敷设装置及效果图如图 7-24、图 7-25 所示。

图 7-24 供电电缆敷设装置图

图 7-25 供电电缆敷设装置敷设效果图

1）设备组成

"环网电缆敷设装置"是机电一体化的半自动化设备,设备在整体设计上由两个平板车连挂组成,一个平板车上安装布放臂和动力装置,另一个平板车上安装布放架、传动装置及制动装置。设备在整体硬件设计上主要由车体装置、布放装置、动力系统、传动系统、电气控制系统五部分组成。

（1）车体装置

动力装置主车架采用中梁承载结构,车体底架采用 N30 标准平板车,满足隧道行车要求。

（2）布放装置

布放装置包括线盘安装架和布放臂。线盘安装架采用框式结构,主材为槽钢 100mm×6mm,外形尺寸为 3200mm×1600mm×2500mm,框式结构通过焊接的方式整体固定在平板车上,可有效防止线盘和布放架倾斜和脱落。布放臂底盘采用电机驱动齿轮,实现布放臂的 360°旋转,底座采用活动式固定方式,布放臂可以放到两端和中间,实现换向布放的功能,通过可变行程调节丝杠,实现布放臂高度调整,以满足电缆布放高度需求。

（3）动力系统

环网电缆敷设装置安装了柴油发电机组,采用东风康明斯发动机（DCEC）,自带水箱散热器、废气涡轮增压、水空中冷、液晶控制屏,技术人员通过屏幕可以直观地看到油温、油压、水温、转速等数据。该发电机组采用 24V 发动机,通过显示控制屏一键启动,简单方便易于操作。

（4）传动系统

传动系统主要由电机、减速机、单排传动链、齿轮等组成。传统系统把电能转换成动能,带动电缆线盘的转动,实现电缆线盘自主布放。

（5）电器控制系统

电气控制系统由交流电驱动,交流电由柴油发电机组提供。控制柜安装于有布放臂的平板车上,通过控制柜上的按钮控制电机、柴油发电机组等,方便操作人员操作布放臂和操纵操作柜。操作时,若看不见作业角度,可持无线遥控器对其设备进行操作,为布放作业提供便利,提高工作效率,可替代控制柜。

2）项目应用总结

供电电缆敷设装置实现了机械化减人的目标，减轻了工人劳动强度，保障了环网电缆敷设的安全，保证了环网电缆敷设外观质量。

7.3.4 第三代地铁联调动态检测车

"第三代地铁联调动态检测车"如图 7-26 所示，该车采用油电双动力运行结构，可通过车体受电弓与接触网搭接直接取流，也可以使用燃油直接驱动发电机组发电作为车辆运行动力，主要实现对接触网几何参数、动态参数、悬挂状态检测，同时具有限界检测、轨道检测等功能。

图 7-26　第三代地铁联调动态检测车

1）设备功能

（1）接触网几何参数检测

接触网几何参数主要包含导高、拉出值、导高坡度、定位点跨距等；线路几何参数不合格造成的问题主要有燃弧、磨损不均匀及接触线刮弓等现象。

接触网几何参数检测功能利用光学三角法测量原理来实现，通过成像位置计算出接触线相对相机的高度和横向偏移，再根据相机安装在车体的位置换算出接触线（单线及双线）的导高和拉出值，从而可以得出接触线的空间几何参数。根据线岔及锚段关节处双支接触线的几何位置，可计算出接触线水平间距和高度差。

（2）接触网动态参数检测

接触网动态参数检测主要包含对燃弧率、弓网接触压力、接触网温度、电压及电流等参数的检测。

①燃弧率检测：燃弧是击穿碳滑板和接触线之间空气间隙的电流，通常表现为强光。燃弧会导致受电弓取流不稳定，同时对碳滑板有电腐蚀，强烈的燃弧也会灼伤汇流排。本设备采用单紫外弧光传感器加燃弧抓拍相机的组合方式进行测量和采图，总体设计满足现行《铁路应用　集电系统受电弓和接触网的动力交互作用的测量要求及确认方法》（EN 50317）中对燃弧检测的总体要求。

②弓网接触压力检测：弓网接触压力指受电弓和接触网之间的相互作用力，分静态接触力及动态接触力两种。弓网静态接触力指受电弓升弓时在静止状态下对接触网向上的抬

升力。弓网动态接触力指受电弓升弓运动过程中和接触网之间的互相作用力。

③接触网温度检测：本设备利用红外热成像仪在车辆行驶过程中对接触网及受电弓进行不间断拍摄，热成像仪输出的温度图像数据传输至检测计算机，利用一定图像处理算法，找出接触网中的温度异常点，记录检测位置、温度信息和保存温度图像，实现对接触网温度过热点的检测。

④电压、电流检测：通过霍尔电压电流传感器测量，读取车辆系统通过通信总线传输出的电压电流值。

（3）接触网悬挂状态检测

本设备利用几何参数检测模块中的图像识别作为主触发信号，当图像识别过程中识别出刚性悬挂瓷瓶、固定槽钢等定位结构时，触发安装于几何参数检测模块周围的 4 套刚性接触网支撑成像模块进行定点拍照，拍照模块使用 2000 万像素的工业相机（分辨率为 5120×3840）和氙气灯。抓拍的目的是对刚性支撑装置（固定槽钢、螺栓、绝缘瓷瓶等）进行高清成像。图像支持 3~4 倍放大后仍可以较清楚地看清结构细节，如图 7-27 所示。

图 7-27　接触网悬挂状态检测图

（4）限界检测功能

限界检测装置原理为扫描激光测距。限界检测使用激光雷达，由两台激光雷达组成实现 360°全范围限界检测，当出现侵限物体后，计算机触发拍照相机拍照，并在图片中写入当前里程和侵限物体方向、高度、侵入值，以便后期整改。

（5）轨道检测

轨道检测主要作为车体振动量检测，也可提供轨距及轨道超高检测参考值。该检测功能利用基于机器视觉技术的轨距测量模块和高精度陀螺仪测量轨距和曲线超高，为接触线故障排查提供相关依据。

2）项目应用总结

第三代地铁联调动态检测车减少了限界检测、冷滑的人员投入。自带受电弓及视频监控系统，能实现限界检测、冷滑试验、预热滑试验，可以有效地进行弓网关系检测。对线路的各项综合指标分析更加全面，使用动态检测车进行线路预热滑，为电客车热滑试验提供了更加可靠的保障，整体提高了工作效率。

7.4 安全防护技术

14号线盾构隧道直径分为5500mm和6000mm两种，全线盾构区间采用预埋滑槽、预制轨道板技术。系统设备安装工区针对深圳14号线现场施工环境，从解决现场实际问题出发，对现有轨行区施工工装进行优化设计，制作了基于预埋滑槽的高处作业安全挂环、高度可调节梯车、预制板式道床的接触网梯车底盘以及弹簧销钉式自主刹车装置，在保证作业安全的前提下，有效提高了现场施工效率。

7.4.1 滑槽固定式安全挂环

传统的轨行区高处安全带悬挂于梯车防护栏杆上部，梯车一旦发生倾覆，安全带即处于失效状态，无法起到有效的安全防护作用，容易发生人员伤亡事故。系统设备安装工区根据盾构区间预埋滑槽的特点，设计制作滑槽固定式安全挂环，将安全挂环固定于预埋滑槽内，安全带悬挂于安全挂环的吊环螺母内，即使梯车倾覆，通过滑槽的安全挂环也可以对施工人员起到有效的安全防护作用，保障了现场高处作业安全。

安全挂环选用M12的吊环螺母，M12×80mm的T形螺栓（含两个螺母、一个平垫），使用时将T形螺栓T形头安装于滑槽内，并用一个平垫、一个螺母将T形螺栓固定牢固，T形螺栓头部固定吊环螺母并用一个螺母固定锁死。现场使用时将安全带挂钩悬挂于吊环螺母内，有效起到安全防护作用，如图7-28所示。

图7-28 安全挂环及现场应用

7.4.2 高度可调节梯车

接触网常用梯车设计高度为3.6m（含护栏高度）左右，作业平台高度为2.8m左右，通常轨道铺设距盾构底部高度为700~900mm，常用梯车能满足5.5m盾构直径隧道接触网悬挂及汇流排架设等作业需求，但无法满足6m盾构直径区间打孔及小吊柱安装作业需求。为解决上述问题，常见做法为单独加工增高梯车满足隧道打孔和吊柱安装，在施工过程中根据隧道直径、施工工序转换进行梯车更换，该方式影响作业效率，并且容易造成梯车的浪费。14号线系统设备安装工区针对上述问题进行讨论研究，设计出一套可用于5.5m和6m盾构区间全工序作业的高度可调节梯车，从以下几点进行梯车设计制作。

（1）作业平台高度选择

14号线大部分区间盾构直径为6m，轨上净空5.1~5.3m，部分5.5m盾构区间，轨上净空4.5~4.7m。6m盾构区间锚栓打孔灌注和吊柱安装作业时，作业平台高度应在3.3~3.8m，悬挂安装及汇流排架设时，作业平台高度应在2.8m左右；5.5m盾构区间作业平台在2.8m左右可满足作业需求；通常梯车护栏设置高度为0.8~1m。因此，设计梯车作业平台需在2.8~3.8m之间可升降调节，考虑调节方便和可靠且满足现场施工需求，梯车主体框架设计高度为3.8m；作业平台设计高度为1m，设计0m、0.5m、1m三个可调节连接件，能有效与梯车主体框架连接。通过上述设计，梯车作业平台可调节高度为2.8m、3.3m、3.8m，满足5.5m和6m盾构区间施工需求。

（2）梯车结构的选择

梯车结构包含轨行梯车底盘（含自主刹车装置）、梯车框架、作业护栏（含可拆卸作业踏板）。为了满足梯车通用性的要求，梯车底盘及框架结构不变，对作业护栏进行改造，作业护栏高度为1m，在作业护栏底部、中部和上部各设置4处与梯车框架的连接点，使作业平台高度在2.8m、3.3m、3.8m之间可调。作业护栏上部和中部与梯车框架上部连接件连接时处于悬挂状态，为保证安全性，设计梯车上部爬梯间距与作业护栏间距相匹配（0.5m），作业平台底部设置两根方钢搭接在梯车框架爬梯上，同时连接作业防护栏底部四个连接点，起到下部托举防护作用。

（3）连接方式的选择

梯车各部分之间的连接方式均为栓接，方便接触网梯车在轨行区拆卸、转运、组装及高度调节，如图7-29~图7-32所示。

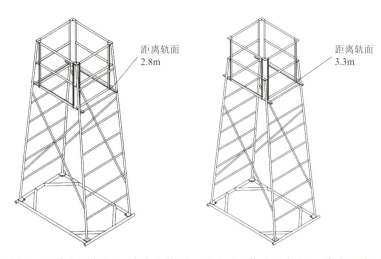

图7-29　作业平台2.8m高度连接图　　图7-30　作业平台3.3m高度连接图

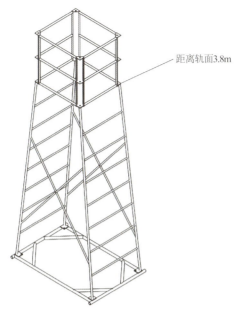

图 7-31 作业平台 3.8m 高度连接图　　　　图 7-32 现场应用照片

7.4.3 板式道床梯车走行底盘

14 号线大量应用预制板式道床,板式道床因轨道铺设工序的变化(先铺板后架设轨道),道床铺设完成后统一分区段进行轨道架设[轨道架设速度为 600～1000m/(作业面·d),传统轨排架设 80m/(作业面·d)],造成系统设备前期施工作业受限(无轨道)、后期施工压力巨大的情况。为了充分利用板式道床铺设至轨道架设前的工序间隙,技术团队进行讨论研究,制作了基于预制板式道床的梯车走行底盘,在板式道床铺设区间提前组织施工作业,创造了平行作业条件,有效保证施工进度,避免工序无法衔接造成"窝工",也避免了后续抢工时大量人员投入造成的浪费。

(1)底座横撑选择

通过受力分析,梯车走行底盘选用两根横撑,采用 2.5m 长 10 号槽钢,增加梯车走行底盘稳固性,前后各安装一根,间距为 1560mm,横撑与原梯车走行底盘对称连接,采用 M16 的 U 形抱箍螺栓固定(U 形抱箍螺栓与梯车走行底盘所使用的管材匹配),整体设计不改变原有梯车结构,拆除底座横撑即可在铺轨线路使用。

(2)走行轮选择

常见轨道板走行轮主要有万向轮和定向轮,万向轮走行灵活,但容易脱离道床预制板,产生掉道倾覆的安全风险,故本设备选用定向轮,同时为了现场轻便使用,选用橡胶轮。此外,考虑到板式道床板缝对走行影响,横撑两端对称安装 1 个直径为 10 英寸(1 英寸 = 2.54cm)橡胶轮,橡胶轮间距为 2080mm(匹配板式道床,便于在板式道床上走行)。具体内容如图 7-33、图 7-34 所示。

图 7-33　梯车走行底盘设计加工图（尺寸单位：mm）

图 7-34　梯车走行底盘现场作业

7.4.4　弹簧销钉式自主刹车装置

城市轨道交通区间施工作业均要求使用配置自主刹车装置的小型梯车，但自主刹车装置设计不同、使用效果各异，目前常见问题为自主刹车装置在使用过程易失效、易损坏，导致安全性降低。在 14 号线施工过程中，技术团队结合现场上述常见问题，对自主刹车装置进行了重新设计和制作，研究了基于弹簧销钉式的自主刹车装置，通过操作杆直接对弹簧销进行控制，减少刹车控制链条，弹簧销钉常态制动插入车轮孔内，通过人工操作才能解锁行驶，更有效、更可靠地实现梯车自主刹车。

为保证弹簧销钉式自主刹车装置的可靠性，技术团队对弹簧销钉重新进行了设计，销钉选用直径为 14mm 加硬 45 号圆钢，其具有较高的强度和较好的切削加工性能。弹簧采用弹簧钢制作，其具有优良的综合性能，尤其在弹性极限、强度极限、屈强比等性能上表现优异。弹簧销钉通过焊接与底盘连接，增强了弹簧销钉式自主刹车装置的可靠性。车轮对应销钉位置均匀分布开 6～10 个 M18 的圆孔，确保销钉可靠插入，实现自主刹车功能。

通过对现场应用分析,接触网梯车和手推小平车每台对向安装两套弹簧销钉式自主刹车装置,每一边选择其中一个车轮部位进行安装,如图 7-35 所示。

图 7-35　自主刹车装置

7.4.5　项目应用情况

1)安全性对比

(1)滑槽固定式安全挂环

利用预埋滑槽固定接触网施工安全挂环,可在预埋滑槽盾构区间的任何作业面实现作业人员安全带的"高挂低用",避免了梯车倾覆时人员从高处坠落的风险,有效保障了区间高处作业人员的安全。

(2)高度可调节梯车

高度可调节梯车在盾构直径 6000mm 区间作业,与传统固定高度的梯车相比,不再需要转运更换梯车,降低了梯车转运过程中的物体打击的风险。

(3)弹簧销钉式自主刹车装置

结合以往项目经验,自主刹车装置使用寿命为 1～2 个月,如果频繁使用梯车则其寿命更短。如果自主刹车装置不及时修复和更换,将给区间作业带来较大的安全隐患且容易溜车。14 号线全线总共 162 台梯车和平板车采用弹簧销钉式自主刹车装置,自 2021 年 6 月进场以来,该装置总计损坏报修 11 台,现场整体应用效果安全可靠,提升了自主刹车装置的安全性能。

2)工效对比

(1)高度可调节梯车

14 号线平均站间距为 2.98km,按照每次走行单程 1.5km 计算,更换一次梯车需要走行 3km,人员走行速度按照 4km/h 计算,走行时间约 45min,梯车更换上道、下道及对下道梯车防护约 15min,更换一次梯车总共耗时约 1h。高度可调节梯车根据现场实际计时,平台升降一次只需 6min,比传统梯车有效节省了 54min 作业时间。全线总共 40 个单线区间,传统梯车每个区间施工工序转换需要更换梯车 2 次,梯车更换总共需要 72h,每组梯车按

8人计算（含防护员），每组按8h工作制计算，高度可调节梯车节省约72工日，有效保障了现场施工进度。

（2）板式道床梯车走行底盘

板式道床梯车走行底盘使用周期为1个月，现场投入9组底盘，为至多9个作业面争取了为期1个月的有效作业时间，在轨道铺设前完成打孔灌注约2800处，吊柱安装约1600根。

3）总结

14号线项目对轨行区作业系列工装的改进，无论是在安全性方面，还是在工效和创造的经济效益方面都作了很大的改进，有效提高了现场作业效率，保证了现场施工进度，降低了作业安全风险，节省了大量人力、物力，为后续相关条件下轨行区作业提供可借鉴经验。

7.5 信息化技术

7.5.1 基于钉钉平台的物资管理系统

14号线项目初期，系统设备安装工区为完善物资管理体系，开发了基于钉钉平台的物资管理系统，从根本需求上实现了无纸化物资管理，简化了物资管理链条，从物资申购、物资入库、物资出库、物资库存管理、物资数据管理分析到劳务分包管理和限额领料设置等，每个部分包含相应表单及数据。个人随时可通过手机端、电脑端进行物资管理的操作。

1）物资管理现状分析

物资管理贯穿在整个项目的始终，从编制物资采购计划等各类计划开始，经过物资的采购、运输、检验、储存保管、配送及发放等程序，最终到施工现场用料。物资管理作为一个工程项目的重要环节，其数据内容将是项目部对项目成本管理的参考，也是对劳务验工的依据，同时还是对项目完成情况的反馈。

目前，物资管理还处在传统的纸质台账水平，物资申购与限额领料基本还是靠人为把控，物资申购审批流程烦琐，往往有时候不能满足施工现场急需材料的需求。线下的审批程序也会增加相关人员的工作量。

2）基于钉钉平台的物资管理系统

（1）构建原则

①构建物资管理系统的根本目的在于服务使用者，在满足项目管理需求的前提下，不额外增加管理负担。

②所有审批流程、数据信息内容等均符合相应的管理规范，并在此基础上去繁就简，

优化审批流程。

③从实际出发，物资管理系统应尽可能满足工程管理过程中可能出现的情况，实现系统内所有基础数据、内部流程都能够在管理过程中进行实时调整。

④操作界面人性化，系统的操作界面须简洁明了、通俗易懂，充分考虑具体操作人员情况，达到经过简单培训就能够熟练操作的目的。

⑤系统作为工程管理的一种互联网手段，能对物资管理过程进行更好的控制，对于实际发生的管理过程中的个例问题，还需管理人员进行灵活掌控。

（2）基础数据建立

基于钉钉平台的物资管理系统使用前须对所有基础数据进行提前录入，数据库以专业为单位。其中物资目录单和核心材料目录单由各分部工程师填写，其他基础数据由物资部门相关人员填写。系统可通过角色设置确定材料员、库管员、总工、项目经理等角色，并赋予各角色相应权限。

（3）物资申购

物资申购单的编写是物资申购审批流程的发起点。填写时将设备材料工号及限领数量分配好，在物资申购时进行有效的把控。

（4）物资入库

物资入库单由物资部门管理员填写，物资入库单数量均为实际到货数量，且录入单价均为不含税单价。

（5）物资出库

物资领料申请单主要内容为领料人信息、所领物资信息及对应劳务合同清单内相关项信息等。

（6）动态管理

所有已购物资入库出库金额汇总表、统计图，直观地展现材料库存价值，也从侧面体现了工程进度。本单元为物资管理的核心部分，通过对总控量、图纸量、限领量、申购量、入库量（实际入库量）、实际发料量和库存量7个数量进行汇总对比，实现对项目物资管理的宏观控制。简洁明了反映目前项目进展情况，并可据此进行相应调整，如图7-36所示。

图 7-36 物资动态管理图

7.5.2 智捷地铁系统联调管理平台

14号线为首个在深圳完成"零尾工"热滑的项目，确保给后续全自动无人驾驶系统提供充足的调试条件。在14号线日常联调联试、调度管理中，系统设备安装工区应用了自主研发的"智捷地铁系统联调管理平台"，把日常调度申请、批复，联调联试的进度、问题处理等多个方面的管理集中于该平台，简化了管理链条，实现了管理无纸化、信息化、数字化及智能化。

1) 基本情况介绍

智捷地铁系统联调管理平台包含四大功能板块：中心调度、动车调试、综合调试、安保管理，以及三大辅助功能板块：项目概况、运营问题台账、会议通知。智捷地铁系统联调管理平台在14号线实施过程中主要应用了中心调度、综合调试功能，解决了资料留存问题，形成调试问题汇总库，为项目开展提供可追溯性，同时也能为后续其他联调项目的开展提供解决问题所必需的经验积累，如图7-37所示。

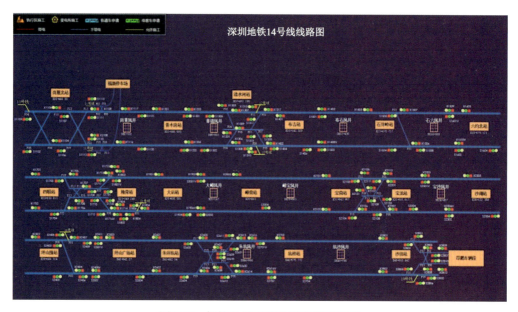

图 7-37　智捷地铁系统联调管理平台图

2) 系统架构

该平台作为一个Web项目，系统架构主要分为表现层、控制层、业务层和持久层。四层技术架构将程序的业务逻辑、界面表现和数据访问分离，可提升系统运行效率，同时可为后续项目更新维护工作提供便利。

3) 技术架构

该平台采用Java语言开发，功能模块设计采用组件化和软件分层的思想，将程序区别层级，并将功能封装成独立的组件文件，符合软件工程中"高内聚"和"低耦合"的设计理念。

4）创新点

（1）实现联调项目办公无纸化。

（2）实现调度业务往来电子化。

（3）实时反映全线轨行区动车调试、已批复施工和接触网停送电状态。

（4）签到及调试确认签字记录进行保存。

（5）实现调试问题未解决提醒和推送功能及预警。

7.6 上盖场段架空刚性接触网施工技术

14号线昂鹅车辆段采用了带上盖商业开发的建设模式，综合土建结构、运行可靠性、建设成本、维护成本等因素，接触网安装采用架空刚性接触网施工技术。如果在敞开式的车辆段停车场采用刚性接触网，需为刚性接触网立柱架梁，建设投资要增加将近一倍。昂鹅车辆段大部分采用上盖结构形式，省去了立柱架梁的费用，为刚性接触网实施创造了条件。

7.6.1 场段接触网比选

（1）结构形式

架空刚性接触网与架空柔性接触网相比，悬挂结构简单、零部件品种和数量较少，且架空刚性接触网导线不带张力，无须设置下锚补偿装置，安装调整工作量较小。

（2）运行可靠性

架空柔性接触网导线张力12kN，经反复磨耗后，存在断线事故隐患，抢修时间较长，故障后果严重。而架空刚性悬挂接触线无张力，不存在断线风险，且锚段长度一般在250m左右，出现事故的影响范围小，便于抢修。同时由于架空刚性接触网与正线接触网形式相同，无刚柔过渡需要，消除了在过渡段出现事故的隐患。14号线采用全自动驾驶，对接触网等专业的可靠性要求更高，架空刚性接触网具有明显优势。

（3）使用寿命

接触网的使用寿命关系到接触网更新改造的再投资，架空接触网主要通过换接触线来实现更新。根据国内外城市轨道交通运行经验，列车800弓架次/天通过时，柔性接触网接触线使用寿命一般为10~15年，刚性接触网接触线使用寿命一般为30~50年。柔性接触网更换接触线的材料及安装调整每条公里价格在20万元左右，本线场段接触网长度约36条公里，以30年为更换接触线周期，柔性接触网在相同周期内换线成本增加约720万元。

（4）建设成本

由于刚性悬挂接触线无张力，免去了接触线、承力索在结构柱和库墙上的下锚，减小了对场段结构荷载的影响，可在一定程度上缩减土建投资。根据以往的设计经验，场段柔性接触网每条公里价格大约为 165 万元。而场段刚性接触网每条公里价格大约为 220 万元，根据现阶段 14 号线的场段设计情况，刚性接触网相对柔性接触网一次性建设成本高 1980 万元左右。

（5）运营维护成本

柔性接触网零部件相对较多，相对于刚性接触网维护工作量相对较大，投入的人力也较多。参考深圳地铁、广州地铁以往的运营维护费用，虽不能完全真实地反映全部维护成本，但也可粗略地估算其维修成本。根据粗略估算，本场段采用柔性接触网的综合运营维修费用每年 4.1 万元/条公里左右，采用刚性接触网的综合运营维修费用每年 2.7 万元/条公里，以 30 年为周期计算，柔性接触网在相同周期内换线成本增加约 1522 万元。

综合以上因素可知，尽管刚性接触网的一次建设成本高于柔性接触网，但以 30 年为全寿命周期，综合考虑后期运营维护成本、可靠性、使用寿命等问题，刚性接触网节约 262 万元左右。因此，本场段结合相关建筑结构条件，采用了全刚性接触网。图 7-38 为 14 号线昂鹅车辆段刚性接触网安装图。

图 7-38　昂鹅车辆段刚性接触网安装图

7.6.2　施工定测

传统架空刚性接触网施工的第一道工序为施工定测，分为纵向测量和横向测量。纵向测量可确定悬挂点沿线路方向的具体位置，道岔、交叉渡线、锚段关节、分段绝缘器处悬挂点严格按设计要求定位。横向测量主要是根据线路曲线超高确定高净空悬挂点垂直线路方向的偏移，偏移量计算按式(7-6)计算：

$$\Delta L \approx \frac{(H-h) \times \Delta h}{D} \tag{7-6}$$

式中：ΔL——悬挂点向高轨侧（曲线外侧）的偏移值（mm）；

H——隧道净空高度（m）；

h——导线高度（m）；

D——轨距（m）；

Δh——曲线超高值（mm）。

由于刚性接触网的埋入杆件及吊柱定测工作量远大于柔性接触网，结合车辆段咽喉区碎石道床导致轨道成型时间较晚等困难因素，无轨条件下刚性接触网的施工定测技术决定了整体施工进度。本项目通过无轨测量技术进行悬挂点定位、净空测量，可在轨道施工前开展埋入杆件、吊柱定测等工作。

7.6.3 接触网选型

相比于柔性接触网，场段刚性接触网跨距更小、悬挂点更密集。昂鹅车辆段上盖结构顶板高于预应力横梁底0.8~1.2m，横梁间距3~8m，梁底净空7~11m。为避免在预应力横梁底钢筋密集区域打孔植入锚栓破坏结构强度，绝大多数悬挂点根据横梁间距布置，通过在横梁侧面安装吊柱架设接触网，不仅避免了破坏结构，还减小了吊柱长度。

由于昂鹅车辆段咽喉区线路与结构横梁夹角较大，传统"H"形钢吊柱不能满足接触网安装要求。针对这种情况，项目团队设计了一种利用可旋转悬挂抱箍安装的圆管吊柱安装方案，悬挂抱箍可转动任意角度，确保垂直悬挂安装底座垂直于线路中心，同时便于施工调整和后期维护。

对于需在顶板处后植锚栓安装吊柱的悬挂点，需提前复核结构顶板厚度。昂鹅车辆段结构顶板厚度为200mm，不满足普通M20/M24化学锚栓锚固深度的要求，需采用特殊型号化学锚栓或改变吊柱形式使用多根M16化学锚栓安装，避免因钻孔导致结构顶板发生渗漏等风险。

7.6.4 安装施工

昂鹅车辆段内交叉作业多、工作面广、工程量大，接触网安装施工的最佳时期便是轨道专业未进场前。此前，已通过无轨测量技术完成了悬挂点的定位以及吊柱长度的测量，可利用轮式曲臂升降车进入咽喉区及库内未铺轨的区域进行埋入杆件及吊柱安装工作。昂鹅车辆段刚性接触网安装施工在轨道单位进场前已完成约1550处埋入杆件，以及约1050处吊柱安装工作，占全部吊柱的63%，如图7-39所示。

图7-39 无轨状态下的接触网安装图

昂鹅车辆段上盖结构下净空高度大于7m，传统接触网安装所使用的作业梯车已不能满足作业需求。结合现场条件，本项目采用了公轨两用曲臂升降车以及多功能接触网安装作业车，进行已完成铺轨区段的高净空接触网安装施工，成功化解传统高净空接触网施工难题，提高了施工效率、降低了安全风险，如图7-40、图7-41所示。

图7-40 多功能接触网安装作业车安装图　　图7-41 公轨两用车安装图

7.6.5 接触网调整

架空刚性接触网依靠垂直悬挂装置本身的安装余量进行导高及拉出值的调节，在接触网选型阶段采用的可旋转悬挂抱箍的安装方案为导高调节提供了一部分余量。由于昂鹅车辆段咽喉区采用碎石减振道床，需经过多次捣固调整后方能达到线路设计指标。因此昂鹅车辆段接触网调整统一在轨道完成最终捣固后开展，并在过程中多次复核轨道高程等参数，确保安装阶段接触网调整一次到位。同时，在全场热滑后，通过电客车多次反复碾压轨道，碎石道床区域轨面还会发生变化，需结合运营轨道专业捣固调整周期及时跟进刚性接触网的检修调整工作。

7.6.6 应用总结

综上所述，随着上盖物业与场段建设同步开发模式的普及，刚性接触网因其结构简单、维护方便、可靠性高等优点，结合成熟的施工技术，可达到良好的施工运营水平。14号线上盖场段架空刚性接触网施工效果证明，根据全过程的安全和质量要求，结合施工工况和技术水平，制定灵活的施工方案，可以保证上盖场段架空刚性接触网的施工效率和施工质量。

第 8 章 小结

经过四年多的建设，中国中铁股份有限公司（以下简称"中国中铁"）三万多名建设者，携手各参建方攻坚克难，完成深圳地铁 14 号线及同步开通工程，即"两线三枢纽"（深圳地铁 14 号线、11 号线延长线福岗段、岗厦北枢纽、黄木岗枢纽、大运枢纽）。深圳地铁 14 号线于 2022 年 10 月 28 日开通初期运营，开通试运营标准达到国内首屈一指的水平，成为深圳市城市轨道交通四期工程建设的标杆。

深圳地铁 14 号线属深圳市城市轨道交通同期招标最长、规模最大的线路，且是深圳市首次将前期工程纳入总承包管理范畴的线路，管理链条涉及前期、土建及站后各专业。深圳地铁 14 号线工程建设过程中应用了大量前沿科技，形成可复制、可推广的创新技术应用示范，着力提升了影响建设与运营品质的核心系统集成化、智能化水平，为建设安全、可靠和高品质的线路提供支撑。

深圳地铁 14 号线按照"四化"要求，积极推行科技兴安、智能建造技术在现场的应用。

（1）机械化方面，深圳地铁 14 号线的区间隧道采用盾构法施工取代矿山法施工；全面使用新型自变形轮胎式轨道车、轮胎式混凝土搅拌运输车、自适应断面工程运输车等轨道铺架新工装；采用环网电缆自动敷设、联调动态检测、全断面智能化隧道冲洗、自动液压打孔等新设备，实现了机械化作业，本质安全水平显著提升。

（2）装配式智造方面，深圳地铁 14 号线建立了数控钢筋集中加工配送中心和钢筋加工生产指挥中心，建成了国内先进的轨道板流水机组法智能制造生产线，实现主要半成品构件集约化管控；全线冷水机组、通风风管等全部采用工厂化预制加工、现场装配式施工，大幅改善了作业场所安全生产条件。

（3）信息化应用方面，深圳地铁 14 号线建立了一体化信息管控平台，集成了风险管理、施工监控、BIM 云平台、工程项目管理等模块；建设了基于 5G 专网与三维定位的轨行区主动安全智慧管控系统，轨行区管理更加智慧化、可视化、智能化。

（4）绿色建造方面，深圳地铁 14 号线应用了 MBR（膜生物反应器）污水处理系统、焊烟除尘等技术，全面应用了盾构渣土处理系统，实现了渣土无害化、减量化、资源化处理；改变了传统的"轨排架轨法"铺设工艺，实现轨道板工厂化预制，采用新型轨道铺设工装，与传统工艺相比，取消了临时轨、轨排、现场道床浇筑等工序，改善了轨道道床施工作业环境，践行了绿色建造"碳中和"环境要求；同时，优化了轨道工程施工组织，保障轨行区施工安全性，大幅提升了轨道工程施工质量。

站在新的历史起点，深圳正朝着争创"中国特色社会主义先行示范区、社会主义现代化强国的城市范例"目标砥砺奋进。深圳市委、市政府高瞻远瞩，科学谋划，瞄准"高质量发展高地、法治城市示范、城市文明典范、民生幸福标杆、可持续发展先锋"的城市战略定位，锚定建设国际一流水准轨道交通都市目标，深圳市轨道交通五期工程建设规划提出进一步打造强可达、广覆盖、高竞争、更安全、优包容的城市轨道交通系统，规划构筑"区域对接、快线成网、双心放射、快慢结合、东部加密、三圈三环"的城市轨道交通网络。目前，深圳市轨道交通五期工程建设规划已获批项目11个，规模达185.6km，对深圳深入实施"东进、西协、南联、北拓、中优"区域协调发展战略、构建"一核多心网络化"的城市中心体系、打通城市发展新动脉和助力城市发展新生具有重要意义，将进一步推进城市一体化高质量发展，进一步增强深圳在粤港澳大湾区的核心引擎作用。

一切过往，皆为序章。站在深圳市轨道交通五期工程建设大幕开启之际，我们认真总结深圳地铁14号线已有的绿色、智能建造技术，广泛调研，系统策划，充分发挥中国中铁丰富管理经验及技术优势，立志引领深圳轨道交通高质量发展，先行先试，在深圳地铁14号线及"三大枢纽"品质地铁的基础上，积极推行"机械化换人、自动化减人、智能化无人"智慧建造理念，积极运用物联网、互联网、大数据、云计算、人工智能等信息科学技术，实现工程建设各阶段"人机料法环"等生产要素的数字化表达，减少对生态环境的破坏，建造优质、高效、节能、环保的智慧地铁，再建一期典范地铁，为美丽的深圳再添一张靓丽的城市名片。